ERFOLGREICHE FÜHRUNG GEGEN ALLE REGELN

Marcus Buckingham ist Leiter des seit über 20 Jahren laufenden Forschungsprojekts der Gallup Organization zur Ermittlung der Kernmerkmale guter Führungskräfte und erstklassiger Arbeitsplätze. Gleichzeitig ist er Dozent am Gallup *Leadership Institute*.
Curt Coffman berät als Leiter der Gallup *Workplace Management Practice* Unternehmen bei der Entwicklung produktiver, kundenorientierter Arbeitsplätze.

Marcus Buckingham, Curt Coffman

ERFOLGREICHE FÜHRUNG GEGEN ALLE REGELN

Wie Sie wertvolle Mitarbeiter gewinnen, halten und fördern

Aus dem Englischen von Herbert Allgeier

Campus Verlag
Frankfurt/New York

Die amerikanische Originalausgabe erschien 1999 unter dem Titel *First, Break all the Rules* bei SIMON & SCHUSTER, INC., 1230 Avenue of the Americas, New York, NY 10020, U. S. A.

Die Deutsche Bibliothek – CIP-Einheitsaufnahme

Ein Titeldatensatz für diese Publikation ist bei
Der Deutschen Bibliothek erhältlich
ISBN 3-593-36670-3

Umschlaggestaltung: Init, Bielefeld
Satz: Leingärtner, Nabburg
Druck und Bindung: Druckhaus »Thomas Müntzer«, Bad Langensalza
Gedruckt auf säurefreiem und chlorfrei gebleichtem Papier.
Printed in Germany

Inhalt

Einleitung

Die alten Regeln haben ausgedient

Allzu viel haben die erfolgreichsten Manager der Welt wahrlich nicht gemeinsam. Geschlecht, Ethnie, Alter, Führungsstil, Zielsetzungen – nichts als Unterschiede. Eines aber verbindet sie: ihre Unkonventionalität. Sie brechen alle Managementregeln, machen alles anders, als es in den gängigen Fibeln steht. Beispielsweise halten sie gar nichts von dem Satz, jeder könne alles erreichen, wenn er nur will. Sie treiben ihre Mitarbeiter nicht an, ihre Schwächen auszumerzen. Die goldene Regel, sich immer so zu verhalten, wie man sich selbst gerne behandelt sehen würde, betrachten sie als baren Unsinn. Ja sogar vor ungleicher Behandlung ihrer Mitarbeiter schrecken sie nicht zurück.

Erstklassige Führungskräfte sind demnach echte Revolutionäre, auch wenn sicherlich nur wenige von ihnen diesen Begriff für sich in Anspruch nehmen würden. Dieses Buch will Sie, verehrter Leser, mit der Gedankenwelt dieser Topkräfte bekannt machen. Sie erfahren, warum sie die konventionellen Konzepte ablehnen. Gleichzeitig aber zeigen wir Ihnen auch, was diese vorbildlichen Profis an die Stelle des Alten setzen.

Doch stopp! Verstehen Sie dies nicht als Aufforderung, Ihren persönlichen Führungsstil über Bord zu werfen und das Vorbild einfach zu kopieren. Wie wir noch sehen werden, gibt es »den Stil« der Erfolgreichen überhaupt nicht; ihre Handlungsweisen lassen sich nicht standardisieren. Es geht uns vielmehr darum, Ihnen zu helfen, *Ihren eigenen* Führungsstil zu optimieren – indem wir Ihnen zeigen, wie Sie die wahrlich revolutionären Einsichten, die die besten Manager der Welt miteinander teilen, für sich selber nutzen können.

Grundlage dieses Buches sind zwei äußerst umfangreiche Forschungsstudien, die von der Gallup Organization in den letzten 25 Jahren durchgeführt wurden. Die erste dieser Feldstudien galt den Beschäftigten. Dabei wollten wir wissen, wie der Arbeitsplatz aus Sicht der talentierten Mitarbeiter beschaffen sein sollte. Gallup interviewte mehr als eine Million Arbeitnehmer aus den verschiedensten Unternehmen, Branchen und Ländern. Wir befragten unsere Testpersonen zu allen möglichen Aspekten ihres Arbeitslebens und werteten die Antworten anschließend sorgfältig aus. Wir wollten herausfinden, was speziell den tüchtigsten Mitarbeitern an ihrem Arbeitsplatz wichtig ist – was sie also brauchen, um wirklich produktiv sein zu können.

Diese Forschungen erbrachten eine Menge neuer Erkenntnisse, die sich vielleicht am besten so auf den Punkt bringen lassen: Fähige Mitarbeiter brauchen fähige Vorgesetzte. Anlocken lässt sich ein guter Mitarbeiter gewiss aus den unterschiedlichsten Gründen, etwa weil der Chef des Unternehmens eine begeisternde Leitfigur ist oder weil die Sozialleistungen der Firma so überzeugend oder die Trainingsprogramme Extraklasse sind. Doch wie lange er bleibt und wie produktiv er in dieser Zeit ist, hängt in erster Linie von seinem Verhältnis zum disziplinarischen Vorgesetzten ab.

Diese so simple wie grundlegende Erkenntnis gab den Impuls zu unserem zweiten großen Forschungsprojekt, bei dem folgende Frage im Zentrum stand: Wie gelingt es den besten und erfolgreichsten Managern dieser Welt, erstens talentierte Mitarbeiter zu finden, zweitens das Beste aus ihnen herauszuholen und sie drittens dauerhaft ans Unternehmen zu binden? Zur Klärung dieser Frage interviewten wir einen repräsentativen Querschnitt von Führungskräften. Per definitionem umfasste diese Stichprobe also sowohl vorzügliche als auch mittelmäßige Kräfte, wobei alle Arten von Unternehmen einbezogen wurden: große und kleine, privat geführte, börsennotierte, öffentliche. Um die Spitzenkräfte von den weniger guten Kolleginnen und Kollegen unterscheiden zu können, ließen wir uns von der jeweiligen Organisation auch betriebliche Leistungsdaten geben. Anhand von Kriterien wie Umsatz, Gewinn, Kundenzufriedenheit, Mitarbeiterumsatz und Mitarbeitermeinung sowie durch Nutzung der Informationen aus bestehenden Feedbacksystemen (etwa multiperspektivisch angelegten »360-Grad«-Systemen) gelang es uns, die Spreu vom Weizen zu trennen.

Während der letzten 25 Jahre hat Gallup über 80 000 Führungskräfte befragt, wobei die jeweils eineinhalbstündigen Interviews zunächst auf Band aufgenommen und später schriftlich protokolliert wurden.

Diese Führungskräfte stammten aus den unterschiedlichsten Hierarchieebenen – Topmanager gehörten ebenso dazu wie Führungskräfte der mittleren Ebenen und Vorgesetzte aus vorderster Front. Allen gemeinsam aber war die Personalverantwortung, wie umfangreich auch immer. Wir konzentrierten unsere Untersuchung auf die besonders Erfolgreichen, also jene, die aus den Talenten ihrer Untergebenen das meiste herausholten. Dabei interessierte uns vor allem die Frage, ob diese Manager – jenseits der offenkundigen Unterschiede im Führungsstil – denn irgendetwas verband – und falls ja, was.

Wie sich zeigte, sind die Ansätze und Vorstellungen dieser Topleute im Grunde recht unkompliziert. Die Umsetzung freilich hat ihre Haken. Genau dies unterscheidet ihr Vorgehen von den gängigen Managementweisheiten, die in der Praxis zwar problemloser handhabbar, aber auch viel ineffektiver sind. Man hat es ganz klar leichter, wenn man so tut, als besitze jeder Mitarbeiter unbegrenzte Möglichkeiten. Es ist bequemer, sich vorzustellen, dem Mitarbeiter könne am allerbesten dadurch geholfen werden, dass man seine Schwächen ausmerzt. Es ist leichter, nach dem Motto »Behandle andere so, wie du dich selbst gern behandelt sehen würdest« zu verfahren. Und es ist auch leichter, alle rigoros gleich zu behandeln, um nur ja jedem Vorwurf der Unfairness und der »Günstlingswirtschaft« zu entgehen. Die gängigen Führungsprinzipien sind eben bequem, so verführerisch einfach.

Nicht so das, was den Erfolg der Besten ausmacht. Ihre Praxis ist anspruchsvoll. Sie verlangt vom Manager Disziplin, Augenmaß, Vertrauen und – vor allem – eine Bereitschaft zur ganz individuellen Behandlung eines jeden Mitarbeiters. Mit großen Theorieentwürfen, mit Standard- oder Zauberformeln sollten Sie in diesem Buch also nicht rechnen. Wohl aber mit Einsichten in das, was man Talent beziehungsweise Begabung nennt. Und Sie erfahren von diesen »Topstars« ganz konkret, wie sie vorgehen, um dieses Potenzial systematisch in Leistung umzusetzen. Die wirkliche Herausforderung liegt freilich darin, diese Erkenntnisse in den *eigenen* Führungsstil einzubauen und für sich fruchtbar zu machen – jeden Tag, Mitarbeiter für Mitarbeiter.

Wir alle wissen, dass die moderne Welt durch Veränderung geprägt ist. Wir wissen, dass die Unternehmen im Umbruch sind und heute der, morgen jener Führungsstil Konjunktur hat. Umso mehr hat uns das Dauerhafte, Beständige interessiert. Dieses wollten wir herausfiltern, indem wir Profis und ihren Mitarbeitern intensiv zuhörten. Gibt es etwas, das talentierte Mitarbeiter *immer* brauchen, um produktiv zu sein? Gibt es etwas, das ein guter Vorgesetzter *immer* braucht, wenn er aus fähigen Mitarbeitern das Optimale herausholen will? Gibt es also gleichsam zeitlose Geheimnisse dafür, wie man begabte Mitarbeiter finden, ans Unternehmen binden und voll zur Entfaltung bringen kann? Und wenn ja – was sind das für Konstanten? So lauteten unsere Ausgangsfragen. Lesen Sie nun, welche Antworten wir fanden.

1. Der Maßstab

Desaster vor den Scilly-Inseln

Im dichten Nebel einer stockdunklen Nacht im Oktober des Jahres 1707 verlor England fast eine ganze Schiffsflotte. Doch nicht etwa infolge einer verlorenen Seeschlacht. Der Admiral, Clowdisley Shovell, lag schlicht und einfach mit seiner Positionsberechnung falsch, weshalb sein Flaggschiff auf die Klippen der Scilly-Inseln, einer Inselgruppe vor der Südwestspitze Englands, krachte. Die restlichen Schiffe folgten blind. Auch sie liefen auf Grund und zerschellten an den Felsen. 2 000 Menschen verloren damals ihr Leben.

Für eine stolze Seefahrernation war dies nicht nur ein tragisches Ereignis sondern auch ein großer Imageverlust. Zu Shovells Ehrenrettung sei jedoch gesagt, dass solche Dramen fast vorhersehbar waren. Das Konzept der Längen- und Breitengrade war zwar schon seit dem 1. Jahrhundert v. Chr. bekannt. Doch um 1700 gab es noch immer keine exakte Methode zur Bestimmung der geografischen Länge – niemand konnte damals also mit Sicherheit sagen, wie weit westlich oder östlich er sich im Moment genau befand. Berufsmäßige Seefahrer wie Clowdisley Shovell mussten sich daher ziemlich ungenauer Hilfsmittel bedienen, etwa indem sie ihre Durchschnittsgeschwindigkeit schätzten oder eine so genannte Logge (also einen Fahrtgeschwindigkeitsmesser) ins Wasser warfen und stoppten, wie lange dieses Holz vom Bug bis zum Heck des Schiffes brauchte. Angesichts derart kruder Messmethoden darf man dem Admiral seinen Irrtum trotz der schlimmen Folgen wohl nachsehen.

Ursache des Unglücks war also nicht persönliche Ignoranz, sondern die Unmöglichkeit, etwas bekanntermaßen Wichtiges – die geografische Länge – exakt genug zu messen.

Ein ganz ähnliches Drama spielt sich derzeit in der modernen Geschäftswelt ab. Viele Unternehmen wissen inzwischen, dass es für dauerhaften Erfolg entscheidend darauf ankommt, talentierte Mitarbeiter zu rekrutieren und zu halten. Die Frage ist nur, wie. Es fehlt ihnen nämlich schlicht der geeignete Maßstab, um beurteilen zu können, ob und wie gut ihnen das gelingt.

In diese Kerbe schlagen auch James Heskett, W. Earl Sasser und Leonard Schlesinger mit ihrem Buch *The Service Profit Chain*. Sie argumentieren, dass es – ganz unabhängig von der Branche – nur *einen* Weg gibt, um dauerhaft Gewinne zu erwirtschaften: ein Arbeitsumfeld zu schaffen, in dem talentierte Mitarbeiter gewonnen, gehalten und zur Entfaltung gebracht werden können. So richtig das ist, so wenig neu ist es – und schon gar nicht braucht der Praktiker davon überzeugt zu werden. In den letzten 20 Jahren dürften die meisten Führungskräfte nämlich sehr wohl begriffen haben, wie wichtig es unter den Vorzeichen der Wettbewerbsfähigkeit ist, die einzelnen Rollen und Funktionen mit erstklassigen Mitarbeitern zu besetzen und diese Topleute dauerhaft ans Unternehmen zu binden. Nicht umsonst lassen sich die Unternehmen alles Mögliche einfallen, um ihr Personal bei Laune zu halten. Bei General Electric etwa besitzen nicht weniger als 23 000 Mitarbeiter Aktienbezugsrechte. AlliedSignal und Starbucks haben einen unternehmenseigenen Dienst eingerichtet, auf den die Mitarbeiter zurückgreifen können, wenn sie im persönlichen Bereich Unterstützung brauchen – ob nun Blumen für die Mutter besorgt werden oder der Hund Gassi geführt werden muss. Bei Eddie Bauer wiederum wird dafür gesorgt, dass der schmerzende Mitarbeiterrücken eine Massage bekommt.

Die Frage ist nur: Zahlt sich diese Verteilung von Zuckerbroten auch aus? Sind sie wirklich geeignet, speziell die tüchtigen Mitarbeiter anzuziehen und dauerhaft ans Unternehmen zu binden? Oder fängt man mit diesem Netz nicht nur große Fische, sondern auch jede Menge kleine – inklusive jener eher trägen Zeitgenossen, die sich schon früh im Arbeitsleben auf die Rente einrichten?

Niemand hatte bislang eine taugliche, fundierte Antwort auf diese Frage. Trotz der Bedeutung des Themas und ungeachtet aller intensiven Bemühungen ist es bisher nämlich noch keinem Manager und keinem Unternehmen gelungen, eine zuverlässige Methode zu entwickeln, mit der sich die (individuelle oder kollektive) Fähigkeit, talentierte Mitarbeiter zu rekrutieren, zu halten und produktiv zu beschäftigen, messen ließe. Die wenigen Parameter, die hierzu existieren (etwa Mitarbeiterbindung/Fluktuation; Zahl der benötigten Tage, um eine offene Stelle zu besetzen; aufwändige Mitarbeiterbefragungen), sind viel zu ungenau. Sie sind gewissermaßen das moderne Gegenstück zur Logge, auf die sich Seefahrer früherer Tage verlassen mussten.

Den Unternehmen und ihren Führungskräften ist durchaus klar, dass sie Hilfe benötigen. Und was sie brauchen, wissen sie auch: einen einfachen, doch exakten Maßstab, der ihnen Auskunft darüber gibt, wie erfolgreich ein Manager oder Unternehmen bei der Rekrutierung und Bindung fähiger Mitarbeiter im Vergleich zu anderen ist. Ohne einen solchen Maßstab laufen sie nämlich Gefahr, irgendwann auf Grund zu laufen – wohl mit einem klaren Ziel vor Augen, aber ohne die richtigen Leute, die man braucht, um dorthin zu gelangen.

Hinzu kommt, dass inzwischen ein mächtiger neuer »Player« die internationale Wirtschaftsbühne betreten hat, dem ebenfalls an einem einfachen und zuverlässigen Maßstab gelegen ist: die institutionellen Anleger. Institutionelle Investoren – etwa der Council of Institutional Investors (CII), der ein Aktienvermögen von über einer Billion Dollar verwaltet, oder das California Public Employees Retirement System (CalPERS), ein Pensionsfonds, der immerhin mit 260 Milliarden Dollar operieren kann – bestimmen derzeit die Tagesordnung der Geschäftswelt. Diese großen Fonds geben die Richtung an; der Rest marschiert hinterdrein.

Großanleger sind bekanntlich Zahlenmenschen – ihnen kam es immer auf Wirtschaftlichkeit und Gewinn an. Dabei standen eine ganze Zeit lang vor allem die harten Ergebnisse im Zentrum der Aufmerksamkeit: Renditen, Wertschöpfung, Produktivität usw. Mit »weichen« Themen wie »Kultur« mochten sich nur die Allerwenigsten abgeben. Die Unternehmenskultur hatte in den Augen dieser Marktteilnehmer lange Zeit den Stellenwert von Volksbefragungen in der ehemaligen Sowjetunion: oberflächlich ganz interessant, doch im Grunde bedeutungslos.

So war es jedenfalls. Inzwischen aber hat sich manches geändert. Man hat begonnen, mehr darauf zu achten, wie in den Unternehmen mit den Menschen umgegangen wird. Ein Indiz dafür ist zum Beispiel, dass sich Vertreter von CII und CalPERS kürzlich in Washington trafen, um über »vorbildliche Arbeitsplatzpraktiken« zu diskutieren, ferner darüber, wie die Unternehmen, in welche diese Großanleger ihr Geld stecken, dazu gebracht werden können, Mitarbeiterloyalität als Produktivitätsfaktor zu sehen.

Warum eigentlich dieses neu entdeckte Interesse? Nun, man begreift allmählich, dass die wertvollsten Aspekte eines Arbeitsplatzes – und dies gilt für den Softwareentwickler genauso wie für den Auslieferungsfahrer, für den Buchhalter nicht weniger als für die Hotelreinigungskraft – heute in den »fundamental menschlichen Tätigkeiten« zu sehen sind, wie Thomas Stewart in *Intellectual Capital* schreibt: »im Erfassen, Bewerten, Herstellen und Entwickeln von Beziehungen«. Anders gesagt: Man erkennt, dass ein Großteil des Unternehmenswerts »zwischen den Ohren der Mitarbeiter« angesiedelt ist. Und dies wiederum bedeutet, dass jemand, der ausscheidet, seinen Wert mitnimmt – um ihn nicht selten direkt zur Konkurrenz zu tragen.

Mehr als je zuvor also büßt ein Unternehmen heute an Wert ein, wenn es Mitarbeiter verliert. Häufig stehen die Anleger freilich etwas ratlos vor dieser Erkenntnis. Sie wissen, dass es mit den derzeit verfügbaren Kriterien leider kaum mehr möglich ist, den Unternehmenswert adäquat zu erfassen. Baruch Lev zum Beispiel, Professor für Finanz- und Rechnungswesen an der New Yorker Universität, ist der Auffassung, dass die Aktiva und Passiva in der Bilanz eines Unternehmens heute nur noch rund 60 Prozent des tatsächlichen Marktwerts ausmachen. Und die Differenz nimmt zu. In den siebziger und achtziger Jahren ließen sich die Marktwertänderungen immerhin noch zu etwa 25 Prozent durch die Gewinnentwicklung erklären. Heute, so Professor Lev, liege diese Quote höchstens noch bei 10 Prozent.

Die Basis des tatsächlichen Unternehmenswerts hat sich demnach verbreitert. Grobkriterien wie Gewinn oder Anlagevermögen genügen nicht mehr. Die Buchhalter und Erbsenzähler dieser Welt wissen, was die Stunde geschlagen hat; sie versuchen bereits hektisch, die Lücke zu schließen. Steve Wallman, ehemals Chef der US-Börsenaufsichtsbehörde, beschreibt ihre Zielsetzung so:

> Wenn wir nicht aufpassen und zulassen, dass die Jahresabschlüsse … immer weniger den wahren Wert eines Unternehmens widerspiegeln, dann setzen wir zwangsläufig die Bedeutung dieses Bewertungsinstruments aufs Spiel. Was wir brauchen, sind Möglichkeiten der Messung der immateriellen Vermögenswerte wie F&E, Kundenzufriedenheit, *Mitarbeiterzufriedenheit*. (Hervorhebung von uns)

Von Unternehmen, Managern, institutionellen Anlegern, ja selbst vom Chef der Börsenaufsicht – von überallher ertönt also der Ruf nach einem gleichermaßen einfachen und zuverlässigen Maßstab, der es erlaubt, Arbeitsplätze und -umgebungen qualitätsbezogen und unternehmensübergreifend miteinander zu vergleichen.

Der Maßstab

Wie muss man sich ein starkes, vitales Arbeitsumfeld nun eigentlich vorstellen?

Wenn man das Betriebsgelände von Lankford-Sysco in Maryland, ein paar Meilen außerhalb von Ocean City, betritt, ist man zunächst nicht besonders positiv beeindruckt. Im Gegenteil. Es hängt ein ziemlich merkwürdiger Geruch in der Luft, eine Mischung aus Nahrungsmitteln und Maschinenöl. Und die Umgebung als solche erzeugt auch nicht gerade Wohlbehagen: Regal über Regal, bis zur Decke, dazwischen hin und wieder eine Laderampe oder ein Förderband. Da und dort ein paar Figuren, die, in Polarforscherkleidung vermummt, geheimnisvolle Kisten aus großen Tiefkühlräumen heraus- oder in diese hineintragen. Auch das macht das Bild nicht unbedingt freundlicher.

Doch beim Weitergehen beginnt man sich allmählich wohler zu fühlen. Das liegt an den Mitarbeitern, die man trifft: Sie sind konzentriert bei der Arbeit und wirken ausgeglichen. Auf dem Weg zur Rezeption kommt man an einem riesigen Wandgemälde vorbei, das offenbar mit der Firmengeschichte zu tun hat: »Stanley E. Lankford Jr.«, heißt es da, »bei der Einstellung seines ersten Mitarbeiters. Hier das ursprüngliche Bürogebäude, bevor das Lager hinzukam …«. Im Empfangsraum ist die ganze Wand mit Fotos tapeziert – freundlich lächelnde Gesichter überall, und jedes mit einer kleinen Legende und einer Zahl.

»Das sind unsere Auslieferer«, erklärt uns Fred Lankford, der für das operative Geschäft zuständige Geschäftsführer. »Wir haben hier ihre Fotos hängen, weil wir sie auf diese Weise bei uns haben, auch wenn sie ständig zu Kunden unterwegs sind. Die Zahl, die darunter steht, sind die Meilen, die jeder Einzelne im letzten Jahr gefahren ist. Es soll ruhig jeder vom anderen wissen, was er geleistet hat.«

Stanley Lankford und seine drei Söhne (Tom, Fred und Jim) gründeten den Familienbetrieb Lankford, ein Lebensmittelherstellungs- und -vertriebsunternehmen, im Jahr 1964. 1981 erfolgte der Zusammenschluss mit Sysco, dem Vertriebsriesen mit einem Umsatzvolumen von 15 Milliarden Dollar. Wichtige Bedingung hierfür war jedoch, dass Tom, Fred und Jim weiterhin Geschäftsführer bleiben durften. Sysco akzeptierte, und heute sind alle Beteiligten sehr froh über diese Entscheidung.

Lankford-Sysco ist ein Musterbetrieb, der im oberen Viertel aller Konzerntöchter rangiert, was Wachstum, Umsatz pro Mitarbeiter, Gewinn je Mitarbeiter und Marktdurchdringung angeht. Die Mitarbeiterfluktuation liegt im einstelligen Bereich, die Fehlzeitenquote ist die niedrigste überhaupt, Lagerdiebstähle gibt es praktisch nicht. Doch vor allem belegt Lankford-Sysco auf den Kundenzufriedenheits-Charts ständig Spitzenplätze.

»Wie machen Sie das?«, wollen wir wissen.

Da gebe es kein besonderes Geheimnis, meint Fred. Die leistungsorientierte Bezahlung spiele sicherlich eine wichtige Rolle – alles werde gemessen, die Ergebnisse würden allen zugänglich gemacht, und jedem Messwert sei eine Gegenleistung, ein bestimmtes Entgelt, zugeordnet. Als sein Geheimnis will er das aber nicht verstanden wissen. Es sei einfach die tägliche Arbeit, sagt er: Den Kunden ins Zentrum stellen. Dazu die richtigen »Helden« respektive Vorbilder. Die Menschen anständig behandeln. Zuhören können.

Fred nimmt vielleicht an, uns zu enttäuschen, weil er uns nicht das geben kann, wonach wir anscheinend suchen – sein Geheimrezept.

Doch was immer es ist, bei seinen Mitarbeitern funktioniert es. Die Gabelstaplerfahrer berichten uns stolz von ihren persönlichen Spitzenergebnissen, etwa bei den »gehobenen Paletten« oder den »wenigsten Bruchschäden«. Die Fahrer erzählen amüsante Geschichten über Notlieferungen an dieses oder jenes Restaurant, dem plötzlich die Tomatensauce oder sonst etwas ausgegangen war. Wohin man sich auch wendet, überall sind die Beschäftigten offenkundig stolz auf ihren kleinen, doch wichtigen Beitrag zum großen Ganzen. Sie wissen, dass die Kunden von Lankford-Sysco Qualität erwarten.

840 Mitarbeiter hat der Betrieb, und alle scheinen voller Tatendrang und äußerst motiviert zu sein. Welches Kriterium man auch heranzieht, Lankford-Sysco in Maryland schneidet hervorragend ab. Es muss wirklich Spaß machen, dort zu arbeiten.

Sehr wahrscheinlich kennen Sie eigene Beispiele eines vorbildlichen Arbeitsumfelds, in dem die Leistung dauerhaft stimmt, die Fluktuation gering ist und die loyale Kundenschar von Tag zu Tag zunimmt.

Betrachten Sie also ruhig Ihr Paradebeispiel einmal genauer und fragen Sie sich: Was macht ein solches Arbeitsumfeld eigentlich aus? Gibt es Faktoren, auf die insbesondere die *talentierten* Mitarbeiter positiv reagieren und die sie ans Unternehmen binden? Und lassen sich demgegenüber andere Elemente isolieren, die schlicht allen Mitarbeitern »schmecken« – den guten, aber auch den nicht so guten?

Ist es für einen fähigen Mitarbeiter zum Beispiel wirklich wichtig, wie eigenverantwortlich er arbeitet, solange er/sie leistungsgerecht bezahlt wird (wie etwa bei Lankford-Sysco)? Oder interessieren die Spitzenkraft Gehalt und Zusatzleistungen ab einem bestimmten Punkt vielleicht überhaupt nicht mehr, weil etwa das Vertrauen ihres Vorgesetzten viel wichtiger für sie ist? Verschleudern die Unternehmen ihr Geld, wenn sie in eine schicke Büroausstattung und eine gemütliche Cafeteria investieren? Oder liegt den Spitzenleuten doch in erster Linie an einem schönen, sauberen, sicheren Arbeitsplatz?

Auf all diese Fragen galt es Antworten zu finden, wenn unser Maßstab praxistauglich sein sollte.

*

In den letzten 25 Jahren hat die Gallup Organization mehr als eine Million Arbeitnehmer befragt. Einem jeden haben wir Hunderte unterschiedlichster Fragen zu jedem nur denkbaren Aspekt seines/ihres Arbeitsplatzes und Arbeitsverhältnisses vorgelegt. Wie man sich leicht vorstellen kann, ergeben mehrere hundert Millionen Antworten einen gewaltigen Datenberg. In diesem Heuhaufen galt es die berühmte Nadel zu finden. Gemeint sind jene wenigen Kernfragen, mit denen sich die Qualität eines starken, vitalen Arbeitsumfelds wirklich messen lässt.

Keine einfache Aufgabe. Wer von Statistik etwas versteht, kann sich in etwa vorstellen, wie wir vorgingen. Es soll hier genügen, einige Fachbegriffe wie Ziel- beziehungsweise Fokusgruppen, Faktoranalyse, Regressionsanalyse, Studien zur Übereinstimmungsvalidität und Nachfassinterviews anzuführen. (Eine eingehendere Beschreibung unseres Forschungsansatzes findet sich im Anhang.)

Für Nichtstatistiker hingegen mag das folgende Bild unsere Situation etwas verdeutlichen.

Es war im Jahr 1666, als Isaac Newton eines Tages die Fensterläden seines Hauses in Cambridge schloss. Draußen schien die Sonne. Drinnen saß Newton im Dunkeln und begann ein kleines Loch in einen der Läden zu sägen. Als er fertig war, stellte er ein Glasprisma vor die Öffnung. Und siehe da – das auf das Prisma fallende Sonnenlicht warf einen herrlichen Regenbogen an die gegenüberliegende Wand. Newton begriff sofort, was geschehen war: Das Prisma hatte das weiße Licht zerlegt; die Farben resultierten aus der Brechung der Lichtstrahlen in einem bestimmten Winkel. Er entdeckte also, dass weißes Licht in Wahrheit eine »Mischung« aus sämtlichen Farben des sichtbaren Spektrums darstellt, von Dunkelrot bis zum tiefsten Violett. Und er begriff auch, dass weißes Licht dadurch entsteht, dass all diese verschiedenen Farben zu einem einzigen Strahl gebündelt werden.

Bei unseren statistischen Analysen wollten wir gleichsam Newtons Trick kopieren. Sie sollten helfen, das Konzept »starker Arbeitsplatz« in seine Elemente zu zerlegen und so den Kern freizulegen. Die Botschaft an Unternehmen und Führungskräfte könnte dann lauten: »Wenn es euch gelingt, diese Kernelemente zu einem Ganzen zu bündeln, dann habt ihr Arbeitsbedingungen geschaffen, mit denen ihr Spitzenkräfte gewinnen, halten und produktiv beschäftigen könnt!«

Also machten wir uns an die Arbeit und begannen unseren Datenberg nach Strukturen zu durchforsten. Wo gab es Doppelungen, sodass mit zwei verschiedenen Frageversionen im Grunde ein und derselbe Faktor geprüft wurde? Mit welchen Fragen ließ sich der jeweilige Faktor am besten messen? Weniger interessant waren dabei Fragen, auf die es durchweg identische Antworten gab, sei es zustimmend oder ablehnend. Gesucht wurden vielmehr jene besonderen Fragen, bei denen die engagiertesten Beschäftigten – jene also, die loyal *und* produktiv waren – zustimmten, während der Rest – die Durchschnittlichen und die wenig Engagierten – neutral oder eher negativ reagierte.

Fragen, die wir eigentlich für aussichtsreich gehalten hatten – etwa jene im Zusammenhang mit Gehalt und Zusatzleistungen –, erwiesen sich rasch als Nieten. Stattdessen schoben sich recht unscheinbare Fragen wie »Weiß ich, was bei der Arbeit von mir erwartet wird?« in den Vordergrund. Wir sichteten und siebten, korrigierten und reorganisierten, gruben tiefer und tiefer, um zum Kern dessen zu gelangen, was uns interessierte – die Elemente eines erstklassigen Arbeitsumfeldes.

Schließlich kristallisierte sich die Lösung heraus: Schlichte zwölf Fragen blieben übrig, mit denen sich die Stärke beziehungsweise Qualität eines Arbeitsplatzes bestimmen und messen lässt. Diese zwölf Fragen »messen« jene Kernelemente, die unverzichtbar sind, will das Unternehmen erstklassige Mitarbeiter gewinnen, an sich binden und produktiv beschäftigen.

Hier unsere Ergebnisse:

1. Weiß ich, was bei der Arbeit von mir erwartet wird?
2. Habe ich die Materialien und Arbeitsmittel, um meine Arbeit richtig zu machen?
3. Habe ich bei der Arbeit jeden Tag die Gelegenheit, das zu tun, was ich am besten kann?
4. Habe ich in den letzten sieben Tagen für gute Arbeit Anerkennung und Lob bekommen?
5. Interessiert sich mein/e Vorgesetzte/r oder eine andere Person bei der Arbeit für mich als Mensch?
6. Gibt es bei der Arbeit jemanden, der mich in meiner Entwicklung unterstützt und fördert?
7. Habe ich den Eindruck, dass bei der Arbeit meine Meinungen und Vorstellungen zählen?
8. Geben mir die Ziele und die Unternehmensphilosophie meiner Firma das Gefühl, dass meine Arbeit wichtig ist?

9. Sind meine Kollegen bestrebt, Arbeit von hoher Qualität zu leisten?
10. Habe ich innerhalb der Firma einen sehr guten Freund?
11. Hat in den letzten sechs Monaten jemand in der Firma mit mir über meine Fortschritte gesprochen?
12. Hatte ich bei der Arbeit bisher die Gelegenheit, Neues zu lernen und mich weiterzuentwickeln?

Diese zwölf Fragen stellen die einfachste und zugleich exakteste Möglichkeit dar, die Qualität und Vitalität eines Arbeitsumfelds zu messen.

Zu Beginn unserer Forschungen hätten wir nicht im Mindesten erwartet, dass es auf diese zwölf Fragen hinauslaufen würde. Doch nachdem wir über hundert Millionen Fragen/Antworten durch unser »Prisma« geschickt hatten, stellten sich genau diese zwölf als die Kernfragen heraus. Das heißt konkret: Wenn es Ihnen gelingt, Bedingungen zu schaffen, unter denen Ihre Mitarbeiter alle zwölf Fragen positiv beantworten – Gratulation!

Auf den ersten Blick mag man sich wundern, was an diesem Katalog eigentlich so Besonderes ist. Doch bei näherer Betrachtung wird manches deutlicher.

Erstens ist Ihnen vermutlich schon aufgefallen, dass in vielen der Fragen gleichsam ein Extrem steckt. Nehmen wir zum Beispiel die Frage nach dem »*sehr guten* Freund« oder jene, die wissen will, ob man *jeden Tag* das tut, was man *am besten* kann. Bei Formulierungen wie diesen ist die uneingeschränkte Bejahung – oder die Vergabe der Bestnote auf einer beliebigen Skala – sehr schwer. Doch genau das war unser Ziel. Wir suchten ein »hartes« Selektionskriterium, um zwischen sehr produktiven Abteilungen und dem Rest unterscheiden zu können. Nimmt man die »Superlative« heraus, verliert die Frage automatisch ihre Trennkraft. Schwache Fragen bejaht *jeder* – die Guten, die Schlechten und alle, die irgendwo dazwischen liegen. Genau deshalb sind sie wenig hilfreich.

Die Qualität unseres Bewertungsmaßstabs hat also viel mit der Formulierung der Fragen und der Wortwahl zu tun. Die Themen selber sind zugegebenermaßen keine große Überraschung. Es ist keine besonders neue Erkenntnis, dass gute zwischenmenschliche Beziehungen und häufiges Lob wesentlich zu einem »gesunden«, leistungsfördernden Umfeld beitragen. Der Knackpunkt war bisher allerdings: Wie messen? Wie kann ich wissen, ob und in welchem Maß dieses Kriterium erfüllt ist? Die von Gallup entdeckten Fragen lösen genau dieses Problem.

Zweitens wundern Sie sich vielleicht, warum keine einzige der zwölf Fragen mit Arbeitsentgelt, Zusatzleistungen, Unternehmensführung oder Organisationsstruktur zu tun hat. Nun, anfänglich spielten auch derlei Fragen eine Rolle, doch sie verschwanden im Laufe unserer Analyse immer mehr aus dem Blickfeld. Dies heißt freilich nicht, dass sie unwichtig sind. Es bedeutet lediglich, dass sie *allgemein* wichtig sind – für den guten Mitarbeiter ebenso wie für den mittelmäßigen oder schlechten. Wer 20 Prozent unter Marktniveau bezahlt, wird vermutlich nicht den größten Zulauf haben. Andererseits aber ist die Angleichung der Löhne und Zusatzleistungen an das Marktniveau lediglich ein vernünftiger erster Schritt – sehr weit trägt das allein mit Sicherheit nicht. Es handelt sich hierbei gewissermaßen um die Eintrittskarte: Man ist zwar dabei, aber gewonnen hat man deswegen noch lange nicht.

Die zwölf Fragen im Praxistest

Gallups Ziel war es gewesen, herauszufinden, wie man *starke* Arbeitsplätze messen kann – also solche, die für Spitzenkräfte besonders interessant sind, weniger leistungsfähige Kandidaten aber eher abschrecken. Wenn unsere zwölf Fragen also tatsächlich die richtigen waren, dann musste dies auch bedeuten, dass jene Befragten, die sie positiv beantworteten, in relativ leistungsstarken Abteilungen arbeiteten. So jedenfalls war unser Maßstab konzipiert. Würde er sich in der Praxis bewähren?

Zur Beantwortung dieser Frage führte Gallup im Frühjahr und Sommer 1998 eine breit angelegte Untersuchung durch. In einem ersten Schritt baten wir 24 repräsentative Unternehmen aus zwölf verschiedenen Branchen um Angaben zu vier verschiedenen Erfolgsparametern: Produktivität, Rentabilität, Mitarbeiterbindung/Fluktuation und Kundenzufriedenheit. Manche Unternehmen hatten Schwierigkeiten, diese Daten bereitzustellen, doch schließlich gelang es uns, über 2500 Geschäftseinheiten in unsere Studie einzubeziehen. Die Definition von »Geschäftseinheit« (oder Betrieb) variiert allerdings von Branche zu Branche. Im Bankwesen war es die Filiale; in der Gastronomie das Restaurant oder Hotel; in der verarbeitenden Industrie die Fabrik und so fort.

Anschließend interviewten wir die Beschäftigten dieser einzelnen Betriebe und baten sie jeweils, uns die zwölf Fragen anhand einer Skala von 1 bis 5 zu beantworten. »1« bedeutete ein starkes Nein, »5« ein starkes Ja. Insgesamt nahmen 105000 Mitarbeiter an der Befragung teil.

Danach ging es an die Auswertung der Ergebnisse. Wir hatten einerseits also Daten zu Produktivität, Rentabilität, Mitarbeiterloyalität und Kundenzufriedenheit für die verschiedenen Geschäftseinheiten vorliegen. Und wir hatten andererseits die Antworten der Beschäftigten auf unsere zwölf Fragen. Damit musste doch endlich zu klären sein, ob engagierte Mitarbeiter für den Unternehmenserfolg tatsächlich relevant sind oder nicht – und zwar *branchenübergreifend, auf Basis von insgesamt 2500 Geschäftseinheiten und 24 Unternehmen.*

Wir waren zuversichtlich, die Korrelation auf diese Weise zu erfassen. Aber natürlich war auch ein Fehlschlag nicht auszuschließen. Ein Zusammenhang zwischen Mitarbeitermeinung und Unternehmenserfolg scheint *vordergründig* plausibel zu sein – Klischees wie »Zufriedene Mitarbeiter sind produktiver« oder »Behandle deine Leute anständig, dann sind sie auch freundlicher im Kundenkontakt« belegen es. Doch mancher Forscher stand schon mit leeren Händen da, wenn er solche Maximen wissenschaftlich untermauern wollte. In den meisten Studien findet man unter 100 Mitarbeitermeinungsfragen lediglich fünf oder sechs, die tatsächlich stark mit einem Ergebnisparameter korrelieren. Und nicht selten macht eine nachfolgende Validierungsuntersuchung alles wieder hinfällig, weil plötzlich ganz andere korrelationsverdächtige Fragen auftauchen.

Es war uns ferner auch bewusst, dass noch nie eine so breit angelegte, *unternehmens- und branchenübergreifende Untersuchung* durchgeführt worden war. Dies ist eigentlich verwunderlich. Denn erstens sind unsere vier Erfolgs- beziehungsweise Messkriterien – Produktivität, Rentabilität, Mitarbeiterbindung und Kundenservice – für *jedes* Unternehmen von zentraler Bedeutung. Zweitens ist gerade der »Mitarbeiterhebel« derjenige, den der Manager am einfachsten bedienen kann. Man hätte also vermuten können, es gebe zahllose Studien zum Zusammenhang zwischen Mitarbeitermeinung einerseits und unseren vier Erfolgsparametern andererseits. Dem ist nicht so. Wohl existieren *firmenspezifische* Studien zu dieser Korrelation (mit sehr unterschiedlichen Ergebnissen übrigens), doch keinerlei unternehmens- oder gar *branchenübergreifende.* Zu unserer Überraschung war die Gallup-Untersuchung also die allererste branchenübergreifende Studie zum Zusammenhang zwischen Mitarbeitermeinung und Betriebsleistung.

Es stellt sich die Frage nach den Gründen für dieses Forschungsvakuum. Allem Anschein nach hat es damit zu tun, dass ein und derselbe Erfolgsparameter von Unternehmen zu Unternehmen ganz unterschiedlich gemessen wird. Blockbuster Video zum Beispiel misst die Produktivität nach Umsatz pro Quadratmeter. Für Lankford-Sysco hingegen ist hier vielleicht die Anzahl der versandten Pakete und die Zahl der Bruchschäden relevant. Die Walt Disney Company wiederum berücksichtigt bei ihren Fluktuationswerten unter Umständen nur die Vollzeitkräfte, während Marriott auch Teilzeitbeschäftigte mitzählt. Es ist natürlich schwierig, hinsichtlich des Zusammenhangs zwischen Mitarbeitermeinung und Unternehmensleistung zu zuverlässigen Ergebnissen zu kommen, wenn jedes Unternehmen seine »Leistung« beziehungsweise seinen »Erfolg« anders misst.

Wir hatten auch für dieses Problem eine Lösung parat: die so genannte Meta-Analyse. Eine detaillierte Erläuterung dieses Konzepts würde hier zu weit führen und wäre zudem allzu mathematisch. Vereinfachend lässt sich sagen: Es handelt sich um ein statistisches Verfahren, das die unterschiedlichen firmenspezifischen Messkriterien in geeigneter Weise »verarbeitet« und Mitarbeitermeinung und Betriebsleistung in ein echtes Verhältnis setzt.

Wir gaben zunächst die Leistungswerte von über 2 500 Geschäftseinheiten ein, danach die Meinungsdaten von über 105 000 Beschäftigten und unterzogen diese Werte anschließend der Meta-Analyse.

Die Ergebnisse waren folgende: Erstens stellten wir fest, dass jene Mitarbeiter, die relativ positiv auf unsere zwölf Fragen antworteten, tatsächlich auch in Betrieben mit einem relativ hohen Niveau in puncto Produktivität, Gewinn, Mitarbeiterbindung und Kundenzufriedenheit arbeiteten. Damit konnte erstmals ein breiter und unternehmensübergreifender Zusammenhang zwischen Mitarbeitermeinung und Betriebsleistung/Unternehmenserfolg nachgewiesen werden.

Zweitens ergab unsere Meta-Analyse, dass die unterschiedliche Beurteilung der zwölf Fragen seitens der Beschäftigten weniger mit dem Gesamtunternehmen als vielmehr mit der jeweiligen Unternehmenseinheit (dem Betrieb, in dem sie arbeiteten) zu tun hatte. Die Mitarbeitermeinung zu den zwölf Fragen war also sehr stark vom direkten Vorgesetzten geprägt, weit weniger von der Politik und den Prozessen des Gesamtunternehmens. Anders ausgedrückt: Wir fanden heraus, dass der Vorgesetzte – und nicht Gehalt, Zusatzleistungen, Vergünstigungen oder ein charismatischer Unternehmenschef – der entscheidende Faktor für einen »starken«, produktiven Arbeitsplatz ist. Der direkte Vorgesetzte entpuppte sich als der Schlüssel. Wir werden hierauf weiter unten in diesem Kapitel noch eingehender zu sprechen kommen. Zunächst wollen wir uns mit der erstgenannten Entdeckung etwas näher befassen – dem Zusammenhang zwischen Mitarbeitermeinung und Betriebsleistung/-erfolg.

Zusammenhänge zwischen Mitarbeitermeinung und Betriebsleistung

Bei Interesse können Sie die genauen Ergebnisse unserer Studie im Anhang nachlesen. Auch die Methodik ist dort ausführlich beschrieben. Hier eine Zusammenfassung der wesentlichen Punkte:

- Jede der zwölf Fragen hat mit mindestens einem der vier Geschäftserfolgskriterien (Produktivität, Rentabilität, Mitarbeiterbindung, Kundenzufriedenheit) zu tun. In den meisten Fällen steht die Frage sogar in Korrelation zu zwei oder mehr dieser Leistungsparameter. Die zwölf Fragen erfassen also tatsächlich jene wenigen Themen- beziehungsweise Meinungsbereiche, die für Spitzenleistungen relevant und maßgebend sind, ob in einer Bank, einem Restaurant, einem Hotel, einer Fabrik oder einem sonstigen Betrieb.

- Erwartungsgemäß ist das Produktivitätskriterium am häufigsten berührt (bei zehn der zwölf Fragen). Dies bestätigt in der Tat die lange gehegte Vermutung eines engen Zusammenhangs zwischen Mitarbeitermeinung und Produktivität einer Arbeitsgruppe. Die empirischen Ergebnisse decken sich also mit der Theorie.
- Bei acht der zwölf Fragen ließ sich ein Zusammenhang mit dem Parameter »Rentabilität« nachweisen. Dies bedeutet, dass jene Beschäftigten, die diese acht Fragen relativ positiv beantworteten, auch in relativ rentablen/ertragreichen Betrieben (Banken, Restaurants, Hotels, Fabriken, Abteilungen) arbeiteten. Dies mag ein wenig überraschen, herrscht doch im Allgemeinen eher die Ansicht vor, der wirtschaftliche Erfolg sei von Faktoren weit jenseits der Kontrolle durch den einzelnen Mitarbeiter abhängig – etwa Preisgestaltung, Wettbewerbspositionierung oder Kostenmanagement (insbesondere variable Kosten). Doch bei näherer Betrachtung leuchtet diese Korrelation ein. Es gibt in der Tat vieles, wodurch der einzelne Mitarbeiter die betriebliche Ertragssituation positiv beeinflussen kann – angefangen vom Stromsparen über erfolgreichere Preisverhandlungen bis zur Vermeidung des Griffs in die Kasse. Einfach formuliert: Je engagierter die Mitarbeiter, desto größer die positiven Auswirkungen auf die Ertragssituation.
- Wie steht es nun mit der Mitarbeiterbindung/Fluktuation? Erstaunlicherweise war diesbezüglich nur bei fünf der zwölf Fragen eine Korrelation festzustellen:
  1. Weiß ich, was bei der Arbeit von mir erwartet wird?
  2. Habe ich die Materialien und Arbeitsmittel, um meine Arbeit richtig zu machen?
  3. Habe ich bei der Arbeit jeden Tag die Gelegenheit, das zu tun, was ich am besten kann?
  4. Interessiert sich mein/e Vorgesetzte/r oder eine andere Person bei der Arbeit für mich als Mensch?
  5. Habe ich den Eindruck, dass bei der Arbeit meine Meinungen und Vorstellungen zählen?

Die meisten Leute würden dem Satz »Engagierte Mitarbeiter bleiben dem Betrieb länger treu« wohl intuitiv zustimmen. Unsere Forschungen lassen indes vermuten, dass der Zusammenhang zwischen Mitarbeitermeinung und Mitarbeiterbindung sowohl subtilerer als auch spezifischerer Natur ist, als es in diesem allgemeinen Satz zum Ausdruck kommt. Mehr noch als die übrigen sind diese fünf Fragen direkt vom unmittelbaren Vorgesetzten des Mitarbeiters beeinflusst. Konkret bedeutet dies, dass Mitarbeiter nicht Unternehmen verlassen, sondern Vorgesetzte. Was wird in der Wirtschaft nicht alles versucht, um gute Leute zu halten – bessere Bezahlung, Sondervergünstigungen, Weiterbildung –, während der entscheidende Faktor doch offenbar der Vorgesetzte ist. Daraus lässt sich nur schließen: Wer ein Fluktuationsproblem hat, sollte sich in allererster Linie die Vorgesetzten einmal näher ansehen.

- Die wichtigsten der zwölf Fragen sind zweifellos jene, die mit *möglichst vielen* Erfolgskriterien *möglichst stark* korrelieren. Daraus ergibt sich, dass die folgenden sechs Fragen am relevantesten und aussagefähigsten sind:
  1. Weiß ich, was bei der Arbeit von mir erwartet wird?
  2. Habe ich die Materialien und Arbeitsmittel, um meine Arbeit richtig zu machen?
  3. Habe ich bei der Arbeit jeden Tag die Gelegenheit, das zu tun, was ich am besten kann?
  4. Habe ich in den letzten sieben Tagen für gute Arbeit Anerkennung und Lob bekommen?
  5. Interessiert sich mein/e Vorgesetzte/r oder eine andere Person bei der Arbeit für mich als Mensch?
  6. Gibt es bei der Arbeit jemanden, der mich in meiner Entwicklung unterstützt und fördert?

Jedem Manager/Vorgesetzten lässt sich also nur folgender Rat geben: Wenn Sie in Ihrem Betrieb ein starkes, produktives Arbeitsumfeld wollen, dann sorgen Sie dafür, dass Ihre Mitarbeiter auf diese sechs Fragen Bestnoten verteilen. Wir werden uns weiter unten noch eingehender damit befassen.

Der größte Trumpf eines Unternehmens sind gute Manager

Einmal jährlich erscheint eine Studie mit dem Titel *The Hundred Best Companies to Work For*. Als Auswahlkriterien dienen Faktoren wie: Besitzt das Unternehmen eine eigene Kindertagesstätte? Wie viel Urlaub bekommt der Mitarbeiter? Sind die Mitarbeiter am Gewinn beteiligt? Welchen Stellenwert hat die Mitarbeiterschulung?

Nach unseren Forschungen müssen wir feststellen, dass diese Faktoren nicht das messen, was sie sollen. Natürlich sind derlei mitarbeiterbezogene Initiativen nicht unbedeutend. *Wichtiger* aber ist der direkte Vorgesetzte. Von ihm hängt die Art und Qualität des gesamten Arbeitsumfelds ab. Wenn er/sie für klare Erwartungen sorgt, den Mitarbeiter kennt, ihm vertraut, in ihn investiert, dann ist dieser gern bereit, der Firma das fehlende Gewinnbeteiligungsprogramm nachzusehen. Ist die Beziehung zum direkten Vorgesetzten hingegen gestört, können auch noch so viele Rückenmassagen und sonstige Anreize den Mitarbeiter nicht zum Bleiben bewegen oder gar zu Topleistungen anspornen. Zugespitzt formuliert: Es ist besser, in einer altmodischen Firma für einen hervorragenden Chef zu arbeiten als in einem modernen, mitarbeiterorientierten Unternehmen für einen schlechten.

Sharon F., eine Stanford- und Harvard-Absolventin, arbeitete bis vor gut einem Jahr bei American Express. Da sie jedoch ins Verlagsgeschäft wollte, ging sie zu einem der Großkonzerne der Medien- und Unterhaltungsbranche und landete in der Marketingabteilung eines der vielen Magazine des Unternehmens. Ihre Aufgabe war die Entwicklung von Treueprogrammen, mit denen die Abonnenten gehalten werden sollen. Die Arbeit machte ihr Spaß, und sie zeigte so hervorragende Leistungen, dass sogar die Unternehmensleitung auf sie aufmerksam wurde. Sharon ist zwar ein kleines Rädchen in einer großen Maschinerie, doch in den Augen des Unternehmenschefs sind Mitarbeiter wie sie – aufgeweckt, talentiert, ehrgeizig – »der Motor unserer Zukunft«.

Nach nur einem Jahr jedoch verlässt Sharon das Unternehmen bereits wieder. Sie steigt in einen Gastronomiebetrieb ein, wo sie die Bereiche Marketing und Geschäftsentwicklung unter sich haben wird. Schuld an ihrem Wechsel ist allem Anschein nach ihr direkter Vorgesetzter.

»Als Mensch ist er eigentlich ganz in Ordnung«, räumt sie ein. »Aber er ist einfach keine Führungsperson. Er ist sich seiner selbst viel zu unsicher, um ein guter Vorgesetzter zu sein, denke ich. Er verhält sich, als stünde er zu seinen eigenen Untergebenen in Konkurrenz. Er prahlt mit seinem Lebensstil, statt seinen Leuten zuzuhören. Und er hat diese dämlichen kleinen Machtspiele nötig, um uns zu zeigen, dass er der Boss ist. Neulich zum Beispiel hat er ein für 10 Uhr angesetztes Vorstellungsgespräch einfach platzen lassen, obwohl die Bewerberin von weit her angereist kam – nur weil er eine harte Nacht hinter sich hatte. Um fünf vor zehn rief er mich an und bat mich, ihr die Sache irgendwie beizubringen. Dabei tat er so, als könne ich mir etwas darauf einbilden, von ihm so ins Vertrauen gezogen zu werden, für ihn die Mauer spielen zu dürfen. Wenn ich etwas nicht leiden kann, dann das.«

Wenn man Sharon zuhört, könnte man leicht auf den Gedanken kommen, dass hier vielleicht persönliche Differenzen eine Rolle spielen oder dass vielleicht sogar sie der Problemfall ist. Daher fragten wir sie: »Wie ist es denn bei den anderen im Team? Sehen die das genauso?«

»Weiß ich nicht genau«, räumt sie ein. »Ich will meinen Chef ja nicht schlecht machen. Deshalb habe ich mit meinen Arbeitskollegen eigentlich nie richtig darüber geredet. Eines aber weiß ich genau: Von den dreizehn, die da waren, als ich kam, sind inzwischen alle weg.«

In Sharons (früherem) Unternehmen wird im Grunde vieles richtig gemacht. Vom Gesamtergebnis des Konzerns bis zur mitarbeiterfreundlichen Unternehmenskultur stimmt eigentlich alles. Doch mittendrin sitzt einer, der dem Unternehmen systematisch das Wasser abgräbt, ohne dass dies vom Topmanagement oder der Börse bemerkt wird. Wie Sharon sagt: Der Mann ist eigentlich ganz in Ordnung, nur eben ein schlechter Vorgesetzter. Doch weil er am falschen Platz sitzt, laufen dem Unternehmen die talentierten Mitarbeiter reihenweise davon.

Es kann sein, dass er eine Ausnahme ist. Es kann aber auch sein, dass dieser Konzern Mitarbeiter in Führungspositionen befördert, die zwar fähige Einzelkämpfer, aber schlechte Vorgesetzte sind. Für das Unternehmen ist zu hoffen, dass Ersteres zutrifft. Für Sharon jedenfalls ist das Problem abgehakt. Als sie ihren Arbeitgeber über ihre

Wechselabsichten informierte, versuchte man sie mit mehr Geld und einer höheren Position zu halten. Das, worauf es ihr angekommen wäre, bekam sie nicht: einen anderen Vorgesetzten. Deswegen ging sie.

Mit einem großzügigen Gehalt und einer mitarbeiterorientierten Unternehmenskultur mag sich manch einer bewegen lassen, ins Unternehmen einzutreten. Doch die Frage, wie lange er bleibt und wie produktiv er in dieser Zeit ist, hängt vom unmittelbaren Vorgesetzten ab. Charismatische Leitfiguren und Goodwill haben nur Türöffnerfunktion. In letzter Konsequenz, so sagen uns diese Fragen und unsere Forschungen, kommt es aus Mitarbeitersicht auf das Führungspersonal im unteren und mittleren Management an.

Im Unterschied zu den Börsen und Wirtschaftsblättern spielt für die Mitarbeiter also nicht der Mythos des »Spitzenunternehmens« oder das Charisma des Unternehmenschefs die große Rolle. Für sie gibt es nur Vorgesetzte: gute, schlechte und solche, die irgendwo dazwischen liegen. Insofern lässt sich einem Topmanager, der sein Unternehmen fit machen will, zweierlei raten: Erstens jeden Vorgesetzten dafür verantwortlich zu machen, wie seine Untergebenen auf die zwölf Fragen antworten. Zweitens dafür Sorge zu tragen, dass jeder dieser Vorgesetzten genau weiß, was er tun muss, um von seinen Mitarbeitern bei diesen Fragen Bestnoten zu erhalten.

In den folgenden Kapiteln werden wir im Detail sehen, wie die besten Führungskräfte der Welt diese Aufgabe bewältigen.

Zunächst aber wollen wir einmal einen typischen Fall betrachten, um die Frage zu klären: Was bedeuten all diese Entdeckungen eigentlich konkret?

Ein Fallbeispiel

Im Winter 1997 erhielt Gallup von einer sehr erfolgreichen Einzelhandelskette den Auftrag, das Arbeitsumfeld im Unternehmen zu untersuchen und zu bewerten. Das Unternehmen beschäftigte 37 000 Mitarbeiter, die sich auf etwa 300 Filialen verteilten – im Schnitt also 100 Beschäftigte pro Niederlassung. Für alle diese Läden galt ein einheitliches Konzept; Ziel war, dem Kunden an jedem Ort die gleiche »Einkaufserfahrung« zu vermitteln. Gebäude, Aufmachung, Produktpositionierung, Farben – alles war also konzernweit abgestimmt. Das Geschäft in Atlanta vermittelte die gleiche erkennbare Markenidentität wie das Geschäft in Phoenix.

Wir legten allen Mitarbeitern unsere zwölf Fragen vor. Mehr als 75 Prozent der Mitarbeiter – insgesamt 28 000 – waren zur Teilnahme bereit. Anschließend verglichen wir die von den einzelnen Geschäften erzielten Werte miteinander. Die folgende Tabelle enthält einen Auszug aus unseren Ergebnissen: zwei Filialen, von denen die eine sehr gut und die andere sehr schlecht abschnitt. Die Fragen waren anhand der bereits erwähnten Skala von 1 bis 5 zu beantworten: »1« bedeutete ein starkes Nein, »5« ein starkes Ja.

	Geschäft A Bewertung »5« in %	*Geschäft B Bewertung »5« in %*
Wissen um die Anforderungen/Erwartungen	69	41
Material und Arbeitsmittel	45	11
Chance, täglich optimal eingesetzt zu werden	55	19
Lob/Anerkennung in den letzten 7 Tagen	42	20
Interesse an mir als Mensch	51	17
Förderung der Entwicklung	50	18
Fortschritt in den letzten 6 Monaten	48	22
Meine Meinung zählt	36	9
Unternehmensphilosophie/-ziel	40	16
Qualitätsorientierte Kollegen	34	20
Sehr guter Freund	33	10
Lern- und Entwicklungschance	44	24

Die Unterschiede sind frappierend. Was immer das Unternehmen von der Zentrale aus für seine Mitarbeiter zu tun versuchte, auf der Ebene des Einzelgeschäfts zeigten diese Initiativen vollkommen unterschiedliche Wirkung. Aus Sicht der Mitarbeiter bietet Geschäft A offenbar viel attraktivere und motivierendere Arbeitsbedingungen als Geschäft B.

Schauen wir uns die verschiedenen Beziehungsebenen einmal genauer an. In Geschäft A finden 51 Prozent der Mitarbeiter, dass man sich für sie als Mensch interessiert. In Geschäft B sind dies nur 17 Prozent. Angesichts des rasanten Tempos, in dem sich die Wirtschaft heute verändert, ist für ein Unternehmen wohl kaum etwas wertvoller als ein Vertrauensvorschuss der Mitarbeiter. Denn dann werden die Beschäftigten bereit sein, einer neuen Initiative zumindest eine Chance zu geben, wie delikat oder kontrovers sie auch sein mag. Geschäft A besitzt dieses Vertrauenskapital. Hier halten die Mitarbeiter Spannungen und Unsicherheiten aus, weil sie das Gefühl haben, sich im Fortgang der Dinge auf die Unterstützung ihrer Vorgesetzten verlassen zu können. Geschäft B hingegen fehlt dieses teure Gut »Vertrauen«. Da es keine echten Bande zwischen Vorgesetzten und Mitarbeitern gibt, wird man jeder neuen Initiative, wie gut gemeint sie auch sein mag, mit Misstrauen begegnen.

Wie steht es nun mit der Leistung des Einzelnen? In Geschäft A sind 55 Prozent der Mitarbeiter der Meinung, dass sie ständig optimal, d. h. ihren Fähigkeiten entsprechend eingesetzt werden. In Geschäft B hingegen vergeben nur 19 Prozent die Bestnote »5«. Man kann sich vorstellen, welchen Unterschied dies ausmachen muss in puncto Mitarbeiterproduktivität, Betriebstreue sowie Gehaltsansprüche der Mitarbeiter!

Wo man auch hinsieht, die Unterschiede sind riesig.

»Zählt Ihre Meinung?« Geschäft A 36 Prozent. Geschäft B? Nur ein Viertel davon (9 Prozent).

»Haben Sie innerhalb ihrer Firma einen sehr guten Freund?« Geschäft A 33 Prozent; Geschäft B lediglich 10 Prozent.

Am gewaltigsten ist die Diskrepanz freilich bei Frage 2. In Geschäft A sind 45 Prozent der Mitarbeiter der festen Meinung, dass sie über alle für eine gute Arbeitsleistung nötigen Materialien und Arbeitsmittel verfügen. In Geschäft B sehen dies nur 11 Prozent so. Das verblüfft umso mehr, als die beiden Geschäfte ja über *identische* Voraussetzungen (Materialien und Ausstattung) verfügen. Die Wahrnehmung und Wertung dieses Sachverhalts vonseiten der Mitarbeiter fällt jedoch völlig unterschiedlich aus. Anders formuliert: Alles, selbst das physische Umfeld, wird von der Person des Chefs beziehungsweise Vorgesetzten mit geprägt.

Das Großunternehmen besitzt also in Wahrheit gar keine gemeinsame Unternehmenskultur. Es hat vielmehr so viele Kulturen, wie es Geschäftsleiter gibt. Was immer die Zentrale auch plante, die Unternehmenskultur auf Einzelgeschäftsebene entpuppt sich als Eigenschöpfung des jeweiligen Leiters und der übrigen Vorgesetzten vor

Ort. Manche dieser Kulturen sind fragil und von Misstrauen belastet. Andere wiederum sind stark und vital und daher für die Mitarbeiter attraktiv. Diese bleiben folglich auch gerne im Betrieb.

Für das Topmanagement der Einzelhandelskette waren die stark variierenden Ergebnisse eigentlich eine sehr gute Nachricht. Rein negativ gesehen bedeuteten sie zwar, dass der Einflussnahme der Zentrale erhebliche Grenzen gesetzt waren. Der Aufbau einer starken und einheitlichen Unternehmenskultur war somit plötzlich zu einem Multiplikationsproblem geworden, zu einer Herausforderung, bei der es heftige Widerstände zu überwinden galt.

Die Ergebnisse zeigten aber auch deutlich, dass das Unternehmen mit einigen wirklich vorbildlichen Managern gesegnet war – Vorgesetzten, die es verstanden hatten, durch Nutzung der Talente und Leidenschaften ihrer Mitarbeiter produktive Betriebe aufzubauen. Beim Bemühen, sich für tüchtige Mitarbeiter interessant zu machen, brauchte man nun nicht mehr nach dem von oben zu verordnenden Zaubermittel zu suchen; stattdessen konnte man sich an dem orientieren, was der offenkundig vorhandene Stamm von vorzüglichen Managern bereits praktizierte. Dies galt es also herauszufinden und zur Grundlage einer künftigen Unternehmenskultur zu machen. Dabei boten sich mehrere Optionen. Man konnte versuchen, noch mehr solcher vorbildlicher Manager zu rekrutieren; man konnte versuchen, die Ideen dieser Spitzenkräfte unternehmensweit zu verbreiten und zu implementieren; und man konnte versuchen, die Schulungsprogramme umzugestalten und an den Praktiken dieser Besten auszurichten. Auf dem Weg zu einer vitaleren Unternehmenskultur bräuchte dieses Unternehmen jedenfalls nicht nach außen zu schauen, um Paradefirmen wie Disney, Southwest Airlines oder Ritz-Carlton zu kopieren. Es könnte sich vielmehr ganz auf das *eigene Potenzial* konzentrieren.

»Aber bringt das denn wirklich etwas?«, könnte der Skeptiker fragen. »Drücken sich mehr Bestnoten bei den zwölf Fragen denn wirklich in einer besseren Betriebsleistung aus? Schneidet Geschäft A denn wirklich besser ab als Geschäft B, wenn man traditionelle Maßstäbe wie Umsatz, Gewinn oder Mitarbeitertreue zur Bewertung heranzieht?«

Anhand unserer allgemeinen Entdeckungen ließe sich das sicherlich eindeutig bejahen: In der Tat ist ein Betrieb umso ertragreicher, je mehr Punkte bei den zwölf Fragen vergeben werden. Doch wir wollten es genauer wissen. Deshalb baten wir das Unternehmen, uns die Leistungseckdaten, mit denen es die Produktivität der einzelnen Geschäfte zu messen pflegt, zur Verfügung zu stellen. Diese Werte gaben wir in unsere Datenbank ein und verglichen sie dann mit den Punktzahlen, welche die einzelnen Geschäfte bei den zwölf Fragen erzielt hatten. Dabei ergab sich Folgendes:

- Die laut Mitarbeiterbefragung besten 25 Prozent der Geschäfte lagen im Durchschnitt 4,56 Prozent über ihren jährlichen Umsatzzielen, während das schlechteste Viertel um 0,84 Prozent unter dem Soll lag. In absoluten Zahlen entspricht dies einer jährlichen Umsatzdifferenz von 104 Millionen Dollar zwischen den beiden Gruppen.
- An Gewinn und Verlust gemessen gewinnt das Bild noch deutlichere Konturen. Das nach Mitarbeitermeinung beste Viertel der Geschäfte übertraf die Gewinnziele um fast 14 Prozent, während das untere Viertel die Zielvorgabe um volle 30 Prozent verfehlte.
- Auch bei der Mitarbeiterfluktuation waren eklatante Unterschiede zu verzeichnen. Die Geschäfte in der Spitzengruppe wiesen eine im Durchschnitt um zwölf Mitarbeiter geringere Fluktuation auf als die Betriebe der schlechtesten Gruppe. Insgesamt betrachtet heißt dies, dass den Geschäften der Topgruppe jährlich etwa 1 000 Mitarbeiter mehr treu blieben. Nimmt man ein Durchschnittsgehalt von 18 000 Dollar an und geht man ferner davon aus, dass die Neubesetzungs- und Einarbeitungskosten das 1,5fache dieser Lohnsumme betragen, so ergibt sich auf der Ebene des Gesamtunternehmens folgendes Kostenbild: 18 000 Dollar x 1,5 x 1 000 = 27 000 000 Dollar. Diese Summe trennt sozusagen die beiden Betriebsgruppen in puncto Fluktuationskosten voneinander, erfasst aber lediglich die »harten« Kosten. Genauso wichtig – aber schwerer zu messen – ist der Verlust im Zusammenhang mit dem Abgang erfahrener Mitarbeiter, die extern wie intern wertvolle Beziehungen aufgebaut haben.

Diese Ergebnisse sind glasklar und in ihrer Bedeutung überhaupt nicht zu verkennen. Das Fazit lautet in der Tat: Die einzelnen Betriebe waren umso produktiver/leistungsstärker, je höher die Punktzahl, die

die Mitarbeiter auf die zwölf Fragen vergaben. Hervorragenden Vorgesetzten war es gelungen, ihre Untergebenen für sich und ihre Sache zu gewinnen; diese engagierten Mitarbeiter sorgten dann für exzellente Betriebsergebnisse.

Ein tauglicher Maßstab muss freilich nicht nur Aufschluss darüber geben, wo man aktuell steht, sondern muss auch entscheiden helfen, wohin die Reise gehen soll. Was kann ein Vorgesetzter also tun, um von den Mitarbeitern bei den zwölf Fragen bessere Noten zu bekommen und sich ihr Engagement zu sichern?

Zunächst einmal muss man wissen, wo es anzusetzen gilt. Die Gallup-Erhebung hat gezeigt, dass die zwölf Fragen durchaus unterschiedlichen Stellenwert besitzen. Dies bedeutet, dass Sie als Vorgesetzter unbedingt auf die richtige Reihenfolge achten sollten. Es ist wenig sinnvoll, sich an den zentralen Fragen vorbeizumogeln. Genau hierin aber liegt eine große Versuchung und eine noch größere Gefahr, wie mancher Manager zu seinem Leidwesen schon erfahren musste.

Die Gründe dafür werden wir gleich kennen lernen. Wir wollen es jedoch nicht beim Negativbeispiel belassen, sondern werden Ihnen ganz konkret zeigen, wie man es besser macht – wo genau die fähigsten und erfolgreichsten Manager dieser Welt ansetzen, um wirklich produktive Arbeitsbedingungen zu schaffen.

Die Bergtour

Machen wir ein kleines Gedankenexperiment. Stellen Sie sich vor, Sie fahren auf einen großen Berg zu. Anfänglich sehen Sie ihn nur schemenhaft, ganz weit hinten am Horizont. Sie können weder seine Konturen noch seine Farbe richtig erkennen. Dann gewinnt das Bild an Schärfe, die Farbe wechselt, aus Blau wird Grau, dann Grün. Und dann sind Sie da, stehen am Fuß des Massivs und spüren seine Gegenwart. Sie wissen, was jetzt auf Sie wartet: ein schwerer Aufstieg. Mal wird er steil sein, dann wieder flacher. Es sind Schluchten zu überwinden, und nicht immer geht es bergauf: Mitunter ist sogar ein kleiner

Abstieg verlangt, bevor es wieder aufwärts geht. Auch die Gefahren werden Ihnen nun bewusst – die Kälte, die Wolken und vor allem die Schwäche Ihres eigenen Willens. Dann aber denken Sie an den Gipfel und das unbeschreibliche Gefühl, das sich einstellt, wenn man es geschafft hat. Also marschieren Sie los.

Sie kennen den Berg, von dem hier die Rede ist. Es ist die psychologische »Klettertour«, die in dem Moment beginnt, da Sie eine neue Rolle übernehmen, und die erst endet, wenn Sie sie vollkommen ausfüllen und voll in ihr aufgehen. Am Fuße des Berges stehen – das kann zum Beispiel heißen, in ein neues Unternehmen einzutreten. Oder es wird Ihnen in Ihrer bisherigen Firma eine neue Aufgabe übertragen. In beiden Fällen wartet ein langer, beschwerlicher Aufstieg auf Sie.

Auf dem Gipfel angelangt, hat sich an der Rolle selbst nicht das Mindeste geändert – wir reden hier also nicht von einem Karriereaufstieg! Aber Sie sind nun loyal und produktiv in dieser Rolle. Vielleicht als der Maschinist, der sich die Mühe gemacht hat, alles aufzuschreiben, was von Belang sein könnte – all die Tipps und Tricks, die man kennen muss, um die Maschine zu beherrschen, das informelle Wissen, von dem der Lehrling dann profitiert. Oder Sie sind der Angestellte im Gemüsemarkt, der dem Kunden bereitwillig Auskunft gibt, in welchem Gang er die Grapefruits findet, ihn dann aber doch lieber gleich persönlich hinbringt und ihm nebenbei noch erklärt, dass die Früchte immer von hinten nach vorne ins Regal kommen. »Wenn Sie sie wirklich frisch und fest wollen«, sagen Sie dann, »nehmen Sie am besten die ganz vorne.« Oder Sie sind der Manager und Vorgesetzte, der so sehr in seiner Aufgabe aufgeht, dass ihm die Tränen in die Augen treten, wenn er beschreiben soll, wie er es geschafft hat, so viele seiner Mitarbeiter so tüchtig und erfolgreich zu machen.

Was immer also Ihre Aufgabe ist – auf dem Gipfel des Berges sind Sie einfach gut in Ihrem Job, wissen genau, worauf es ankommt, und suchen ständig nach Möglichkeiten, es noch besser zu machen. Sie sind voll engagiert.

Doch wie schafft man es dahin? Wer diese Frage beantworten kann, ist als Vorgesetzter am richtigen Platz, denn er kann immer mehr Mitarbeitern helfen, den Gipfel zu erklimmen. Und je größer die Zahl derer, denen er – einem nach dem anderen – bei ihrer Entwicklung hilft, desto stärker wird das gesamte Arbeitsumfeld. Aber noch einmal die Frage: Wie schafft man es da hinauf? Wie bewältigt man die »Klettertour« erfolgreich?

Stellen wir uns das Ganze bildlich vor, und zwar aus der Perspektive des Mitarbeiters. Wie beim richtigen Bergsteigen gilt auch für die psychologische Bergtour, dass der Aufstieg in Etappen stattfinden muss. Genau dies leisten die zwölf Fragen, wenn man sie in die richtige Reihenfolge setzt. Sie sagen Ihnen dann genau, welche Bedingungen oder Anforderungen auf der jeweiligen Stufe erfüllt sein müssen, bevor es mit der nächsten Etappe weitergehen kann.

Bevor wir uns aber die Etappen des Aufstiegs im Detail ansehen, tun Sie gut daran, sich an Ihre eigenen Anfänge in Ihrer jetzigen Tätigkeit zurückzuerinnern. Welche Erwartungen hatten Sie damals? Welche Bedürfnisse standen für Sie im Vordergrund? Wie haben sich diese Bedürfnisse im Laufe der Zeit und mit zunehmender Erfahrung gewandelt? Wo liegen Ihre heutigen Prioritäten? Was wünschen Sie sich noch von Ihrem derzeitigen Job?

All diese Fragen sollten Sie im Hinterkopf behalten, wenn wir uns die Etappen der »Bergtour« nun näher ansehen.

Basislager: »Was bekomme ich?«

Wer in eine neue Aufgabe einsteigt, interessiert sich zunächst für Grundsätzliches. Was genau wird von mir erwartet? Was kann ich verdienen? Wie lange bin ich täglich von und zur Arbeit unterwegs? Habe ich ein eigenes Büro, einen eigenen Schreibtisch, ein eigenes Telefon? Auf dieser Stufe lautet die zentrale Frage also: »Was bringt mir der Job?«

Von den zwölf Fragen sind die beiden folgenden gleichsam fundamentale »Basislager-Fragen«:

1. Weiß ich, was bei der Arbeit von mir erwartet wird?
2. Habe ich die Materialien und Arbeitsmittel, um meine Arbeit richtig zu machen?

Lager 1: »Was gebe ich?«

Dann beginnt der Aufstieg. Die Perspektive verändert sich. Andere Fragen schieben sich nun in den Vordergrund. Tauge ich für den Job? Habe ich eine Aufgabe, bei der ich aus mir herausgehen und glänzen kann? Halten mich die anderen für gut? Falls nicht: Was halten sie dann von mir? Helfen sie mir? All dies kreist also um die zentrale Frage: »Was gebe *ich*?« Alles dreht sich um den eigenen *individuellen* Beitrag und die Wahrnehmung desselben durch die Kolleginnen und Kollegen.

Die folgenden vier Fragen dienen der Beurteilung der »Lager-1«-Situation:

3. Habe ich bei der Arbeit jeden Tag die Gelegenheit, das zu tun, was ich am besten kann?
4. Habe ich in den letzten sieben Tagen für gute Arbeit Anerkennung und Lob bekommen?
5. Interessiert sich mein/e Vorgesetzte/r oder eine andere Person bei der Arbeit für mich als Mensch?
6. Gibt es bei der Arbeit jemanden, der mich in meiner Entwicklung unterstützt und fördert?

Anhand dieser Fragen findet man nicht nur heraus, ob einem das Aufgabengebiet liegt (3), sondern auch, wie man von anderen eingeschätzt wird – ob sie *Ihre persönliche Leistung* anerkennen (4), ob sie *Sie als Mensch schätzen* (5) und ob sie bereit sind, in *Ihre Weiterentwicklung* zu investieren (6). All diese Fragen haben direkt mit Ihrer *Selbstachtung* und Ihrem *Selbstwertgefühl* zu tun. Wie wir noch sehen werden, ist alles Zugehörigkeitsstreben, alles Bemühen um Integration ins Team, alle Lern- und Innovationsbereitschaft vergeblich oder gefährdet, wenn diese Fragen unbeantwortet bleiben.

Lager 2: »Gehöre ich hierher?«

Weiter geht es auf dem Weg nach oben. Einige schwierige Fragen haben Sie sich bis hierhin bereits gestellt, bezogen auf sich selbst und andere, und die Antworten haben Ihnen hoffentlich Kraft gegeben.

Nun weitet sich der Horizont. Sie sehen sich um und fragen sich: »Gehöre ich eigentlich hierher?« Vielleicht sind Sie besonders kundenorientiert, sodass Sie sich fragen: Sind die anderen das auch? Oder Sie definieren sich über Ihre Kreativität und fragen sich, wie es damit wohl bei den Kollegen aussieht. Wie immer Ihr Wertesystem auch beschaffen sein mag, auf dieser Stufe der Entwicklung wollen Sie wissen, ob Sie wirklich dazupassen.

Zur Klärung der Verhältnisse sind die folgenden vier »Lager-2«-Fragen geeignet:

7. Habe ich den Eindruck, dass bei der Arbeit meine Meinungen und Vorstellungen zählen?
8. Geben mir die Ziele und die Unternehmensphilosophie meiner Firma das Gefühl, dass meine Arbeit wichtig ist?
9. Sind meine Kollegen bestrebt, Arbeit von hoher Qualität zu leisten?
10. Habe ich innerhalb der Firma einen sehr guten Freund?

Lager 3: »Wie können wir gemeinsam vorankommen?«

Dies ist gleichsam das »Höhenlager« auf dem Weg nach oben. Sie sind nun ungeduldig, wollen gemeinsam vorankommen, wollen die Dinge optimieren, wollen lernen, sich weiterentwickeln, neue Wege gehen. Doch Innovation ist nur möglich, wenn die drei darunter liegenden Stufen erfolgreich bewältigt wurden. »Invention« meint einfach nur »Neues«. Wer eine neue Tätigkeit aufnimmt, dem fallen in kürzester Zeit vermutlich ein Dutzend Dinge auf, die man anders machen könnte. Doch das hat noch lange nichts zu bedeuten – bis zur praktischen Umsetzung ist es weit. »Innovation« hingegen meint tatsächliche Neuerung – *Neues, das anwendbar ist*. Sie können aber nur dann innovativ sein, das heißt Ihre Ideen umsetzen, wenn Sie von den richtigen Erwartungen ausgehen (Basislager), Vertrauen in die eigenen Fähigkeiten besitzen (Lager 1) und sehr klar einschätzen können, wie Ihr Umfeld auf Ihre neuen Ideen reagieren wird (Lager 2). Dies heißt im Klartext: Wenn Sie die vorgängigen Fragen nicht allesamt positiv beantworten können, werden Sie es mit Ihren neuen Ideen sehr, sehr schwer haben.

Hier nun die beiden abschließenden Fragen, die Ihnen in Lager 3 Klarheit verschaffen:

11. Hat in den letzten sechs Monaten jemand in der Firma mit mir über meine Fortschritte gesprochen?
12. Hatte ich bei der Arbeit während des letzten Jahres die Gelegenheit, Neues zu lernen und mich weiterzuentwickeln?

Der Gipfel

Wenn Sie alle zwölf Fragen mit einem Ja beantworten konnten, haben Sie den Gipfel erreicht. Ihre Einstellung stimmt; Sie wissen, was Sie wollen und sollen. Sie haben das deutliche und dauerhafte Gefühl, etwas zu leisten. Sie spüren, dass das Beste von Ihnen erwartet wird, und geben es gerne, Tag für Tag. Sie schauen sich um und sehen die Kolleginnen und Kollegen, die sich ihren Aufgaben mit dem gleichen Engagement widmen. Beflügelt von diesem Gleichklang und beseelt vom gemeinsamen Zweck, richten Sie den Blick erwartungsvoll nach vorne, bereit für die am Horizont heraufziehenden neuen Herausforderungen. Freilich ist es nicht leicht, lange dort oben zu bleiben. Der Boden schwankt unter den Füßen, denn die Winde gehen heftig und kosten einen immer wieder die Balance. Doch ein fantastisches Gefühl ist es schon da oben!

Zeit also, anhand dieser »psychologischen Bergtour« einmal Bestandsaufnahme zu machen. Wo befinden Sie sich derzeit (gemessen ab dem Zeitpunkt des Einstiegs in Ihr jetziges Aufgabengebiet)?

Stellen Sie sich einfach die zwölf Fragen. Die Antworten werden Ihnen Auskunft geben, an welchem Punkt Sie derzeit sind. Vielleicht befindet sich Ihr Unternehmen im Umbruch, und Sie kommen einfach aus dem Basislager nicht heraus. Veränderungen können so etwas durchaus mit sich bringen – man möchte sich ja wirklich reinhängen, doch die Unsicherheit legt einem immer wieder Fesseln an. (»Lass doch die große Zukunft aus dem Spiel! Sag mir lieber, was hier und heute von mir erwartet wird!«)

Oder Sie sind vielleicht soeben erst befördert worden – hatten in Ihrer bisherigen Aufgabe das Gefühl, ganz oben zu sein, kommen sich jetzt aber vor wie in Lager 1, mit neuen Erwartungen und einem neuen Vorgesetzten. (»Ich wüsste wirklich gern, was er von mir hält und wie er Erfolg buchstabiert. Worauf es ihm wohl ankommt?«) Jawohl, auch bei positiven Entwicklungen kann man sich rasch wieder ganz unten finden, einen harten Aufstieg vor Augen.

Natürlich ist die Gipfeltour im wirklichen Leben ein bisschen komplizierter, als es unser Bild suggeriert. Zum einen wird man hinsichtlich der einzelnen Stufen mit gewissen Kompromissen leben müssen. Zum anderen wird jeder den verschiedenen Stufen ein etwas anderes Gewicht beimessen. So kann jemand eine Aufgabe rein aus Lern- und Entwicklungsgründen annehmen – er fliegt sozusagen direkt in Lager 3 ein. Sind diese »höherwertigen« Bedürfnisse befriedigt, hat man vermutlich ein bisschen mehr Geduld mit seinem Vorgesetzten, was die eindeutige Definition seiner Leistungserwartungen angeht (siehe Basislager). Und wenn Sie sich zum Beispiel Ihren Teamkollegen sehr verbunden fühlen (siehe Lager 2), werden Sie es eine ganze Strecke länger in der Firma aushalten, auch wenn Sie das Gefühl haben, das Team ermögliche Ihnen nicht die Entfaltung Ihrer wahren Fähigkeiten (Lager 1).

Dennoch: Diese individuellen Besonderheiten und Gewichtungen setzen die Bergmetapher nicht außer Kraft. Auch wenn Sie die Fragen auf Stufe 2 oder 3 noch so positiv beantworten, wird dies auf Dauer nicht tragen, falls die Erfordernisse der darunter liegenden Ebenen unberücksichtigt bleiben. Je länger dieser Zustand dauert, desto größer die Wahrscheinlichkeit, dass Sie ausbrennen und unproduktiv werden – und das Unternehmen letztlich verlassen.

Vorsicht also, falls Sie die Lager-2- und Lager-3-Fragen für sich positiv beantworten, jene darunter aber negativ – Sie befinden sich in einer prekären Lage! Nach außen hin scheint zwar alles in Ordnung zu sein: Sie kommen mit Ihren Kollegen prima klar (siehe Lager 2), sie lernen hinzu und entwickeln sich weiter (Lager 3), doch im Innersten stehen Sie nicht voll hinter der Sache. Nicht nur sind Sie unter solchen Voraussetzungen nicht so tüchtig und produktiv, wie Sie es sein könnten; Sie sind auch schon halb auf dem Sprung und warten nur auf eine gute Gelegenheit.

Geben wir diesem Zustand einen Namen: Höhenkrankheit. In der realen Welt wird die Berg- beziehungsweise Höhenkrankheit durch Sauerstoffmangel ausgelöst. In der dünnen Luft beginnt das Herz zu pochen. Man wird kurzatmig und fühlt sich schwindlig. Steigt man nicht wieder hinunter in tiefere Gefilde, füllen sich die Lungen alsbald mit Flüssigkeit – und das wäre das Ende. Die Höhenkrankheit lässt sich nicht »austricksen«. Es gibt kein Gegenmittel, keine Impfung. Es bleibt nur der Weg nach unten, um dem Körper die Chance zu geben, sich zu akklimatisieren.

Der unerfahrene Bergsteiger mag wohl meinen, man könne sich kurzerhand in Lager 3 einfliegen lassen, um dann mir nichts, dir nichts den Gipfel zu stürmen. Ein erfahrener Bergführer aber weiß, dass das niemals klappen kann. Die Höhenkrankheit steht dem im Wege. Wer den Gipfel erreichen will, muss also seinen Einsatz bringen. Der Aufstieg vom Basislager zu Lager 1 ist gewiss ein langer. Doch je mehr Zeit man in den tieferen Regionen verbringt, desto besser ist man für die dünne Luft in Gipfelnähe gerüstet.

Was für die physische Welt gilt, gilt genauso auch im Psychologischen. Basislager und Lager 1 bilden die unverzichtbare Grundlage. Man ist folglich gut beraten, sich zunächst intensiv den diesbezüglichen Notwendigkeiten zu widmen. Mit dem richtigen Vorgesetzten gewinnt man die nötige Kondition für den langen und beschwerlichen Aufstieg. Wer dies ignoriert, wird mit großer Wahrscheinlichkeit für den Aufstieg nicht gewappnet sein.

Höhenkrankheit – eine regelrechte Epidemie

Nachdem wir die Dinge aus Mitarbeitersicht betrachtet haben, dürfen Sie nun wieder in Ihre Vorgesetztenrolle schlüpfen.

Dieser metaphorische Berg macht uns klar, dass der Schlüssel zum Aufbau eines starken, vitalen Arbeitsumfelds darin liegt, die Bedürfnisse der Mitarbeiter auf Basislager- und Lager-1-Ebene angemessen zu befriedigen. Hierauf gilt es also das Hauptaugenmerk zu legen. Ignoriert man diese Bedürfnisse, wird alles andere, was Sie auf der »Tour« sonst noch für Ihre Untergebenen tun mögen, zur Bedeutungslosigkeit verurteilt. Gelingt es Ihnen aber, diesen Bedürfnissen

Rechnung zu tragen, ist der Rest – die Teambildung und das Innovieren – fast ein Kinderspiel.

So plausibel das klingen mag: Tatsache ist, dass die meisten Führungskräfte in den letzten 15 Jahren darauf getrimmt wurden, viel höher am Berg »einzusteigen«. Nehmen wir nur einige Beispiele. Unternehmensauftrag, Schulung im Umgang mit individueller/kultureller Vielfalt (*diversity training*), eigenverantwortliche Teams – dies alles soll den Mitarbeitern ein Zugehörigkeitsgefühl vermitteln (Lager 2). TQM, »Reengineering«, kontinuierlicher Verbesserungsprozess, lernende Organisation – all dies zielt auf das Innovationserfordernis, soll also Bequemlichkeiten aufbrechen und jeden Tag zu einem Neubeginn machen (Lager 3).

Alle diese Initiativen waren wohlkonzipiert. Viele wurden nicht einmal schlecht umgesetzt. Nahezu alle aber verliefen letztlich erfolglos. Noch vor fünf Jahren war der »Baldrige Award for Quality« der begehrteste Wirtschaftspreis in ganz Amerika. Heute interessiert sich kaum mehr ein Unternehmen für diesen Wettbewerb. Die Multifunktionsapologeten streiten sich heute über die richtige Definition ihrer »Fähigkeitsvielfalt«. Die Prozessneugestaltungsgurus sind dabei, die Mitarbeiter wieder in den Prozess hineinzudrücken. Und vom »Unternehmensauftrag« haben viele inzwischen genug gehört.

Alle diese Initiativen haben einen wertvollen Kern. Keine aber hatte Bestand. Leider.

Sie alle fielen der Höhenkrankheit zum Opfer. Zu hoch angesetzt. Zu viel zu schnell gewollt!

Man ermutigte die Führungskräfte leider, sich auf komplexe Initiativen zu konzentrieren – Reengineering/Umbau und »lernende Organisation« wären Beispiele –, ohne sich um die dafür nötigen Grundlagen zu kümmern. Die Stufen unserer »Bergtour« machen ja deutlich, dass es sinnlos ist, einen Mitarbeiter zu einem begeisterten Mannschaftsspieler machen zu wollen (Lager 2), wenn er überhaupt nicht begriffen hat, was von ihm persönlich erwartet wird (Basislager). Wenn der Mitarbeiter das Gefühl hat, in der falschen Rolle zu stecken (Lager 1), können Sie sich die Mühe sparen, ihm weismachen zu wollen, wie wichtig seine innovativen Ideen für den erfolgreichen Umbau des Unternehmens seien (Lager 3). Und wenn ihm nicht klar ist, was sein Vorgesetzter von ihm hält (Lager 1), bringen Sie ihn nur noch mehr durcheinander, wenn Sie von ihm verlangen, produktiver Teil der neuen »lernenden Organisation« zu werden (Lager 3).

Das Fazit ist klar: Steigen Sie nicht zu hoch in die Wand ein! Denn das kostet Sie und Ihr Team früher oder später das Leben.

Worauf gute Manager achten

Gute Führungskräfte konzentrieren sich vor allem auf das Basislager und das Lager 1. Sie wissen genau, dass der Weg zu einem starken, vitalen Arbeitsumfeld über die ersten sechs Fragen führt:

1. Weiß ich, was bei der Arbeit von mir erwartet wird?
2. Habe ich die Materialien und Arbeitsmittel, um meine Arbeit richtig zu machen?
3. Habe ich bei der Arbeit jeden Tag die Gelegenheit, das zu tun, was ich am besten kann?
4. Habe ich in den letzten sieben Tagen für gute Arbeit Anerkennung und Lob bekommen?
5. Interessiert sich mein/e Vorgesetzte/r oder eine andere Person bei der Arbeit für mich als Mensch?
6. Gibt es bei der Arbeit jemanden, der mich in meiner Entwicklung unterstützt und fördert?

Eine Ihrer wichtigsten Aufgaben besteht also darin, dafür zu sorgen, dass die Mitarbeiter auf diese Fragen möglichst die Bestnote (»5«) vergeben können. Viele Vorgesetzte haben aber schon feststellen müssen, dass dies alles andere als leicht ist. Nehmen wir ein Beispiel: Macht sich der Vorgesetzte bei all seinen Mitarbeitern lieb Kind, indem er überall Hoffnungen auf Beförderung weckt, bekommt er natürlich bei Frage 6 lauter Bestnoten. Gleichzeitig aber haben die Mitarbeiter das Gefühl, momentan am falschen Platz zu sein, was ihm bei Frage 3 (»Habe ich bei der Arbeit jeden Tag die Gelegenheit, das zu tun, was ich am besten kann?«) ziemlich verheerende Ergebnisse einbringt.

In ähnlicher Weise bekommt jener Vorgesetzte, der seine Mitarbeiter mit einem dicken Regel- und Richtlinienkatalog unter Kontrolle zu halten versucht, zweifellos gute Noten bei Frage 1 (»Weiß ich, was bei der Arbeit von mir erwartet wird?«). Gleichzeitig aber wird er bei Frage 5 (»Interessiert sich mein/e Vorgesetzte/r oder eine andere Person bei der Arbeit für mich als Mensch?«) infolge dieses rigiden, auf Überwachung ausgerichteten Führungsstils vermutlich weit unter dem Durchschnitt liegen.

Dies bedeutet: Wer auf alle diese Fragen Bestnoten will, muss Aufgaben erfüllen, die auf den ersten Blick ziemlich unvereinbar zu sein scheinen. So braucht er zum Beispiel die Fähigkeit, allen Mitarbeitern einheitliche Erwartungen zu vermitteln und dennoch jeden Einzelnen anders, sprich individuell zu behandeln. Man muss dem einzelnen Mitarbeiter das Gefühl geben können, dass seine Rolle voll zu seinen Fähigkeiten/Talenten passt, und muss ihn dennoch zu fordern verstehen. Man muss sich um jeden Mitarbeiter kümmern und ihn loben – und muss, wenn nötig, dennoch in der Lage sein, ihn zu kündigen.

F. Scott Fitzgerald sagte sinngemäß einmal, eine hohe Intelligenz zeige sich in der Fähigkeit, Widersprüche auszuhalten und dabei funktionsfähig zu bleiben. So gesehen besitzen gute Manager eine einzigartige Intelligenz. In den folgenden Kapiteln werden wir Ihnen zeigen, was dies konkret heißt. Wir werden Sie die Dinge aus der Perspektive der besten Führungskräfte der Welt betrachten lassen, und Sie werden am Beispiel mitverfolgen können, wie diese Könner mit widersprüchlichen Anforderungen und Verantwortlichkeiten umgehen. Wir werden Ihnen zeigen, wie man es mit System schafft, talentierte Mitarbeiter zu rekrutieren, sie auf die richtigen Aufgaben zu konzentrieren und langfristig das Beste aus ihnen herauszuholen.

2. Das Gravitationsfeld großer Manager

Worte der Weisen

Was können gute Manager tun, um für ein starkes, produktives Arbeitsumfeld zu sorgen? Antworten gibt es inzwischen viele – zu viele. 1975 noch wurden zum Thema Management/Unternehmensführung lediglich 200 Bücher veröffentlicht. 1997 waren es mehr als dreimal so viele. Inzwischen lassen sich die publizierten Systeme, Begriffskonzepte, Regeln und Paradigmen, die allesamt den Anspruch erheben, dem geneigten Leser Einblick in die Geheimnisse der Welt des Managements zu gewähren, kaum mehr zählen. Über 9 000 Titel zählt die Literatur der letzten 20 Jahre.

So erdrückend die Flut dieser Ratschläge auch ist, ihr Nutzwert ist in der Regel eher gering. Es mangelt vor allem an zweierlei: Exaktheit und Einfachheit. Auch beim vordergründig noch so überzeugenden Ansatz hapert es irgendwo. Es gibt Bände voller Fallstudien, von persönlichen Erfolgsgeschichten ganz zu schweigen. Quantitative Studien aber sind äußerst rar, und ein einheitlicher Messstandard fehlt völlig. Noch nie hat sich jemand die Mühe gemacht, die besten Manager dieser Welt zu befragen und eine solche empirische Erhebung anschließend systematisch auszuwerten, um anhand der gewonnenen Aussagen die Spreu vom Weizen zu trennen. Noch nie hat jemand den Spitzenkräften die Chance gegeben, sich selbst zu definieren. Diese Quelle war bislang vollkommen ungenutzt – bis Gallup sie anzapfte.

Dieses zweite Forschungsprojekt ist im Grunde eine logische Fortsetzung des ersten. Im vorigen Kapitel haben wir die Zusammenhänge zwischen Mitarbeiterengagement und Betriebsergebnissen aufgezeigt und dabei deutlich gemacht, welch kritische Rolle die Vorgesetzten hier spielen. In diesem Kapitel wollen wir uns nun ganz der Gedankenwelt der besten Führungskräfte der Welt widmen, um herauszufinden, wie sie es anstellen, ihre Mitarbeiter mit Herz, Kopf und all ihren Fähigkeiten auf Erfolgskurs zu bekommen.

Über viele Jahre hinweg waren wir bemüht, mit den besten Führungskräften unserer Klienten Interviews führen zu können. Freilich war es mitunter schwierig, diese Topkräfte überhaupt zu ermitteln. Wo es nicht anders ging, arbeiteten wir mit der folgenden Frage: »Welche Ihrer Führungskräfte würden Sie am liebsten klonen?« In der großen Mehrzahl der kontaktierten Organisationen gab es allerdings ein Leistungsmesssystem mit Parametern wie Produktivität, Gewinn, Schwund, Absentismus, Mitarbeiterunfälle und – vielleicht am wichtigsten – Kundenfeedback und Mitarbeitermeinung. Anhand dieser Messwerte war es besser möglich, die guten Führungskräfte von den schlechten zu isolieren.

Wir befragten Hotelmanager, Verkaufs-/Vertriebsleiter, Leiter von Generalagenturen, Kundenserviceleiter, Werbeagenturchefs, Fertigungsgruppenführer/Vorarbeiter, Profitrainer, Restaurantleiter, Schulaufseher, Militärchefs (Hauptleute, Majore, Oberste), ja sogar Kleriker (Priester, Pastoren). Über 80 000 Führungskräfte beziehungsweise Vorgesetzte waren es insgesamt.

Die Interviews dauerten jeweils eineinhalb Stunden, wobei wir mit offenen Fragen arbeiteten. Hier einige Beispiele:

- »Was wäre Ihnen lieber: Ein selbstständiger, aggressiver Mitarbeiter, der einen Jahresumsatz von 1,2 Millionen macht, oder ein umgänglicher Mannschaftsspieler, der es nur auf die Hälfte bringt? Nennen Sie uns bitte Ihre Gründe.«
- »Sie haben einen sehr tüchtigen Mitarbeiter, der aber mit seinen schriftlichen Aufgaben nicht gut klarkommt. Was würden Sie tun, um ihm zu mehr Produktivität zu verhelfen?«
- »Sie haben zwei Manager. Der eine ist ein erstklassiges Talent, der andere mittelmäßig. Es sind zwei Stellen zu besetzen – die eine in einem leistungsstarken Bereich, die andere in einem Bereich mit

Problemen. Beide Bereiche haben noch nicht ausgeschöpftes Entwicklungspotenzial. Wo sollte der gute Manager Ihrer Meinung nach eingesetzt werden? Warum?«

(Wie die erfolgreichsten Manager dieser Welt auf diese Fragen antworteten, können Sie in Anhang B nachlesen.)

Die Antworten auf diese und Hunderte ähnlicher Fragen wurden auf Band aufgenommen. Anschließend wurden sie abgetippt, geprüft und korrekturgelesen. Die gleichen Fragen wurden dann auch den weniger erfolgreichen Kollegen vorgelegt. Die Probanden dieser Vergleichsgruppe waren weder besonders gute noch besonders schlechte Vorgesetzte – einfach nur Durchschnitt. Auch ihre Antworten wurden in gleicher Weise aufgezeichnet und verarbeitet.

Danach folgte die Auswertung. 120 000 Bandstunden waren zu bewältigen. Fünf Millionen Protokollseiten galt es zu sichten. Unsere Suche richtete sich auf Muster, Strukturen. Was, so fragten wir uns, war den Besten und Erfolgreichsten eigentlich gemeinsam? Gab es überhaupt Konstanten? Und gab es vielleicht auch Kriterien, die sie von ihren weniger erfolgreichen Kollegen unterschieden?

Wie sich zeigte, sind die Gemeinsamkeiten geringer als vermutet. Würde man die »Stars« in Reih und Glied aufstellen, sähe man nichts als Unterschiede – in puncto Geschlecht, Rasse, Alter, Erscheinungsbild. Und auch in der Chefrolle ist jede(r) anders – anders im Führungsstil, bei der Motivation, auf der Beziehungsebene. Allzu viel Gemeinsames ist wirklich nicht ersichtlich.

Doch jenseits aller äußerlichen Unterschiede gibt es eine spezifische Erkenntnis, einen gemeinsamen Fundus, in dem alle diese großen Managerpersönlichkeiten verankert sind und auf den sie immer wieder zurückgreifen.

Was gute Führungskräfte begriffen haben

Gute Manager haben begriffen, dass jeder Mensch seine eigene Motivationsstruktur besitzt, seine eigene Denkweise, seinen eigenen Umgangsstil. Sie wissen auch, dass sich Menschen nur bedingt ändern lassen. Doch sie beklagen diesen Sachverhalt nicht. Sie versuchen nicht, die Differenzen abzuschleifen. Stattdessen setzen sie alles daran, die Unterschiede zu *nutzen*. Ihr Bestreben ist es, dem Mitarbeiter zu helfen, *noch mehr* von dem, was er ist und hat, aus sich herauszuholen.

Dies ist die zentrale Erkenntnis, die aus den Schilderungen und Stellungnahmen Zehntausender vorzüglicher Manager herausklang. Wir können sie in die folgende einfache Formel übersetzen:

**Die Menschen sind weniger veränderbar, als wir glauben.
Verschwende nicht deine Zeit mit dem Versuch,
etwas hinzuzufügen, das die Natur nicht vorgesehen hat.
Versuche herauszuholen, was in ihnen steckt.
Das ist schwer genug.**

Diese Einsicht ist die Quelle ihrer Klugheit. Sie erklärt ihr gesamtes Verhalten – alles, was sie mit ihren Mitarbeitern und für diese tun. Sie ist das Fundament ihres Erfolgs als Manager und Vorgesetzte.

Es ist eine wahrlich revolutionäre Erkenntnis. Sie macht begreiflich, warum die besten Führungskräfte eben nicht der Meinung sind, jedermann besitze unbeschränktes Potenzial; warum sie sich nicht darauf konzentrieren, bei den Mitarbeitern die Schwächen auszumerzen; warum sie nicht alle gleich behandeln. Sie ist, kurz gesagt, die Erklärung dafür, weshalb die besten Manager der Welt all jene Regeln brechen, die nach gängiger Meinung so heilig sind.

Das mag sich einfach anhören, hat aber in Wahrheit seine Komplexitäten und Subtilitäten. Man könnte ja rasch ins andere Extrem verfallen und argumentieren, der gute Vorgesetzte sollte über die Schwächen der Mitarbeiter gänzlich hinwegsehen, jedes Training sei ohnehin nur Zeitverschwendung. Natürlich ist das Unsinn. Wie alle revolutionären Botschaften verlangt daher auch diese Grunderkenntnis des erfolgreichen Managers nach Erklärung und Spezifizierung: Wie sieht die Praxis aus? Wie erfolgt die konkrete Umsetzung? Was bedeutet sie für den Mitarbeiter? Was für das Unternehmen?

In den folgenden Kapiteln werden wir diesen Fragen nachgehen. Zunächst aber gilt es die Rolle des Managers/Vorgesetzten einmal näher zu betrachten. Worin besteht seine Aufgabe? Was macht seine ganz spezifische Funktion in einem Unternehmen aus? Worin bestehen seine täglichen Aktivitäten?

Was gute Führungskräfte tun

Tony F., Topmanager in einem großen Konzern der Unterhaltungsbranche, trifft eine Feststellung, die wir nicht zum ersten Mal hören: »Immer wieder erlebt man es, dass fähige Fachkräft in Führungspositionen befördert werden, ohne dass sie auch nur die geringste Vorstellung davon haben, was die Managerrolle von ihnen verlangt, ganz zu schweigen von den Fähigkeiten, die man dafür braucht. Man schickt sie auf einen dieser Managementkurse, und wenn sie zurückkommen, sind sie mehr von ihrem neuen Status beeindruckt als von den täglichen Herausforderungen, denen sie gewachsen sein müssen, wenn sie ein guter Vorgesetzter sein wollen. Leider hat heute kein Mensch mehr eine Ahnung davon, was es heißt, ein guter Vorgesetzter zu sein.«

Tony hat Recht. Niemand weiß heute mehr so richtig, was ein guter Vorgesetzter mitbringen muss. Und was noch schlimmer ist: Den meisten ist es egal. Glaubt man dem Zeitgeist, sind die (unteren und mittleren) Führungskräfte sowieso nicht mehr sonderlich wichtig. Vielen gelten sie nur noch als Hindernis, das man im Namen von Tempo, Flexibilität und Agilität besser aus dem Weg räumt. Die beweglichen Unternehmen von heute meinen, es sich nicht mehr leisten zu können, ganze Heerscharen von Managern zu beschäftigen, die nichts als Papiere hin und her schieben, Genehmigungen erteilen und Leistungskontrollen durchführen. Sie setzen lieber auf eigenverantwortliche, eigenmotivierte, sich selbst lenkende Arbeitsgruppen. Wundert es da noch, dass es zuallererst den leitenden Angestellten an den Kragen ging, als die Reengineering-Revolution kam?

Außerdem macht sich der Zeitgeist nicht mehr die Mühe, zwischen den Führungskräften – zwischen »Manager« und »Topmanager« – zu unterscheiden. »Manager« ist gleichsam zum Synonym für den Strategen geworden – jemand, der Chancen sucht und ergreift, der einer unbeständigen Welt mit Schneid und Ungeduld seinen Willen aufdrückt. In diese Welt passt der »kleine«, eher bedächtige Manager der unteren und mittleren Ebene freilich nicht besonders gut. Sie ist zu schnell für ihn, zu aufgeregt, zu gefährlich. Er sollte besser Platz machen, bevor es zu spät ist.

Doch da irrt der Zeitgeist. Natürlich ist der Druck heute viel größer, finden die Veränderungen in einem halsbrecherischen Tempo statt. Natürlich brauchen Unternehmen selbstständige, eigenverantwortliche Mitarbeiter, dazu aggressive Führungskräfte an der Spitze. All dies aber tut der Bedeutung des »kleinen« Managers und (direkten) Vorgesetzten überhaupt keinen Abbruch. Im Gegenteil. In turbulenten Zeiten sind diese Führungskräfte wichtiger denn je.

Die Manager der unteren Ebenen spielen eine zentrale und ganz spezifische Rolle – eine Rolle, die weder der charismatische Unternehmensführer noch eigenverantwortliche Teams wahrzunehmen vermögen. Sie besteht darin, Zugang zum Mitarbeiter zu finden und dessen ganz speziellen Fähigkeiten zur Anwendung zu verhelfen, also Potenziale freizusetzen. Dieser Aufgabe widmet man sich am besten Schritt für Schritt – Mitarbeiter für Mitarbeiter. Der gute Manager setzt sich also in Einzelgesprächen intensiv mit seinen Untergebenen auseinander, stellt Fragen, hört zu, arbeitet mit ihnen. Tausendfach multipliziert, entsteht auf diese Weise die Substanz, von der das Unternehmen lebt. In Zeiten größerer Veränderungen ist es genau diese Rolle, die das Unternehmen widerstandsfähig macht – robust genug, um Kurs zu halten, doch robust genug auch, um flexibel nachzugeben, ohne zu zerbrechen.

Anders ausgedrückt: Der operative Manager und Vorgesetzte ist der »Katalysator«. Katalysatoren haben ja bekanntlich die Funktion, auf dem Wege zum angestrebten Endprodukt die Reaktion zwischen zwei Substanzen zu beschleunigen. In unserem Fall ist das gewünschte Endprodukt die Leistung des Mitarbeiters. Beschleunigen muss der Manager also die Reaktion zwischen den individuellen Talenten des Mitarbeiters und den Unternehmenszielen einerseits sowie den Kundenbedürfnissen andererseits. Indem Hunderte von Vorgesetzten diese Rolle gut wahrnehmen, gewinnt das Unternehmen Kraft und Stabilität – Mitarbeiter für Mitarbeiter.

Natürlich haben die Manager unserer verschlankten Unternehmen von heute noch vielfältige andere Aufgaben zu meistern. Zum Beispiel wird von ihnen hohes Spezialwissen verlangt; sie sollen fachlich perfekt sein und visionäre Leitfiguren obendrein. Dies sind keineswegs unwichtige Rollen, und gute Manager werden ihnen auch durchaus gerecht, wiewohl mit unterschiedlichem Stil und Erfolg. Was jedoch ihre *Kernaufgabe* angeht, sind gute Führungskräfte einfach exzellente »Katalysatoren«.

Erinnern Sie sich noch an die sechs Fragen, die für das »Basislager« und das »Lager 1« charakteristisch waren?

1. Weiß ich, was bei der Arbeit von mir erwartet wird?
2. Habe ich die Materialien und Arbeitsmittel, um meine Arbeit richtig zu machen?
3. Habe ich bei der Arbeit jeden Tag die Gelegenheit, das zu tun, was ich am besten kann?
4. Habe ich in den letzten sieben Tagen für gute Arbeit Anerkennung und Lob bekommen?
5. Interessiert sich mein/e Vorgesetzte/r oder eine andere Person bei der Arbeit für mich als Mensch?
6. Gibt es bei der Arbeit jemanden, der mich in meiner Entwicklung unterstützt und fördert?

In diesen Fragen steckt alles, was für die Katalysatorrolle wichtig ist. Um positive Antworten darauf zu erhalten, muss ein Vorgesetzter viererlei besonders gut können:

- Mitarbeiter auswählen;
- klare Leistungserwartungen aufbauen;
- Mitarbeiter motivieren;
- Mitarbeiter entwickeln.

Diese vier Tätigkeiten machen den Kernbestand der Aufgaben eines jeden Managers aus. Sie mögen über noch so viel Vision, Charisma und Intelligenz verfügen – wenn Sie diese vier Aufgaben nicht beherrschen, werden Sie niemals ein guter Manager sein. Betrachten wir die vier Punkte im Einzelnen:

I. Um auf die Frage 3 (»Habe ich bei der Arbeit jeden Tag die Gelegenheit, das zu tun, was ich am besten kann?«) die Bestnote 5 zu erhalten, muss die Mitarbeiterauswahl stimmen. Dies hört sich leicht an, verlangt aber viel. Insbesondere müssen Sie wissen, was Sie an einem Menschen ändern können und was nicht. Es muss Ihnen klar sein, dass Talent einerseits und erworbene Fähigkeiten/Fertigkeiten und Kenntnisse andererseits vollkommen verschiedene Dinge sind und dass durch Schulung viel, aber nicht alles erreicht werden kann. Es kommt also darauf an, dass Sie bereits beim Vorstellungsgespräch die richtigen Fragen stellen, um sich ein Bild von den wahren Fähigkeiten des Bewerbers machen zu können, denn dieser wird natürlich bestrebt sein, sich von der besten Seite zu präsentieren. Wenn Sie hier Probleme haben, werden Sie als Manager immer Probleme haben. Denn eine falsche Mitarbeiterauswahl stellt auch all Ihre motivatorischen und entwicklerischen Bemühungen infrage.

II. Um bei Frage 1 (»Weiß ich, was bei der Arbeit von mir erwartet wird?«) und Frage 2 (»Habe ich die Materialien und Arbeitsmittel, um meine Arbeit richtig zu machen?«) die Bestnote 5 zu erhalten, sind exakte Leistungserwartungen unabdingbar. Dies bedeutet jedoch mehr als nur Zielvorgabe. Sie müssen in der Lage sein, den Mitarbeiter voll auf seine aktuellen Aufgaben zu konzentrieren und das Maximum aus ihm herauszuholen – unabhängig von den ferneren Zielen, die am Horizont stehen. Dies verlangt Klarheit darüber, wo Sie strenge Regeln aufstellen müssen und wo der Mitarbeiter zu eigenen Wegen und einem eigenen Stil ermutigt werden sollte. Es gilt also Effizienz und Standardisierung mit Originalität und persönlicher Begabung zu vereinen. Gelingt dies nicht, ist die Balance gestört und Sie schwanken gefährlich zwischen Rigidität und Chaos hin und her.

III. Bei Frage 4 (»Habe ich in den letzten sieben Tagen für gute Arbeit Anerkennung und Lob bekommen?«) und Frage 5 (»Interessiert sich mein/e Vorgesetzte/r oder eine andere Person bei der Arbeit für mich als Mensch?«) kommt es vor allem darauf an, dass Sie Ihre Mitarbeiter gut motivieren können. Als Manager ist Zeit Ihr kostbarstes Gut: Wem Sie wie viel davon widmen – und wie Sie dies tun –, entscheidet über Ihren Erfolg als Führungskraft. Folglich müssen Sie sich fragen: Soll ich mich mehr mit den Guten oder mehr mit den weniger Guten beschäftigen? Soll ich mich darauf konzentrieren, bei meinen Leuten die Schwächen auszumerzen, oder fördere und entwickle ich besser ihre Stärken? Kann man etwa gar zu viel loben? Wenn ja, wann übertreibt man? Wenn nein, warum nicht? Diese Fragen müssen Sie beantworten können, wenn Sie ein guter Motivator sein und Ihre Mitarbeiter zu Topleistungen bringen wollen.

IV. Die Beantwortung von Frage 5 (»Interessiert sich mein/e Vorgesetzte/r oder eine andere Person bei der Arbeit für mich als Mensch?«) hängt unter anderem auch davon ab, wie gut Sie es verstehen, Ihre Mitarbeiter zu entwickeln, und Gleiches gilt natürlich für Frage 6 (»Gibt es bei der Arbeit jemanden, der mich in meiner Entwicklung unterstützt und fördert?«). Wenn der Mitarbeiter irgendwann auf Sie zukommt und wissen will, wie es für ihn aussieht – wohin die Reise geht, welche Möglichkeiten er/sie hat –, so sollten Sie vorbereitet sein. Es dürfte kaum damit getan sein, dem Mitarbeiter diesen oder jenen Schulungskurs zu offerieren und ihn im Übrigen anzuhalten, seine Pflicht zu tun. Oder nehmen wir an, Sie fürchten, mit Ihren Mitarbeitern zu sehr auf du und du zu stehen. Kann man das? Kann das Verhältnis denn zu freundschaftlich sein? Wie sieht es aus, wenn Sie jemand entlassen müssen, zu dem Sie ein sehr gutes, sehr persönliches Verhältnis aufgebaut haben? Und ganz allgemein: Was schulden Sie Ihren Mitarbeitern eigentlich? Was sollten diese von Ihnen erwarten können? Die Antworten auf all diese Fragen entscheiden darüber, wie gut es Ihnen gelingt, den Erfolg aus Ihren Leuten »herauszukitzeln« – aktuell wie künftig.

Die vier Kernaspekte der Katalysatorrolle lauten also:

- Richtige Auswahl;
- Aufbau präziser Erwartungen;
- Motivation;
- Entwicklung.

Hat ein Unternehmen Manager, die diesen Aufgaben nicht gewachsen sind, ist es um seine Zukunft schlecht bestellt. Auch die ausgeklügeltsten Systeme und das charismatischste Topmanagement vermögen diese Lücke nicht zu schließen.

In den frühen neunziger Jahren versuchte es eine der führenden amerikanischen Hotelketten mit eigenverantwortlichen Arbeitsgruppen als Ersatz für die herkömmliche Managerrolle. Die Idee ging auf einen Topmanager der Branche zurück, dessen Innovationskraft nur noch von dem Eifer überboten wurde, mit dem er seine Einfälle unter die Leute zu bringen versuchte. Ihm schwebten Hotels vor, die von Teams mit ständig wechselnden, rotierenden Aufgabenbereichen geführt wurden. Jede dieser Gruppen war komplett besetzt – Zimmerreinigungskräfte, Rezeptionsmitarbeiter, Pagen, Wartungspersonal, Servicepersonal. Die Teams organisierten sich selbst, stellten die Dienstpläne auf, verteilten die Aufgaben untereinander und sorgten auch falls nötig für disziplinarische Maßnahmen. Um die gegenseitige Unterstützung sicherzustellen, gab es Lob und Anerkennung nur für das Team insgesamt. Die persönliche Entwicklung versuchte man dadurch zu gewährleisten, dass jedes Teammitglied möglichst viele Funktionen im Team wahrnehmen und auf diesem Wege auch mehr verdienen konnte. Je mehr Aufgaben/Rollen jemand beherrschte, desto höher also der Verdienst. Über diesen Teams standen einige wenige Führungskräfte, deren Hauptaufgabe jedoch nicht im Mitarbeitermanagement lag. Vielmehr hatten sie lediglich dafür zu sorgen, dass die neue Teamstruktur reibungslos funktionierte. Es war ein innovatives Konzept, das lediglich einen kleinen Fehler hatte: Es funktionierte nicht.

Die Mitarbeiter waren von der Idee gegenseitiger Unterstützung im Prinzip sehr angetan (gute Hotelkräfte sind das immer), doch die Gruppenstruktur konterkarierte dies. Die guten Reinigungskräfte wollten eigentlich gar nicht an die Rezeption. Sie hatten an ihrem eigenen Job viel mehr Freude. Manche Rezeptionistinnen wiederum mochten das Servieren überhaupt nicht, und den Servicemitarbeitern wiederum grauste es vor der Arbeit hinter dem Empfangspult fast so sehr wie vor dem, was die guten Empfangskolleginnen und -kollegen zwischenzeitlich aus ihrem schönen Restaurant machten. Irgendwie hatte jeder Mitarbeiter das Gefühl, am falschen Platz zu sein. Niemand hatte mehr eine klare Vorstellung davon, was von ihm/ihr genau verlangt und erwartet wurde. Folglich ließ das Vertrauen in die eigenen Fähigkeiten nach, und da nur noch die Teamleistung, nicht mehr die Einzelleistung zählte, fühlte sich der Einzelne immer unwichtiger. Es kam zu Auseinandersetzungen, die Gäste waren unzufrieden, und die wenigen verbliebenen Manager hatten alle Hände voll zu tun, die Mitarbeiter bei ihren ungewohnten neuen Aufgaben zu unterstützen, einzuspringen, Feuerwehr zu spielen.

Es herrschte ein beispielloses Durcheinander, das der Chefkonstrukteur des Ganzen verzweifelt, doch vergeblich zu beheben suchte. Am Ende war der Betrieb gezwungen, zum alten System zurückzukehren, und die Muttergesellschaft wurde schließlich an einen noch größeren Gastronomiekonzern verkauft.

Dieses Unternehmen zahlte also einen hohen Preis für seinen Versuch, die effiziente Managerrolle durch eine komplexe Teamstruktur zu ersetzen.

Leider droht auch anderen Unternehmen ähnliches Ungemach, ungeachtet der etwas unterschiedlichen Methoden. So entschlossen sich manche Firmen, die »Katalysatorfunktion« einer bestimmten Abteilung zuzuweisen, etwa der Personalabteilung oder dem Bereich Aus- und Weiterbildung. Diese Abteilungen entwickeln dann komplexe Auswahlsysteme oder Mitarbeiterentwicklungsprogramme, während der Vorgesetzte sich nur noch darum zu kümmern hat, dass »der Laden läuft«. Die Denkweise scheint hier zu sein, dass die Manager mit dem Alltagsgeschäft vollauf ausgelastet sind und sich nicht auch noch um Dinge wie Mitarbeiterauswahl und -entwicklung kümmern sollten.

Dahinter stecken durchaus gute Absichten. Leider blutet das Unternehmen jedoch nach und nach aus, wenn man den Vorgesetzten diese Aufgaben abnimmt. Gesunde Unternehmen leben von einem engen Verhältnis zwischen den Vorgesetzten und ihren Mitarbeitern. Folglich ist es schlecht, wenn der Vorgesetzte an der Auswahl seiner Leute nicht beteiligt ist oder kein aktives Interesse an deren aktuellem Erfolg und künftiger Entwicklung besitzt.

Dies heißt nicht, dass man seitens der Personal- und Schulungsabteilungen den Managern den Zugang zu den Hilfsmitteln (Instrumenten, Systemen) und Kursen vorenthalten sollte – im Gegenteil. Hauptziel sollte es vielmehr sein, die Manager in der Handhabung der entwickelten Tools zu schulen, statt sie durch diese Tools (oder die entsprechende Abteilung) zu ersetzen. Denn noch einmal: Die Rolle des Managers und Vorgesetzten besteht im Kern aus vier Aktivitäten: *Mitarbeiterauswahl, Aufbau präziser Leistungserwartungen, Mitarbeitermotivation und Mitarbeiterentwicklung*. Tätigkeiten, die sinnvollerweise nur im direkten Kontakt zwischen Manager und Mitarbeiter ausgeübt werden können, sollte man keinesfalls zentralisieren.

Untere und mittlere Vorgesetzte sind mehr als nur Topmanager in Wartestellung

»Manager machen die Dinge richtig. Topmanager machen die richtigen Dinge.« Dies ist ein gängiger Spruch und oft stolze Maxime. Dahinter steht – wie schon erwähnt – die Tatsache, dass Manager gern mit Führungsanspruch auftreten, sich also am liebsten als Strategen und Visionäre sehen. Der »kleine« Manager und Vorgesetzte vor Ort gilt als der zwar zuverlässige, aber ein bisschen biedere Arbeiter, der neben dem »intellektuellen« Unternehmensführer, dem den Horizont abklopfenden Strategen zwangsläufig verblasst. Ein solches Leitbild ist aber nur vordergründig positiv. Denn zum einen ist es kaum umsetzbar, zum anderen setzt es die Rolle des »normalen« Managers gewaltig herab. Der Unterschied zwischen einem Manager und einem Topmanager ist in Wahrheit viel größer, als man allgemein glaubt. Das Unternehmen, das diesen Sachverhalt ignoriert, wird die Konsequenzen zu spüren bekommen.

Der größte Unterschied zwischen einem erstklassigen Manager und einem erstklassigen Topmanager (dem »Leader« respektive Unternehmensführer) liegt im Orientierungspunkt. Der Blick des guten Managers (und Vorgesetzten) ist *nach innen* gerichtet – auf das Unternehmen insgesamt wie auch auf den einzelnen Mitarbeiter. Es gilt, die individuellen Unterschiede wahrzunehmen – im Stil, in den Zielen, den Bedürfnissen, der Motivationsstruktur. Diese Unterschiede sind mitunter gering und subtil, doch für den guten Vorgesetzten sehr wichtig. Denn nur so lassen sich die individuellen Potenziale des jeweiligen Mitarbeiters erkennen und ausschöpfen.

Gute Topmanager hingegen haben eine ganz andere, nämlich *nach außen* gerichtete Perspektive. Sie haben den Wettbewerb im Blick, die Zukunft, die alternativen Entwicklungslinien. Ihr Orientierungspunkt ist das Gesamtbild. Sie suchen nach dem Konnex und den Lücken, um dann dort hineinzustoßen, wo der Widerstand am geringsten ist. Sie müssen Visionäre sein, strategische Denker, Initiatoren. Dies ist zweifellos eine Rolle von zentraler Bedeutung. Doch sie hat nur wenig mit den Herausforderungen im »operativen Geschäft« vor Ort zu tun, wo es darum geht, aus jedem einzelnen Mitarbeiter ein Maximum an Leistung herauszuholen.

Gute Manager sind folglich keine »Mini-Unternehmensführer« im Wartestand. Und umgekehrt sind gute Unternehmensführer nicht einfach Manager, die sich nach oben gearbeitet und strategische Kompetenz erworben haben. Die Kerntätigkeiten beider sind schlicht unterschiedlich. Dies bedeutet auch: Ein exzellenter Manager ist nicht zwangsläufig ein guter Topmanager. Und umgekehrt kann zwar jemand ein fähiger »Leader«, als Manager aber ein ziemlicher Versager sein. Um in beiden Rollen zu brillieren, bedarf es schon einer ganz außergewöhnlichen Begabung.

Wenn Unternehmen diesen Unterschied nicht erkennen – wenn sie in jedem Manager einen kleinen Unternehmensführer sehen oder letzteren einfach als eine etwas höhere, fortgeschrittene Form des »Managers« betrachten –, leidet alsbald die zentral wichtige Katalysatorrolle darunter, weil sie zwangsläufig unterbewertet, wenig verstanden und schlecht wahrgenommen wird. Konsequenz: Das Unternehmen fällt immer mehr auseinander.

Einfachheit ist Trumpf

Mike K., Chef der Wertpapierabteilung einer großen Handelsbank, mochte es nicht glauben. Seine 30 Mitarbeiter waren so erfolgreich wie nie zuvor. Das Klima im Team war positiv und kollegial. Sein Chef hatte ihn mit einer sehr großzügigen Prämie bedacht. Doch soeben hatte ihn die Personalabteilung wissen lassen, dass er der schlechteste Manager des ganzen Unternehmens sei. Ohne Skrupel hatten sie ihm das direkt ins Gesicht gesagt.

»Wie zum Kuckuck kommen Sie denn darauf?« hatte er erwidert.

»Hier, unser Feedbacksystem«, hatten sie gesagt. »Bei einigen dieser 25 verschiedenen Kompetenzkriterien bekommen Sie von Ihren Untergebenen zwar sehr gute Noten, doch im Gesamtergebnis zählen Sie nach unseren Berechnungen zu den Schlechtesten des Unternehmens. Sie sollten zusehen, dass Sie sich in den nächsten Monaten in Ihren schwachen Bereichen verbessern, denn nächstes Jahr um diese Zeit kommt eine neue Runde.« Es war nicht gerade eine Drohung – nicht ganz –, doch Mike wusste, dass er kein besonders schönes Jahr vor sich hatte.

Mike ist das bemitleidenswerte Opfer guter Absichten. Manche Unternehmen, die sehr wohl um die Bedeutung des Managers wissen und ihr Rechnung tragen wollen, tun des Guten ein wenig zu viel. Sie definieren die Rolle ihrer Führungskräfte so detailliert, dass der arme Manager kaum mehr weiß, was das alles soll mit den vielen »verhaltensmäßigen Kompetenzen«. Hier ein kleiner Auszug aus diesen »Managerfähigkeiten«, die bei einer Reihe von »Fortune 50«-Unternehmen als Bewertungskriterien genutzt werden:

- Steuerung von Veränderungsprozessen (Change Management),
- Selbstkenntnis,
- Planungskompetenz,
- Visionäre Kraft,
- Inspiration,
- Strategische Beweglichkeit,
- Mitarbeitermotivation (*troop rallying*),
- Risikofreude,
- Führungs- und Durchsetzungsfähigkeit (*take charge*),
- Arbeitsweisen und Kontrollmaßnahmen implementieren,
- Ergebnisorientierung,
- Umgang mit (kultureller usw.) Vielfalt,
- Breite Perspektive,
- Unter Druck Ruhe bewahren,
- Zwischenmenschliche Sensibilität.

Führungskräfte wie Mike werden anhand dieser Kriterien (so genannter *competencies*) beurteilt – von ihren Vorgesetzten, ihren direkten Untergebenen und mitunter auch von Managerkollegen. Bereiche, in denen sie gut sind, nimmt man nickend zur Kenntnis. Bereichen, in denen es nicht so gut aussieht, drückt man das Etikett »verbesserungsfähig« auf. Diese stehen dann im Zentrum des »persönlichen Entwicklungsplans« für das folgende Jahr.

Man braucht nicht besonders viel Fantasie, um sich vorzustellen, wie so etwas bei den Führungskräften ganz unten ankommt. Sie fragen sich nämlich mit Recht: »Wie soll ich es denn anstellen, einerseits eine mitreißende Vision zu entwickeln und andererseits eine breite Perspektive zu bewahren?« »Wie kann ich Durchsetzungsvermögen und zwischenmenschliche Sensibilität unter einen Hut bringen?« Dies sind in der Tat bizarre, widersinnige Anforderungen. Die Idee des »Supermanagers« mag ja ihre Reize haben, doch wenn man sie in die Tat umzusetzen versucht, kommt wie bei Dr. Frankenstein etwas recht Lächerliches und durchaus Besorgniserregendes heraus.

Diese Überdefinition ist – so gut sie gemeint sein mag – im Grunde vollkommen unnötig. Es besteht nicht die mindeste Notwendigkeit, seinen Führungskräften ein und denselben Managementstil aufzuzwingen. Ein jeder wird ohnehin zwangsläufig nach seinem eigenen Stil verfahren und sollte dies auch. Es genügt völlig, wenn das Unternehmen dafür sorgt, dass seine Führungskräfte ihre »Katalysatorrolle« gut wahrnehmen, also ihren vier Kernaufgaben gerecht werden: *Gute Mitarbeiterauswahl; Aufbau präziser Erwartungen; Mitarbeitermotivation; Mitarbeiterentwicklung*. Mehr ist nicht verlangt. Wie verschieden die Stile auch sein mögen – wenn die Manager diese Rolle wahrnehmen, stimmen die Grundlagen. Dann ist sichergestellt, dass die Mitarbeiter ihr Potenzial freisetzen können. Dies und nur dies macht das Unternehmen stark.

Die vier Schlüssel

Die Katalysatorrolle beschreibt wohl, *was* ein guter Manager tut. Sie sagt uns aber noch nichts darüber, *wie* er es tut.

Wie also schaffen es exzellente Vorgesetzte, das Energiepotenzial ihrer Leute freizusetzen? Wie gehen sie vor bei Auswahl und Erwartungsbildung? Wie motivieren und entwickeln sie ihre Mitarbeiter?

In der Regel setzen die Vorgesetzten am falschen Punkt an. Sie sind zwar nah dran, sehr nah sogar. Doch aus dem Blickwinkel des wirklich guten Managers betrachtet wird rasch deutlich, dass bei jedem einzelnen Element das Ziel verfehlt wird – knapp vielleicht, aber eben verfehlt. Bringen wir die Unterschiede auf den Punkt. Der gängige Ansatz fordert:

1. Mitarbeiterauswahl ... *orientiert an Erfahrung, Intelligenz, Zielstrebigkeit*;
2. Aufbau von Erwartungen ... *durch Festlegung der richtigen Schritte;*
3. Mitarbeitermotivation ... *durch Unterstützung des Untergebenen bei der Ermittlung und Überwindung seiner Schwächen;*
4. Mitarbeiterentwicklung ... *durch Unterstützung des Lernprozesses nebst entsprechender Beförderung.*

Oberflächlich betrachtet scheint es daran nicht viel auszusetzen zu geben. Nicht umsonst orientieren sich viele Führungskräfte und Unternehmen stark an diesen Maximen. Doch in der Tat ist es schlicht unmöglich, eine hervorragende Mannschaft zusammenzustellen, indem man sich die Leute nach den Kriterien *Erfahrung, Intelligenz* und *Zielstrebigkeit* aussucht. Allein mit den *richtigen Schritten* und der *Bekämpfung von Schwächen* wird man im Hinblick auf eine dauerhaft gute Leistung ebenfalls wenig Glück haben. Und wer »Entwicklung« so versteht, jemand auf die nächste Stufe der Karriereleiter vorzubereiten, hat ebenfalls vieles nicht begriffen.

Erinnern wir uns an jene revolutionäre Erkenntnis, die den erfolgreichen Managern offenbar gemein ist:

Die Menschen sind weniger veränderbar, als wir glauben.
Verschwende nicht deine Zeit mit dem Versuch,
etwas hinzuzufügen, das die Natur nicht vorgesehen hat.
Versuche herauszuholen, was in ihnen steckt.
Das ist schwer genug.

Wenden wir diese Einsichten nun auf die vier Kernaufgaben des Managers in seiner »Katalysatorrolle« an, so ergibt sich – in völligem Kontrast zur gängigen Auffassung – folgendes Bild:

- Mitarbeiterauswahl: *Talent* heißt das entscheidende Stichwort – nicht einfach Erfahrung, Intelligenz oder Zielstrebigkeit/Willensstärke.
- Aufbau von Erwartungen: Auf die *richtigen Ziele* kommt es an – nicht die richtigen Schritte.
- Mitarbeitermotivation: Der Schwerpunkt liegt auf den *Stärken* – nicht auf den Schwächen.
- Mitarbeiterentwicklung: Entscheidend ist die geeignete Rolle, d. h. die *optimale Abstimmung* der Rolle auf die individuellen Talente – nicht einfach das Erklimmen der nächsten Stufe der Leiter.

Wir haben diesen revolutionären Ansatz als die »vier Schlüssel« bezeichnet, in deren Handhabung alle großen Manager echte Meister sind. Im Zusammenspiel dieser vier Komponenten wird erkennbar, wie es diesen vorbildlichen Führungskräften in der Praxis gelingt, das Potenzial ihrer Mitarbeiter freizusetzen – und zwar aller.

Steigen wir also ein in diese Praxis. Versuchen wir herauszufinden, wie diese vier Managementwerkzeuge funktionieren – und wie sie sich für Ihre eigene Praxis nutzbar machen lassen.

3. Schlüssel Nr. 1: Talentsuche

Was gute Manager unter »Talent« verstehen

Wenn von Talent die Rede ist, denken wir normalerweise an bewundernswürdige Spitzenleistungen. Wir sehen Michael Jordan, wie er seine Gegner narrt und zu Statisten degradiert, während er unaufhaltsam dem Korb zustrebt, und spüren, dass eine solch glänzende Vorstellung im Kern weder von Trainingseifer noch Willensstärke herrühren kann. Bestimmt besitzt er auch diese Qualitäten, doch Gleiches gilt auch für seine NBA-Kollegen. Das Faktum, dass Jordan herausragt, lässt sich so also nicht erklären. Tief drinnen wissen wir, dass seine entscheidende Waffe in seinem Talent liegt. Es ließen sich viele aufzählen, die wir auf Anhieb zum Club der »Talentierten« zählen würden. Sie alle sind also mit einer bestimmten Begabung gesegnet. Dem normal Sterblichen erscheint Talent daher als etwas Seltenes und Kostbares, etwas, das ein paar Begnadeten vorbehalten ist. »Sie sind halt anders als wir«, sagen wir uns dann.

Gute Manager sind nicht dieser Meinung. Die Definition ist ihnen zu eng und zu spezifisch. Sie begreifen Begabung viel breiter, nämlich als »wiederkehrendes Denk-, Gefühls- oder Verhaltensmuster, das sich produktiv einsetzen lässt«. Der Schwerpunkt dieser Definition liegt auf dem Wort »wiederkehrend«. Begabungen, so betonen sie, liegen in dem, was man gerne und *häufig*, also gewohnheitsmäßig tut. Jeder besitzt gleichsam einen mentalen Filter – ein Wahrnehmungssieb –, mit dem er die Welt durchkämmt. Manches bleibt darin hängen, vieles fällt einfach durch. Die instinktive Fähigkeit, sich an Namen und nicht nur an Gesichter zu erinnern, ist zum Beispiel so eine Begabung.

Gleiches gilt, wenn es Ihnen ein Bedürfnis ist, das Gewürzregal alphabetisch oder den Inhalt Ihres Kleiderschranks nach Farben zu ordnen. Und auch Ihre Leidenschaft für Kreuzworträtsel, Ihre Risikofreude oder Ihre Ungeduld – alles Talentsache. Allgemein gesagt: Jedes *wiederkehrende* Verhaltensmuster, das sich sinnvoll nutzen lässt, ist Begabung. Der Schlüssel zur individuellen Spitzenleistung besteht demzufolge darin, individuelle Begabungen und die Aufgabe optimal miteinander in Einklang zu bringen.

Diese Definition von Begabung scheint wenig Aufregendes zu enthalten. Doch das täuscht. Denn sie weist guten Führungskräften den Weg zu einer bedeutenden Entdeckung: Für *jede* hervorragend ausgefüllte Rolle braucht es Talent, weil damit zwangsläufig bestimmte *wiederkehrende* Denk-, Gefühls- oder Verhaltensmuster verbunden sind. Insofern darf man sagen, dass gute Krankenschwestern Talent besitzen, ebenso wie gute LKW-Fahrer, gute Lehrer, gute Flugbegleiter. (Auf einige der konkreten Begabungen, die hier eine Rolle spielen, werden wir später in diesem Kapitel noch zu sprechen kommen.)

Guten Managern ist also klar, dass hervorragende Leistungen – seien sie nun gefeiert und bewundert oder im Stillen gedeihend – ohne Talent überhaupt nicht denkbar sind.

Der Stoff, aus dem Erfolge sind

Bei den meisten Rollen, die es zu besetzen gilt, orientiert sich der Manager nach gängiger Auffassung an Kriterien wie Erfahrung, Intelligenz oder Willensstärke. Begabung spielt – wenn überhaupt – nur eine marginale Rolle.

Der gängige Ansatz basiert demnach auf folgenden Grundaussagen:

»Erfahrung macht den Unterschied.« Vorgesetzte, denen Erfahrung besonders wichtig ist, interessieren sich vor allem für den beruflichen Hintergrund des Kandidaten. Sie studieren den Lebenslauf, machen sich ein Bild von den Unternehmen, in denen der Bewerber beschäftigt war, und bewerten seine bisherigen Tätigkeiten. Die Vergangenheit ist für sie das Fenster zur Zukunft.

»Auf den Kopf kommt es an.« Diese Führungskräfte setzen auf den Rohstoff Intelligenz. Sie sagen sich: Jemand mit Grips kommt mit jeder Aufgabe klar. Wer etwas auf dem Kasten hat, der packt es besser und schneller als andere. Bei ihnen hat die besten Chancen, wer sich gut artikulieren kann. Und je stärker der akademische Hintergrund, desto besser natürlich.

»Der Wille ist entscheidend.« Die Apologeten dieses Satzes sind zugespitzt der Meinung, Erfolg sei zu 10 Prozent Inspiration und zu 90 Prozent Transpiration. Das Fachspezifische lasse sich in der Regel lernen; Leistungswillen, Zielorientierung und Durchhaltevermögen aber müsse man schon mitbringen. Sie suchen bei der Auswahl ihrer Mitarbeiter folglich in erster Linie nach entsprechenden »Rückgratbelegen«.

Auch die guten Manager sind natürlich ein Stück weit mit diesen Kriterien einverstanden. Erfahrung *kann* in der Tat wertvoll sein; ein kluger Kopf *ist* eine tolle Sache; und Willenskraft – worin die guten Manager nicht umsonst sogar ein Talent sehen – ist von außen praktisch kaum einzupflanzen. So weit, so gut. Was die gängige Auffassung aber völlig verkennt, ist die Vielfalt von Begabungen, die es daneben noch gibt, und dass es für herausragenden Erfolg immer und in allererster Linie darauf ankommt, dass man für den jeweiligen Job die *richtigen Talente* mitbringt – eben nicht allein Erfahrung, Intelligenz und Willensstärke. Anlagen wie zum Beispiel das Gespür und die Auffassungsgabe des Kellners, das Einfühlungsvermögen der Krankenschwester, die Überzeugungskraft des Verkäufers oder die Individualisierungsgabe – den Blick fürs Individuelle – des guten Managers. Nach gängiger Auffassung sind diese Verhaltensweisen (beziehungsweise Fähigkeiten) entweder »on-the-job« trainierbar oder überhaupt wenig erfolgsrelevant.

Beide Annahmen sind falsch. Erstens nämlich lässt sich Begabung nicht vermitteln. Wie sollte man jemandem denn auch eine gute Auffassungsgabe beibringen? Oder Mitgefühl mit anderen? Oder Spaß an Auseinandersetzung? Oder das feine Differenzierungsvermögen im Umgang mit ganz unterschiedlichen Menschen? Solche Talente kann man leider nur rekrutieren. (Warum dies so ist, werden wir später in diesem Kapitel noch eingehend erörtern.)

Zweitens erweist sich, dass Fähigkeiten wie diese die entscheidende Leistungstriebfeder des einzelnen Mitarbeiters sind. Erfahrung, Intelligenz und Willensstärke sind, wie gesehen, nicht unwichtig. Nur ist eben das Gesamtspektrum der Fähigkeiten respektive Begabungen *wichtiger* – die Frage also, was den Mitarbeiter antreibt, wie er denkt, wie er mit anderen umgeht und wie beziehungsfähig er ist.

Man kann bei der Mitarbeiterrekrutierung also noch so sorgfältig auf Erfahrung, Intelligenz und Willensstärke achten – die Leistung wird trotzdem sehr unterschiedlich ausfallen. Bei dem Einzelhandelskonzern, den wir in Kapitel 1 kennen gelernt haben, verfügten alle Geschäftsleiter über exakt die gleichen Schulungs- und sonstigen Voraussetzungen, und trotzdem lagen einige 15 Prozent über ihrem Umsatzsoll, andere 30 Prozent darunter.

Oder nehmen wir ein anderes Beispiel: In einem großen Telekommunikationsunternehmen braucht es bei den weniger leistungsfähigen Kundenservicemitarbeitern dreimal so viele Anrufe, um ein Kundenproblem zu lösen, wie bei den Spitzenkräften. Und da jährlich Millionen von Kunden anrufen und jeder Anruf die Firma rund 10 Dollar kostet, tut das Management gut daran, diesen Leistungsunterschieden entsprechende Bedeutung beizumessen.

Ganz Ähnliches berichtet ein landesweit agierendes Speditionsunternehmen. Ein durchschnittlicher Fahrer legt jährlich etwa 200 000 Kilometer zurück und hat dabei etwa vier Unfälle. Einer der besten Fahrer hat demgegenüber gerade seinen viermillionsten unfallfreien Kilometer gefeiert.

Diese Leistungsunterschiede gibt es in praktisch jeder Rolle beziehungsweise Funktion, so simpel sie auch scheinen mögen. Zwar haben auch Erfahrung, Intelligenz und Willensstärke einen deutlichen Einfluss auf die Leistung, doch die Leistungs*unterschiede* lassen sich nur durch das Vorhandensein (oder Fehlen) der richtigen Begabungen erklären – jener wiederkehrenden Verhaltensmuster, die gut zur jeweiligen Tätigkeit passen. Nur das Vorhandensein solcher Grundfähigkeiten vermag – bei sonst identischen Voraussetzungen – zu erklären, warum der eine brilliert und der andere immerfort zu kämpfen hat.

Schauen wir uns zur Verdeutlichung noch ein etwas ausgefallenes Beispiel an, bei dem die Kandidaten ebenfalls nur aufgrund von Erfahrung, Intelligenz und Willensstärke ausgewählt wurden. Anschließend folgte für alle ein langes und intensives Training – und trotzdem gab es später riesige Leistungsunterschiede.

Brigadegeneral Don Flickinger stand vor einer der schwierigsten Aufgaben, die sich einem Vorgesetzten überhaupt stellen können. Er musste sieben Männer für eine äußerst anspruchsvolle Mission auswählen und schulen. Die Aufgabe war völlig neu. Noch nie hatte jemand so etwas gemacht. Jeder der Männer hatte den Job im Übrigen auch nur ein einziges Mal durchzuführen. Außerdem war es eine national bedeutsame Aufgabe.

Begreiflicherweise verwandte der General viel Zeit und Energie auf die Auswahl der richtigen Männer für den Job. Zunächst legte er Mindestkriterien fest: Höchstalter 39 Jahre; Größe höchstens 1,80 Meter; tadellose körperliche Verfassung; Testpilotenausbildung; mindestens 1 500 Düsenjet-Flugstunden.

Nach dieser Sichtung wurden die erfolgreichen Kandidaten harten körperlichen und psychologischen Tests unterworfen. Beispielsweise wurde die körperliche Ausdauerfähigkeit untersucht: Wie lange kann der Kandidat nur mit seinem Lungenvolumen eine Quecksilbersäule hochhalten? Oder die mentale Stärke: Wie lange hält er es in einer stockdunklen und vollkommen schallisolierten »sensorischen Deprivationskammer« aus, wenn er nicht weiß, wann er wieder herausgelassen wird? Oder Tests zur Schmerzkontrolle: Wie reagiert der Kandidat, wenn eine Nadel in den Handballenmuskel gestochen und dann unter Strom gesetzt wird?

Nach diesen Tests blieben schließlich sieben Männer übrig. Sie hießen Alan Shepard, Gus Grissom, John Glenn, Scott Carpenter, Wally Schirra, Gordon Cooper und Deke Slayton. Die sieben Astronauten für das Mercury-Raumprogramm waren gefunden.

Und wie von einem guten Verantwortlichen zu erwarten, sorgte Flickinger in der Folge für eine erstklassige Spezialausbildung. Die Männer lernten alles, was je für sie von Bedeutung sein konnte, angefangen von den Grundlagen der Weltraum- und Raketenphysik bis zu ganz praktischen Fragen des Verhaltens und Arbeitens in der Schwerelosigkeit. Sie bekamen die besten Lehrer und Trainer, die modernste Ausrüstung und so viel Zeit wie nötig, um sich auf ihre Mission gut vorzubereiten. Binnen zwei Jahren erwarben die Männer einen riesigen Wissensfundus und eine Vielzahl neuer Fertigkeiten.

Am 5. Mai 1961 ging es dann los. Alan Shepards fünfzehnminütiger Suborbitalflug war die erste von sechs erfolgreichen Missionen. Höhepunkt war Gordon Coopers vierunddreißigstündiger Orbitalflug mit 22 Erdumkreisungen.

Als Cooper am 17. Mai 1963 wasserte, hatte Amerika mit den Sowjets gleichgezogen. Die Amerikaner hatten ihren Stolz wieder. Die Plattform für den Sprung zum Mond war geschaffen.

In vieler Hinsicht war das MISS-Programm (*Man In Space Soonest*), der Wettlauf ins All, ein absolut vorbildlich durchgeführtes Projekt: Erstklassige Technologie verband sich mit erstklassigem Personal (Auswahl wie Ausbildung betreffend). Alles war vollkommen auf eine einzige Mission konzentriert, getragen und angetrieben von den Hoffnungen einer ganzen Nation. Was sollte da noch schief gehen, könnte man meinen!

Betrachtet man das Mercury-Programm allerdings rein unter Managementgesichtspunkten, kann man keineswegs von einem Bilderbuchprojekt sprechen. Vielmehr waren es sechs ganz unterschiedliche Missionen (Die Mission von Deke Slayton fiel krankheitsbedingt aus). Lässt man den spektakulären Aspekt des ganzen Unternehmens und den wahrlich Respekt einflößenden Mut eines jeden dieser Astronauten für einen Moment beiseite, lassen sich die sechs Missionen im Hinblick auf das erzielte Leistungsniveau ganz klar differenzieren: Zwei waren schulbuchmäßig; zwei waren absolut Spitzenklasse; zwei waren recht mittelmäßig. Stellt man das Glas noch schärfer ein, merkt man, dass die Unterschiede fast durchweg in der Person des Astronauten begründet lagen.

Alan Shepard und Wally Schirra, beide klassische Militärs, erledigten ihren Job sauber und programmgemäß. Nichts Dramatisches, keine Überraschungen. Schulbuchmäßig eben.

Bei John Glenn und Gordon Cooper war es ein wenig anders. Glenn war der Bravouröseste von allen. Cooper wiederum war so entspannt, dass er auf der Abschussrampe sogar einschlief. Beide hatten während des Flugs mit enormen technischen Schwierigkeiten zu kämpfen und meisterten diese mit Glanz und Gloria. Cooper schaffte sogar eine Bilderbuchlandung, obwohl seine automatischen Steuersysteme vor dem Wiedereintritt in die Erdatmosphäre ausgefallen waren.

Gus Grissom und Scott Carpenter hingegen schneiden weniger gut ab. Grissom legte zwar einen sauberen Raumflug hin, geriet zum Schluss aber anscheinend noch in Panik, da er nach dem Wassern offenbar die Rettungsluke zu früh aufsprengte. Die Kapsel füllte sich dadurch mit Wasser und versank in den 6 000 Meter tiefen Ozean. Auf Nimmerwiedersehen, denn die NASA vermochte das eineinhalb Tonnen schwere Raumschiff bis heute nicht zu bergen.

Carpenter wiederum hatte seine Nerven offenbar überhaupt nicht im Griff. Er gondelte im Zickzack durchs All und hatte schon bald seinen ganzen Treibstoff verbraucht. Beim Wiedereintritt in die Erdatmosphäre hatte er Schwierigkeiten, seine Kapsel auf den richtigen Eintrittswinkel zu korrigieren, weshalb er den vorgesehenen Landepunkt um 250 Meilen verfehlte. Bei all dem hatte er noch riesiges Glück. Wäre der Eintrittswinkel nämlich nur um ein paar Grad flacher gewesen, wäre seine Kapsel wie eine Billardkugel an der Erdatmosphäre abgeprallt und auf ewig im All verschwunden.

Der NASA dürften diese Unterschiede bei den sechs Astronauten nicht entgangen sein, und gewiss hat man sich nach den Gründen gefragt. Schließlich war man ja bei allen Kandidaten genau gleich verfahren. Alle brachten hinreichend Erfahrung, Intelligenz und Willensstärke mit. Alle genossen dieselbe Ausbildung, hatten die gleichen Hilfsmittel. Warum also diese unterschiedlichen Ergebnisse? Warum brillierte Cooper, während Carpenter kein Bein auf den Boden brachte? Warum blieb Glenn so gelassen und Grissom nicht?

Die Antwort lautet: Trotz ihrer vielen Ähnlichkeiten – und ungeachtet der glänzenden Leistungen, die sie im Vergleich zu uns Durchschnittsbürgern allesamt erbrachten – besaßen diese sechs Männer eben je eigene, ganz unterschiedliche Begabungen.

Was bedeutet das konkret? Formulieren wir es so: Obwohl diese Männer den gleichen Stimuli ausgesetzt waren, war ihre Reaktion auf diese Stimuli und damit ihr späteres Verhalten völlig unterschiedlich. Beim Umkreisen der Erde war Carpenter so aufgeregt, dass er permanent an seinen Steuerhebeln herumfummelte. Cooper hingegen war so ruhig, dass er zwischendurch ein Nickerchen machte, wenn er Gelegenheit fand. Grissom hatte beim Start einen Puls von 150. Glenn brachte es während des ganzen Unternehmens nie auf mehr als 80 Pulsschläge pro Minute.

Wie gesagt: Gleiche Stimuli, doch völlig verschiedene Reaktionen. Der Grund dafür ist, dass jeder Mensch die Welt anders »filtert«. Jeder der sechs Kandidaten lief sozusagen mit einem anderen mentalen Filter durch die Welt, sortierte und siebte auf seine Weise, nahm Stimuli wahr, für die der Kollege vollkommen blind war. Auch nach der Landung hielt es der zuverlässige Wally Schirra noch vier Stunden in seiner im Pazifik treibenden engen Kapsel aus, um nur ja alle vorgesehenen Aufgaben zu erledigen. Er war so konzentriert bei der Sache, dass sein mentaler Filter klaustrophobische Gefühle gar nicht erst aufkommen ließ. Ganz anders Gus Grissom. Allem Anschein nach bekam er schon nach fünf Minuten Platzangst. Sein Filter erlaubte ihm einfach nicht mehr, die wachsende Panik unter Kontrolle zu halten. »Raus, nichts als raus!«, rief es in ihm – und schon drückte er den Knopf, um die Luke zu öffnen.

Jeder also hat seinen Filter – seinen ihm eigenen Blick auf die Welt. Wir alle reagieren auf unsere ureigene Weise. Von diesem Filter hängt es ab, welche Umweltreize wir wahrnehmen und welche nicht; was wir mögen und was nicht. Er bestimmt die innersten Antriebe des Menschen – ob jemand zum Beispiel wettbewerbsorientiert oder altruistisch oder egozentrisch ist. Er bestimmt die Denkweise – ob jemand diszipliniert ist oder die Dinge eher locker sieht, ob man ein Pragmatiker oder eher ein Stratege ist. Er prägt die dominante Haltung – Optimismus oder Zynismus, Gelassenheit oder Ängstlichkeit, Einfühlsamkeit oder Kälte. Der Filter ist mithin für alle individuellen Gedanken-, Gefühls- und Verhaltensmuster verantwortlich; er ist die Grundlage der Begabungen des jeweiligen Menschen.

Dieser Filter ist einmalig und einzigartig. Alle Umweltstimuli passieren ihn. Heraus kommt Ihre subjektive Welt – eine Welt, die nur Sie so sehen können. Der Filter erklärt, warum zwei Menschen auf den gleichen Stimulus völlig unterschiedlich reagieren.

Nehmen wir ein Beispiel. Stellen Sie sich vor, Sie befinden sich im Flugzeug und sind gerade ein wenig eingenickt, als es zu starken Turbulenzen kommt. Wie reagieren Sie? Fahren Sie hoch, überzeugt davon, dass die Erklärung aus dem Cockpit nur deshalb ausbleibt, weil die Piloten vollauf damit beschäftigt sind, sich gegenseitig die Fallschirme festzuzurren? Oder schlafen Sie einfach weiter, sodass außer Ihrem ruckelnden Kopf nichts darauf hindeutet, dass Ihr Körper die Turbulenzen überhaupt wahrnimmt?

Oder stellen Sie sich vor, Sie sind auf einer Party. Einige der Gäste kennen Sie, den Rest nicht. Wie verhalten Sie sich? Stürzen Sie sich ins Gewühl, machen die Runde, drücken dem die Hand, erinnern sich an jenen Namen, erzählen dort eine Geschichte, sodass Sie irgendwann nur noch von Freunden umgeben sind? Oder verdrücken Sie sich zu einem Freund in die nächste Ecke, um von dort aus Ausschau nach weiteren bekannten Gesichtern zu halten, und versuchen sich nebenbei nervös einen Witz zurechtzulegen für den Fall, dass Sie irgendwann in die Verlegenheit kommen sollten, einen erzählen zu müssen?

Noch ein Beispiel: Stellen Sie sich vor, Sie haben einen Disput mit Ihrem Chef. Werden Sie dabei zunehmend ruhiger, klarer, artikulierter, präziser? Oder hilft Ihnen alle gute Vorbereitung nichts, weil Sie Ihrer Gefühlsregungen nicht Herr werden, sodass das Denkvermögen aussetzt und all die schönen Argumente, die Sie sich vorher ausgedacht haben, wie weggeblasen sind?

Weil jeder Mensch von seinem ganz individuellen Wahrnehmungsfilter gelenkt wird, produziert dieselbe Situation ganz unterschiedliche Reaktionen. Was für einen anderen ein Kinderspiel ist, kann für Sie zum Verzweifeln schwierig sein. Und was Sie beflügelt, mag andere völlig kalt lassen.

LKW-Fahrer zum Beispiel stehen alle vor der gleichen Situation – viele Straßenkilometer, eine schwere Fracht und ganze Schwärme von PKWs, die um sie herumflitzen. Alle haben die gleiche Ausbildung und ähnliche Erfahrung. Und trotzdem fahren manche doppelt so viele Kilometer wie die Kollegen und haben dabei nur halb so viele Unfälle. Warum? Wegen ihres Filters. Wenn man Spitzenfahrer fragt, was sie beim Fahren denn so machen, lautet die Antwort etwa so: »Ich mache mir Gedanken darüber, was ich tun würde, *wenn* … *wenn* der Wagen dort jetzt ausscheren würde; *wenn* der Fußgänger bei Rot über die Straße ginge; *wenn* meine Bremsen versagen würden.« Während die anderen Fahrer an die nächste Raststätte denken oder daran, wie viel sie noch vor sich haben, spielen die Besten ihr »Was-wäre-wenn«-

Spiel, spielen mögliche Situationen durch, planen Ausweichmanöver. Gleiche Stimuli, unterschiedliche Reaktionen – sehr unterschiedliche Ergebnisse.

Ganz Ähnliches gilt für das Kundencenter. Täglich sind Tausende von Telefonanrufen von schlecht gelaunten oder wütenden Kunden zu bewältigen. Die Mitarbeiter verfügen alle über die gleiche technische Ausstattung, vergleichbare Erfahrung, gleiche Ausbildung. Doch bei den Spitzenkräften fallen zur Bearbeitung der gleichen Reklamation nur ein Drittel so viele Anrufe an wie bei den durchschnittlichen Mitarbeitern. Der Grund ist, dass für die guten Mitarbeiter – bei denen es sich häufig um eher scheue Menschen handelt – das Telefon ein gewissermaßen intimes Werkzeug ist. Einerseits bietet es ihnen Schutz gegenüber dem Kunden; andererseits aber gibt es ihnen auch die Chance, Kontakt aufzubauen, und zwar rascher und intensiver, als ihnen dies im direkten Kontakt möglich wäre. Sie stellen sich dabei vor, in welcher Umgebung sich der Kunde befindet. Sie malen sich aus, wie er oder sie aussieht. Sie lächeln und gestikulieren bei ihren Gesprächen, als könnte der Kunde sie sehen. Instinktiv sorgt ihr Filter dafür, dass aus der bloßen Stimme des Gegenübers ein menschliches Wesen wird. Der Kunde am anderen Ende der Leitung merkt den Unterschied.

Diese Art des »Weltfilterns« ist kein bewusster, rationaler Prozess. Schon gar nicht handelt es sich um ein aufgesetztes Kontrollverfahren etwa der Art, dass man sich den Luxus gönnt, sich hin und wieder zurückzulehnen, Bestandsaufnahme zu machen, Verhaltensalternativen gegeneinander abzuwägen und sich dann für die »vernünftigste« Option zu entscheiden. Nein, dieser Filter ist permanent in Aktion. Er sortiert und strukturiert unsere Wahrnehmungs- und Erlebenswelt in Echtzeit.

Auch bei Ihnen selbst, lieber Leser, ist dies so. Auch Ihr Filter ist ständig am Werk, zum Beispiel jetzt, beim Lesen dieses Buches. Was haben Sie gerade gemacht? Haben Sie kurz aufgeschaut und über etwas nachgedacht? Oder überfliegen Sie die Seiten nur kurz, etwa um das Kapitel noch abzuschließen, bevor Ihr Flugzeug landet? Vielleicht lesen Sie Bücher jedoch immer auf diese Weise. Oder haben Sie gerade Ihren Stift gezückt, um diese Passage zu unterstreichen oder eine Bemerkung an den Rand zu kritzeln? Möglicherweise aber ist es Ihnen auch unverständlich, dass Leute in Büchern herumkritzeln.

Wie dem auch sei: Ihr Filter ist ständig in Betrieb. Von all den vielen theoretischen Möglichkeiten, etwas zu tun, zu denken oder zu fühlen, lässt Ihnen Ihr Filter nur einige wenige übrig – und das *müssen* Sie dann tun, fühlen oder denken.

Ihr Filter – das sind *Sie*! Mehr als Ethnie, Geschlecht, Alter oder Nationalität.

Schnellstraßen des Gehirns

Wie viel kann man an einem Menschen ändern?

Eine spannende Frage. Angenommen, Sie machen um fremde Leute am liebsten einen großen Bogen: Kann man lernen, *gern* auf andere zuzugehen, Kontakt zu knüpfen, das Eis zu brechen? Oder nehmen wir an, Auseinandersetzungen sind Ihnen ein Graus: Kann man so jemandem beibringen, an heftigen Debatten seinen Spaß zu haben? Oder angenommen, schon der Gedanke, vor Hunderten von Zuhörern eine Rede halten zu müssen, bereitet Ihnen Übelkeit: Können Sie trotzdem lernen, an öffentlichen Auftritten Spaß zu haben? Anders formuliert: Kann man neue Talente erwerben?

Viele Führungskräfte und Unternehmen gehen davon aus, die Antwort auf all diese Fragen sei »Ja«. Mit den besten Absichten versuchen sie ihren Beschäftigten einzureden, jeder trage das gleiche Potenzial in sich. Sie ermutigen ihre Mitarbeiter, für neue Verhaltensweisen offen zu sein. Sie schicken ihre Leute auf Kurse, um ihnen alles Mögliche anzutrainieren – Sensibilität, Durchsetzungsvermögen, Kontaktfähigkeit, Innovationsfreudigkeit, strategisches Denken –, damit sie fit werden für den Aufstieg in der Unternehmenshierarchie. Aus der Sicht dieser Unternehmen ist bei einem Mitarbeiter nichts wertvoller als die Bereitschaft, sich durch Lernen und Selbstdisziplin zu verändern.

Die besten Führungskräfte dieser Welt teilen diese Ansicht *nicht*. Erinnern wir uns an ihr Credo:

Die Menschen sind weniger veränderbar, als wir glauben.
Verschwende nicht deine Zeit mit dem Versuch,
etwas hinzuzufügen, das die Natur nicht vorgesehen hat.
Versuche herauszuholen, was in ihnen steckt.
Das ist schwer genug.

Ihrer Auffassung nach sind die Begabungen eines Menschen – sein mentaler Filter – genau das, »was in ihm steckt«. Folglich helfen auch noch so viele Kurse nicht, den von Natur aus Schüchternen in einen Freund des Small-Talk zu verwandeln. Und so viel der Wettbewerbsorientierte auch über Kooperation und »Win-win«-Szenarien lernt und weiß, *mögen* wird er diese Strategien nie.

Man kann den mentalen Filter des Individuums durchaus mit seinem Fingerabdruck vergleichen, denn er ist genauso dauerhaft und nicht weniger einzigartig. Dies ist zugegebenermaßen eine radikale These – zudem eine, die vollkommen quer steht zu den Selfimprovement-Mythen, die seit Jahrzehnten populär sind. In den letzten zehn Jahren jedoch hat sich wissenschaftlich erhärtet, was fähige Führungskräfte offenbar schon immer wussten.

Im Jahr 1990 wurden in Amerika die neunziger Jahre zur *decade of the brain* ausgerufen. Und es wurde von politischer Seite finanziell und organisatorisch in der Tat auch viel getan, um der Wissenschaft zu helfen, in die Geheimnisse des menschlichen Geistes und Denkens einzudringen.

Dies beschleunigte die in der Industrie, an den Universitäten und in Forschungseinrichtungen bereits laufenden Bemühungen. Laut Lewis L. Judd, dem ehemaligen Direktor des National Institute of Mental Health, war der auf diese Weise erzielte Fortschritt in den Neurowissenschaften »so groß, dass 90 Prozent unseres gesamten Wissens über das menschliche Gehirn aus den letzten zehn Jahren stammen«.

In der Vergangenheit konnte man die Funktionsweise des menschlichen Gehirns praktisch nur aus dem Verhalten Kranker ableiten. Heute hat man Technologien wie die Positronenemissionstomographie (PET) und die NMR-Spektroskopie zur Hand, mit denen der

Wissenschaftler dem Gehirn gleichsam bei der Arbeit zusehen kann. Diese und andere Instrumente haben die Wissenschaft gewaltig vorangebracht.

So wissen wir inzwischen beispielsweise, dass die Ursachen geistiger Krankheiten genauso im Biologischen liegen wie im Falle körperlicher Erkrankungen. Wir wissen, *warum* der Neurotransmitter Dopamin beruhigend, Serotonin aber anregend wirkt. Und wir wissen auch, dass – entgegen früheren Annahmen – unser Gedächtnis nicht einen spezifischen »Hirnblock« belegt, sondern assoziativ über das ganze »Verkehrsnetz« unseres Gehirns verstreut ist.

Vor allen Dingen aber verstehen wir inzwischen, wie sich das menschliche Gehirn entwickelt. Angesichts der rapiden Fortschritte in diesem Bereich dürfte es nicht vermessen sein, auch für die kommenden Jahre weitere entscheidende Wissenszugewinne zu erwarten. Doch wagen wir an dieser Stelle zunächst einmal eine kurze Bestandsaufnahme.

Bei der Geburt enthält das Gehirn eines Kindes etwa 100 Milliarden Neuronen, also mehr Hirnzellen, als es in der Milchstraße Sterne gibt. Im Entwicklungsprozess des Kindes wachsen und sterben diese Zellen, bilden sich aber ständig nach, sodass ihre Zahl weitgehend gleich bleibt. Diese Zellen sind also der Rohstoff des Geistes, doch mit ihm identisch sind sie nicht. Das Geistige liegt gleichsam zwischen den Zellen – in den Verbindungen, den so genannten »Synapsen«.

Hier – bei der Herstellung und »Einprägung« dieser Synapsen – spielt sich in den ersten 15 Lebensjahren alles Entscheidende ab. Vom ersten Lebenstag an beginnt das Kind seine geistigen Fühler in die Welt zu strecken, wahllos und unaufhaltsam. Vom Gehirnzentrum aus sendet jedes dieser Neuronen Abertausende von Signalen aus. Sie versuchen Verbindung miteinander aufzunehmen, zu kommunizieren, Anschluss zu finden. Stellen wir uns das Ganze bildhaft vor: Es ist, als würde jeder lebende Mensch versuchen, gleichzeitig mit 150 000 Zeitgenossen in Kontakt zu treten. So ungefähr muss man sich die Dimension, Komplexität und Vitalität der Prozesse im Gehirn des Kleinkinds vorstellen.

Bis zu seinem dritten Geburtstag hat das Kind auf diese Weise eine enorm große Zahl von Verbindungen hergestellt – bis zu 15 000 synaptische Verschaltungen bei jedem seiner 100 Milliarden Neuronen.

Das Gehirn ist mit der Verarbeitung all dieser Informationen, die im Kopf des Kindes umherschwirren, allerdings völlig überfordert. Der junge Mensch versucht mit Macht, der Fülle Sinn und Bedeutung abzugewinnen. *Seine* Bedeutung. In den folgenden rund zehn Jahren arbeitet das Gehirn daher an der Strukturierung, Ausprägung und »Zuspitzung« dieses Verbindungsnetzwerks. Die starken synaptischen Verbindungen werden weiter intensiviert und damit noch stärker. Die schwächeren hingegen verkümmern zunehmend. Dr. Harry Chugani, Professor für Neurologie an der medizinischen Fakultät der Wayne State University, vergleicht diesen Selektionsprozess mit der Entwicklung eines großen Verkehrsnetzes:

»Viel befahrene Straßen werden ausgebaut. Die wenig benutzten Nebenstraßen versanden hingegen immer mehr.«

Noch immer sind sich die Wissenschaftler freilich uneinig darüber, weshalb die einen mentalen »Straßen« häufiger befahren werden als andere. Manche glauben, dass dies genetische Gründe hat, dass also eine Prädisposition bestehe. Andere behaupten, dass in der Hauptsache Erziehung und Sozialisierung darüber entscheiden, wie der Selektionsprozess abläuft – welche »Straßen« also überdauern und welche nicht.

Diese beiden Sichtweisen schließen sich keineswegs wechselseitig aus. Und egal, welche Sichtweise man präferiert, hinsichtlich des Ergebnisses herrscht ohnehin weitgehend Einigkeit: Mit 14, 15 Jahren besitzt der Mensch nur noch halb so viele synaptische Verbindungen wie mit drei Jahren. Im Gehirn hat sich bis dahin also ein einzigartiges Verbindungsnetz herausgeschält. Es gibt sozusagen ein paar wunderbare vierspurige Autobahnen – schnelle und starke Trassen, auf denen alles reibungslos läuft. Doch daneben gibt es auch unerschlossenes Brachland, das kein Signal zu durchdringen vermag.

Angenommen, das Kind hat eine »Schnellstraße« für Mitgefühl entwickelt, so wird es die Gefühle anderer wahrnehmen wie eigene. Im Umkehrfall aber – wenn das Einfühlungsvermögen in einer »Brachlandregion« liegt – wird der Mensch ein Leben lang emotional blind sein, wird dem falschen Menschen zur falschen Zeit das Falsche sagen. Dies keineswegs aus Böswilligkeit, sondern weil er oder sie einfach unfähig ist, die Gefühlssignale des anderen wahrzunehmen, sich auf dessen Wellenlänge einzustellen. Oder nehmen wir ein anderes Beispiel: Wer eine Schnellstraße für Konfrontation entwickelt hat, ist in der beneidenswerten Lage, selbst in der hitzigsten Auseinandersetzung souverän und durchsetzungsfähig zu bleiben, kühl bis ans Herz, wie man sagt. Im Umkehrfalle aber fehlen dem Menschen im entscheidenden Moment die richtigen Worte, weil das Herz den Kopf blockiert.

Wir sind wieder bei unserem Thema vom Anfang dieses Kapitels: Die mentalen Verbindungslinien sind genau das, was wir mit »Filter« gemeint haben. Sie sind es, die die wiederkehrenden Verhaltensmuster, welche jeden Menschen zum Unikat machen, erzeugen. Sie entscheiden darüber, welche Stimuli erkannt werden (welche Signale ankommen) und welche nicht. Von ihnen hängt es ab, was man gut kann und was nicht. Alle Leidenschaften, aber auch alle Gleichgültigkeiten haben hier ihren Ursprung.

Die Herausbildung dieses mentalen Netzes ist folglich identisch mit der Charakterbildung. Anders ausgedrückt: Die Neurowissenschaft macht uns klar, dass die charakterliche Umformung ab 15 etwa ihre objektiven Grenzen hat.

Dies heißt keineswegs, dass *alles* festgelegt ist und kein Veränderungsspielraum mehr bleibt. Wie wir später noch eingehend beschreiben werden, besteht nach wie vor die Chance, neues Wissen zu erwerben und neue Fertigkeiten zu erlernen. Auch das individuelle Wertesystem ist veränderungsfähig. Der Mensch kann seine Selbstkenntnis und seine Selbststeuerung verbessern. Und wer von Natur aus nicht gern auf Konfrontationskurs geht – hier also Brachland aufweist –, kann es mit hinreichend Training und Unterstützung allemal schaffen, in diesem Bereich schmale mentale Schneisen zu schlagen, um in Auseinandersetzungen wenigstens einigermaßen bestehen zu können. Doch über eines sollte man sich im Klaren sein: Zu »Schnellstraßen« lassen sich im Nachhinein mühsam angelegte Verbindungswege niemals ausbauen – da hilft kein Training, keine Unterstützung und kein Drängen.

Die Neurowissenschaft bestätigt somit, was gute Führungskräfte ohnehin wissen. Der individuelle Filter – und die wiederkehrenden Verhaltensmuster, die er erzeugt – ist ein Faktum, mit dem auf Dauer zu rechnen ist. In seinen zentralen Aspekten ist der Mensch auf bleibende, wundervolle Weise ein einzigartiges Wesen.

Auch Sie. Und natürlich auch die Mitarbeiter, die Sie einstellen.

Fertigkeiten, Kenntnisse und Begabungen

Kenntnisreiche Manager stört es überhaupt nicht, dass sie die zerebralen »Verschaltungen« ihrer Mitarbeiter nur bedingt ändern können. Im Gegenteil. Sie begrüßen es, dass die Menschen so verschieden sind. Es gibt in der Tat überhaupt keinen Grund, diese Individualität fortzuwünschen. Viel sinnvoller ist es, sie zu fördern und zu verstärken. Viel sinnvoller ist es auch, den Menschen zu helfen, diese Mechanismen zu verstehen und in möglichst produktives Verhalten umzusetzen.

Aber wenn man den Leuten schon keine neuen Begabungen einimpfen kann – was genau lässt sich dann eigentlich an ihnen verändern?

Erstens können Sie Ihren Mitarbeitern helfen, ihre verborgenen Talente zu entdecken. Wie wir in Kapitel 5 noch eingehend erörtern werden, zeichnet sich ein fähiger Vorgesetzter nicht zuletzt dadurch aus, dass er diese versteckten Begabungen erkennt und mit einer entsprechenden Aufgabenzuordnung dafür sorgt, dass sie in der täglichen Arbeit möglichst optimal genutzt werden.

Zweitens kann ein Manager dafür sorgen, dass der Mitarbeiter sich neues Wissen aneignet und neue Fertigkeiten erlernt. Hier kommen wir zu einer der wichtigsten und elementarsten Einsichten, die allen guten Managern gemein ist: Fertigkeiten, Wissen und Talente sind ganz verschiedene Dinge, die in klar unterscheidbarer Weise zur individuellen Leistung beitragen. Der Grundunterschied besteht darin, dass Fertigkeiten und Kenntnisse vermittelbar sind, Begabungen hingegen nicht. Zusammengenommen bilden die drei allerdings ein enormes Potenzial. Trotzdem gilt es Talent einerseits und Fertigkeiten und Kenntnisse andererseits sauber auseinander zu halten. Andernfalls laufen Sie Gefahr, Zeit und Geld zu verschwenden für etwas, das man grundsätzlich weder lehren noch lernen kann.

Fertigkeiten betreffen das Wie, sozusagen die Durchführungstechnik. Es handelt sich dabei um interpersonell übertragbare Fähigkeiten. Beim Buchhalter etwa ist das Rechnen eine solche Fähigkeit. Angenommen, ein Neuling bringt diese Fertigkeit aus irgendeinem Grund nicht mit, so kann er sie immer noch erwerben. Beim Piloten sind Nick-, Roll- und Gierbewegung Fertigkeiten, die er beherrschen muss. Beim Verwaltungsangestellten ist der versierte Umgang mit Microsoft

Word oder Excel gefragt. Eine Krankenschwester muss eine Injektion patientensicher verabreichen können. Die beste Methode, jemandem eine solche Fertigkeit beizubringen, besteht darin, den Gesamtablauf in methodische Schritte zu zerlegen und den Lernenden diese Elemente dann zusammensetzen zu lassen. Und natürlich macht beim Erwerb dieser Techniken die Übung letztlich den Meister.

Wissen wiederum lässt sich summarisch als das bezeichnen, »was einem bewusst ist«. Dabei gibt es zwei Arten von Wissen: *Faktenwissen* und *Erfahrungswissen*. Ersteres umfasst das, was man aktiv gelernt hat. Das Erfahrungswissen umfasst das Verständnis, das man sich im Laufe der Zeit angeeignet hat. Beim Buchhalter etwa zählen die Regeln der doppelten Buchführung zum Faktenwissen. Beim Flugbegleiter die Sicherheitsvorschriften der Luftfahrtbehörde. Beim Verkäufer sind es die Produktmerkmale und der damit verbundene Kundennutzen. Beim Ingenieur sind es etwa DIN-, VDE- und sonstige Normen. Faktenwissen kann und muss vermittelt werden.

Beim Erfahrungswissen ist es ein bisschen anders. Dieses Wissen ist weniger fassbar und folglich schwerer zu vermitteln. Seine Aneignung ist Aufgabe des Einzelnen. Es gilt immer wieder innezuhalten, zurückzublicken und die Erfahrungen der Vergangenheit auszuwerten. Durch diese Reflexion beginnen sich Strukturen, Muster und Zusammenhänge herauszuschälen – man begreift, gewinnt Verständnis.

Teils ist dies praktischer Natur. Ein Finanzbuchhalter zum Beispiel wird mit zunehmender Berufserfahrung in der steuergünstigen Bilanzerstellung immer besser. Der Leiter eines Einzelhandelsgeschäfts gewinnt im Laufe der Zeit Einblick in das Kaufverhalten seiner Kundschaft und lernt seine Produkte saisonal besser zu platzieren. Ein Lehrer erinnert sich an die glänzenden Augen früherer Schüler und weiß seine Unterrichtsstunden interessanter zu gestalten, indem er etwa Videos oder Exkursionen einbindet.

Teils ist das Erfahrungswissen aber auch konzeptueller Natur. Ihr Wissen über sich und darüber, wie Sie bei anderen ankommen, ist zum Beispiel Erfahrungswissen. Es stellt sich nach und nach ein, sofern Sie einen Sinn dafür entwickeln. Gleiches gilt für Ihr Wertesystem – jene Lebensaspekte, die Ihnen viel bedeuten. Nach einigem Ausprobieren – hier ein Kompromiss, dort am Prinzip festgehalten – wird Ihnen irgendwann klar, was für Sie persönlich wichtig ist und was nicht. Diese Werturteile beeinflussen dann künftige Entscheidungen. Nicht alle Werte bleiben freilich ein Leben lang stabil. Manche ändern oder verlieren sich gar mit der Zeit und zunehmender Reflexion.

Bei den individuellen Talenten ist das völlig anders. Sie sind ja, wie gesehen, die breiten Schnellstraßen des Gehirns, welche die wiederkehrenden Denk-, Gefühls- und Verhaltensmuster überhaupt erst ermöglichen. Bei den Gallup-Studien hat sich zum Beispiel gezeigt, dass eine der wichtigsten Begabungen eines guten Buchhalters in seinem ausgeprägten Genauigkeitssinn besteht. Fragen Sie einmal einen – nicht irgendeinen, sondern einen guten –, was ihn besonders froh macht, und Sie werden vielleicht hören: »Wenn die Bücher stimmen.« Wenn die Bücher stimmen, ist seine Welt in Ordnung. Vielleicht zeigt er es nicht, aber innerlich ist ihm warm ums Herz. Im Grunde hat er nur einen Wunsch: das immer wieder tun und erleben zu dürfen. Für einen Nicht-Zahlenmenschen mag dies komisch klingen. Doch bei genauerem Hinsehen muss die Buchhalterei für exakte, penible Leute in der Tat eine wunderbare Tätigkeit sein. Jedes Mal, wenn die Rechnung hundertprozentig aufgeht, hat der Buchhalter ein Glücksgefühl, weil er bei seiner Arbeit absolute Perfektion erlebt. Wer kann so etwas schon von sich sagen!

Der Genauigkeitssinn – der Spaß am Exakten – ist weder eine Fertigkeit noch erworbenes Wissen. Er ist eine Begabung. Wer ihn nicht hat, wird nie ein erstklassiger Buchhalter sein. Wo dieses Talent also nicht bereits Teil des individuellen Filters ist, wird der Vorgesetzte wenig ausrichten können.

Drei Arten von Talenten

Gallup hat über 150 verschiedene Tätigkeiten auf die involvierten Begabungen hin untersucht. Dabei traten die unterschiedlichsten Talente zu Tage (einige davon sind im Anhang beschrieben). Wie nicht anders zu erwarten, erfordert jede Rolle ganz spezifische Begabungen, wenn sie erstklassig ausgeübt werden soll. Ein Spitzentorhüter der Eishockeyliga braucht natürlich ganz andere Fähigkeiten als ein guter

Pfarrer, eine hervorragende Krankenschwester wiederum ganz andere als ein erfolgreicher Börsenmakler.

Diese unterschiedlichen Begabungen lassen sich in drei grundlegende Kategorien einteilen: *Motivation, Kognition* und *Sozialbeziehung.*

Die *motivationalen* Talente erklären das *Warum* eines Menschen. *Warum* er jeden Tag aufsteht, *warum* er in besonderem Maße zu etwas motiviert ist. Hat er das Bedürfnis, etwas Besonderes zu sein? Oder gibt er sich auch mit weniger zufrieden? Ist er besonders wettbewerbsorientiert oder besonders selbstlos – oder beides? Definiert er sich über seine Fachkompetenz, oder will er einfach nur, dass man ihn mag?

Die *kognitiven* Talente erklären das *Wie* eines Menschen. *Wie* er denkt, *wie* er Alternativen abwägt, *wie* er Entscheidungen trifft. Ist er fixiert, oder hält er sich gern alle Optionen offen? Ist er diszipliniert und strukturiert, oder liebt er Überraschungen? Ist er geradlinig und praktisch veranlagt – oder eher strategisch, gern mit Hypothesen und Bedingungen operierend?

Die *beziehungsmäßigen* Talente erklären das Sozialverhalten eines Menschen. *Wem* er vertraut, mit *wem* er Kontakt pflegt, *wem* er entgegentritt und *wen* er ignoriert. Ist er kontaktfreudig und geht er auf die Menschen zu, oder fühlt er sich nur im engsten Freundeskreis richtig wohl? Ist er der Auffassung, dass man sich Vertrauen erst verdienen muss, oder ist er vertrauensselig aus der Überzeugung heraus, dass die meisten Menschen diesen Vorschuss verdienen? Bleibt er in Auseinandersetzungen nüchtern und kontrolliert, oder geht er Konflikten lieber aus dem Weg, »platzt« aber bei Konfrontationen sehr schnell?

Motivation (Wollen), Kognition (Denken) und Beziehungen (Sozialverhalten): In jeder dieser drei Sparten hat der Mensch seine spezifische Kombination aus »Schnellstraßen« und »Brachland«. So sehr man sich auch anstrengen mag, der Talentmix – und damit die wiederkehrenden Verhaltensmuster, die er erzeugt – lässt sich nicht ändern. Es ist die Konstante, die jeden von uns ein Leben lang begleitet, uns selbst und unserer Umgebung wohlvertraut.

Denkspiele

Um die spezifischen Eigenschaften von Fertigkeiten, Kenntnissen und Talenten noch klarer herauszuarbeiten, wollen wir Sie zu einem kleinen Spiel einladen.

Können Sie erkennen, welche spezifische Bedeutung in dem folgenden Wort steckt?

MILL1ON

Lösung: Einer pro eine Million; eins zu einer Million (1:1 000 000).

Falls Sie dies auf Anhieb erkannt haben, besitzen Sie vermutlich ein angeborenes Talent für die Wahrnehmung von Wortstrukturen. Wir haben diese Denkfähigkeit zum Beispiel bei Spitzenprogrammierern beobachtet. Haben auch Sie vielleicht ein Faible für Kreuzworträtsel und Denksportaufgaben?

Machen Sie sich keine Gedanken, wenn Sie die Lösung nicht gefunden haben. Wir bringen Ihnen eine Technik bei, mit der Sie sich im Erkennen von Strukturen rasch verbessern werden. Sie umfasst drei Schritte:

1. Was ist das Besondere an dem Wort?
2. Wo (an welcher Stelle) befindet es sich?
3. Nehmen Sie beide Antworten zusammen, und Sie haben die Lösung.

Bei unserer ersten Quizfrage ist natürlich die Ziffer **1** das auffällige Element. Wo steht sie in Relation zum Gesamtwort? Antwort: In der Mitte. Durch Kombination dieser beiden Bedeutungen ergibt sich rasch »1 in einer Million« oder »einer pro eine Million«. Eigentlich ganz einfach.

Wenden wir die neue Fertigkeit nun gleich einmal an. Welche Bedeutung beziehungsweise Aussage steckt in dem folgenden Wort?

$\mathbf{GE}^{\mathbf{H}}\mathbf{ALT}$

Was ist das Auffällige? Antwort: Der Buchstabe **H.** Wo steht er? In der Mitte, und zwar höher gestellt.

Lösung: »Gehaltserhöhung«.

Oder noch ein Beispiel:

Was ist hier das Besondere? Der Buchstabe **R.** Wo steht er in Relation zum Gesamtwort? In der Mitte, und zwar tiefer gestellt.

Antwort also: »Temperaturrückgang«.

Und noch ein Beispiel:

Sie kombinieren nun bestimmt schon mühelos: »In der Gunst sinken«; »die Gunst verlieren«.

Sie haben sich somit also eine neue Fertigkeit angeeignet und sie gleich ein wenig eingeübt. Ganz ähnlich verfahren Sie im Grunde ja auch bei Ihren Mitarbeitern im realen Berufsleben. Und wie im richtigen Leben wollen wir die Spielregeln jetzt einmal ein wenig verändern.

Welche Aussage/Bedeutung steckt hierin?

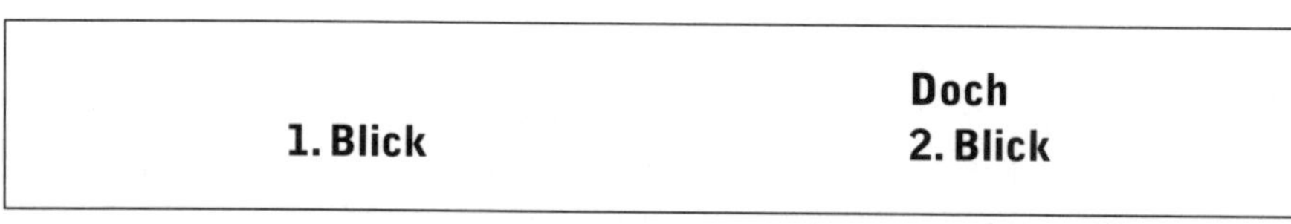

Dies mag nicht ganz so einfach sein, denn wir haben es nun mit einer anderen Struktur zu tun. Wenn Sie aber aufgrund einer angeborenen kognitiven Begabung Strukturen gut wahrnehmen, fällt Ihnen die Lösung sicherlich schnell ein:

»Doch auf den zweiten Blick« (= bei näherem Hinsehen).

Fehlt Ihnen dieses Kombinationstalent jedoch, stehen Sie trotz des Wissens und der Fertigkeiten, die Sie sich zuvor gerade angeeignet hatten, erst einmal ratlos da. Das liegt an der neuen Situation, mit der Sie plötzlich konfrontiert waren. Ohne die Grundbegabung hilft Ihnen das vorhergehende Training wenig.

Im richtigen Leben geht es ganz genauso zu. Angenommen, Sie haben gerade einigen neuen Mitarbeitern beigebracht, was guter Kundenservice bedeutet. Nun geht es hinein in die Praxis. Solange sich die Kundenanfragen und -reklamationen innerhalb des Rahmens bewegen, den die Mitarbeiter in ihrer Schulung vermittelt bekamen, werden die meisten mit ihrer Aufgabe ziemlich gut klarkommen.

Was aber passiert, wenn sie plötzlich mit einem völlig überraschenden Kundenanliegen konfrontiert werden? Wer in dieser Situation über »Beziehungstalente« wie Einfühlungsvermögen und/oder Überzeugungskraft verfügt, wird gut mit der Situation zurechtkommen, wird instinktiv die richtigen Worte und den richtigen Ton finden. Der Kunde beruhigt sich, das Problem wird lösbar.

Fehlen diese Begabungen jedoch, hilft auch die vorausgehende Schulung – die eingeübten Fertigkeiten und das angelernte Wissen – wenig. Die Leistung lässt zu wünschen übrig.

Der große Vorzug von Fertigkeiten und Kenntnissen liegt darin, dass sie vermittelbar, mithin auf andere übertragbar sind. Leider sind sie oft situationsgebunden. In einem neuen, unerwarteten Szenario verlieren sie daher stark an Nutzwert.

Im Gegensatz dazu ist der Nutzwert der Begabung situationsunabhängig. Es ist nichts weiter nötig als der richtige Stimulus, um die Ressource verfügbar zu machen. Wenn Sie über das motivationale Talent »Wettbewerbsorientierung« verfügen, wird bei Ihnen fast jede Art von Wettstreit zünden. Sind Sie ein besonders einfühlsamer Mensch (Beziehungstalent), können Sie sich keiner Emotion entziehen. Und wenn Sie durchsetzungsfähig sind (ebenfalls ein Beziehungstalent), dann werden Sie stets ziemlich gut in der Lage sein, Ihren Standpunkt zur Geltung zu bringen.

Doch wie schon erwähnt, haben auch Begabungen ihre immanente Beschränkung. Sie sind leider nur sehr schwer weiterzugeben. Man kann Begabung nicht lehren. Man kann sie nur entdecken und nutzbar machen.

Einfache Sprache, präzises Denken

Nun, da Sie den Unterschied zwischen Fertigkeiten, Wissen und Begabungen kennen, lässt sich auch manche Verwirrung im Zusammenhang mit all jenen Begriffen klären, die sonst noch zur Beschreibung des menschlichen Verhaltens benutzt werden. Nehmen wir nur »Kompetenzen« (im Sinne von »Fähigkeiten«), »Gewohnheiten«, »Einstellung« oder »Antrieb«. In den wenigsten Fällen wird hier systematisch unterschieden. Viele haben das Gefühl, letztlich laufe dies alles auf dasselbe hinaus. Wir reden von »interpersonalen Fähigkeiten«, »Fertigkeiten-« oder »Kompetenzprofil«, »Arbeitsgewohnheiten« oder »Kernkompetenzen« und machen uns selten die Mühe, diese Begriffe systematisch zu hinterfragen.

Es sind also nicht nur die Begriffe ungenau, sondern auch das dahinterstehende Denken. Doch schlampiges Denken führt zwangsläufig in die Irre. Vorgesetzte vergeuden kostbare Ressourcen, indem sie – wenn auch mit bester Absicht – den Mitarbeitern Dinge beizubringen versuchen, die nicht trainierbar sind.

Schauen wir uns die Begriffe Kompetenzen, Gewohnheiten, Einstellungen und Antrieb einmal etwas genauer an. Was davon gehört eigentlich in die Kategorien »Fertigkeiten« und »Wissen« (und ist mithin schul- und veränderbar)? Und was davon ist Talent (und folglich unveränderlich)?

Fähigkeiten/Kompetenzen

Das Kompetenzkonzept (*competencies*) stammt aus dem Zweiten Weltkrieg. Britische Militärs haben es entwickelt, um den idealen Offizier zu definieren. Das Konzept wird heute in vielen Unternehmen benutzt, um das Anforderungsprofil von Führungskräften aller Ebenen zu beschreiben und festzulegen. Zwar glaubt niemand ernstlich, dass es diesen idealen Manager gibt. Als Hilfsmittel aber mag das Konzept mitunter durchaus brauchbar sein, indem es hilft, sich über das Idealprofil einer Rolle/Stelle klar zu werden.

Doch Vorsicht bei der Benutzung des Konzepts! Bei diesen »Kompetenzen« geht es nämlich wild durcheinander. Manche von ihnen zählen zu den Fertigkeiten, andere gehören in die Wissenskategorie, wieder andere sind Begabungen. Das Konzept mischt also Merkmale, die erlernbar sind, mit Unerlernbarem zusammen. Niemand weiß am Ende, woran er ist. Mitarbeiter werden in Kurse geschickt, um strategisches Denken zu lernen – oder Innovationsstärke oder Detailgenauigkeit. Vergebens. Denn leider sind dies keine »Kompetenzen« im Sinne erlernbarer Fähigkeiten. Es sind Begabungen. Vermitteln kann man das nicht.

Wenn Sie also das Kompetenzkonzept nutzen wollen, tun Sie gut daran, Fertigkeiten/Kenntnisse (vermittelbar) sauber von Begabungen (nicht vermittelbar) zu unterscheiden. Nehmen wir zum Beispiel die Kompetenz »Arbeitsweisen und Kontrollmaßnahmen implementieren« (sprich: Steuerung und Kontrolle der Geschäftsprozesse). Dies ist eine Fertigkeit, die sich jeder Manager in hinreichendem Maße aneignen kann. Anders bei der Fähigkeit »Unter Druck Ruhe bewahren«. Dies ist eine Begabung. Man kann jemandem kein ruhiges Temperament beibringen.

Gewohnheiten

»Gewohnheit« ist auch so ein unklarer Begriff. Einerseits reden wir davon, unsere Gewohnheiten seien uns »zur zweiten Natur« geworden. Gleichzeitig hören wir, wir könnten das mit etwas gutem Willen alles ändern, könnten uns genauso gut neue/andere Gewohnheiten zulegen. Der Rat ist gut gemeint, doch leider irrig. Die meisten unserer Gewohnheiten sind nämlich tatsächlich in unserer eigentlichen, »ersten« Natur verankert. Die meisten Gewohnheiten sind Begabungen.

Wenn Sie gewohnheitsmäßig dominant oder einfühlsam oder wettbewerbsorientiert sind, dürften Sie es schwer haben, diese Gewohnheiten zu ändern. Sie sind nämlich äußerst langlebig und machen Sie zu dem, was Sie sind. Es wäre katastrophal zu glauben, man könne nur dadurch effektiver werden, dass man versucht, seine ureigene Natur zu manipulieren.

Das heißt wiederum nicht, dass man an seinen Gewohnheiten und Verhaltensweisen gar nichts verändern könne. Es ist durchaus im Laufe der Zeit – durch Reflexion – möglich, sein Wertesystem zu verändern und auf diese Weise zu lernen, die eigenen Talente positiver und produktiver einzusetzen. Man kann sich dafür entscheiden, bestimmten Talenten mehr Raum zu geben. Man kann sie mit entsprechenden Fertigkeiten verbinden. Man kann lernen, seine eigene, einzigartige Kombination von Begabungen zu akzeptieren und so an Selbstvertrauen und Sicherheit zu gewinnen. Es gibt vieles, was man an sich ändern kann, wenn man will.

Doch immer geht es dabei um *Selbsterkenntnis*, nicht Selbstverleugnung. Das ist das Schöne und Humane an diesem Ansatz. Verhaltensänderungen werden nicht aufoktroyiert. Nichts geschieht mit widernatürlichem Zwang. Man muss sich nicht verbiegen. Vielmehr geht es darum, das eigene Begabungsinventar zu nutzen und zu kultivieren.

Einstellungen

Viele Führungskräfte geben an, sie legten bei der Auswahl ihrer Mitarbeiter größten Wert auf die innere Einstellung – positive Grunddisposition, Teamorientierung, Dienstleistungsdenken. Sie sind gut beraten, dies zu tun, denn die dominanten Einstellungen sind Teil des mentalen Filters. Sie resultieren aus dem Zusammenspiel der einzigartigen, individuellen »Hirnstruktur« – »Schnellstraßen« hier, »Brachland« dort. Anders gesprochen: Auch Einstellungen sind Begabungssache.

Jemand kann zynisch oder vertrauensvoll veranlagt sein, optimistisch oder immerfort unzufrieden, offen-experimentierfreudig oder vorsichtig-zurückhaltend. Keine dieser Haltungen ist grundsätzlich besser als die anderen. Keine verhindert Spitzenleistungen in den passenden Bereichen. Der ewig Unzufriedene etwa kann ein phänomenaler Unternehmer sein, eben weil er den Status quo nicht akzeptiert. Der Zyniker kann ausgezeichnet in den Rechtsbereich, ins Polizeiwesen oder in den investigativen Journalismus passen – überall dorthin, wo ein gesundes Misstrauen dringend angeraten ist.

Doch *alle* diese Einstellungen sind Teil der wiederkehrenden Denk-, Gefühls- und Verhaltensmuster des jeweiligen Menschen. Der Vorgesetzte kann einen Mitarbeiter sicherlich punktuell aufheitern, falls nötig, doch Grundhaltungen verändern kann er nicht. Mick K., Manager bei einem großen Beratungsunternehmen, bringt es auf den Punkt: »Wenn ich merke, dass ich jemandem des Öfteren sage, er solle doch auch mal das Schöne im Leben sehen, ziehe ich daraus besser meine Konsequenzen. Er ist dann eben keine Frohnatur. Ich sollte mir meine Energie sparen und einen Job für ihn finden, bei dem Skepsis gefragt ist.«

Antrieb

Viele Führungskräfte machen einen Unterschied zwischen Begabung und Motivation. Zum Beispiel hört man oft Ratschläge wie diesen: »Schauen Sie, Sie sind ja sehr talentiert. Aber Sie müssen sich stärker reinhängen, sonst geht Ihr schönes Talent vor die Hunde.«

Klingt nicht schlecht. Und gut gemeint ist der Rat allemal. Trotzdem basiert er auf einem grundlegenden Irrtum. Denn den Antrieb eines Menschen kann man nicht ändern. Was ihn antreibt, hängt von seinem mentalen Filter ab, von den relativ stark oder eben schwach ausgeprägten Leitungen in seinem Gehirn. Seine Antriebe – das sind nichts anderes als seine motivationalen Begabungen.

Ein Beispiel für ein motivationales Talent ist die Wettbewerbsfreude. Manche Leute sind in hohem Maße mit diesem Talent ausgestattet. Man braucht ihnen nur irgendeinen Test vorzulegen, und schon sind sie nicht mehr zu bremsen. Sie messen sich eben gern mit anderen. Alles, was mit Punkten zu tun hat, weckt ihr Interesse, denn was man messen kann, kann man vergleichen, und was man vergleichen kann, lässt sich hervorragend für einen Wettstreit nutzen.

Ganz anders bei Leuten, bei denen das Wettbewerbstalent in unzugänglichem Brachland verschollen liegt. Sie verspüren nicht einen Funken Energie, wenn sich ihnen die Chance zum Kräftemessen bietet. Sich auf einen Sportplatz zu stellen und einem Ball hinterherzujagen, nur um ein Tor mehr zu schießen als der Gegner – so etwas lässt sie völlig kalt. Mancher versucht seine Abneigung zu rechtfertigen: »Wettkämpfe sind Schwachsinn. Der Mensch ist zum Kooperieren geboren.« Oder noch cleverer: »Ich konkurriere lieber mit mir selber.« Natürlich sind dies unschwer zu durchschauende Rationalisierungen, vom mentalen Filter diktierte Versuche, sich in ein positives Licht zu setzen.

In Wahrheit sind solche Menschen eben einfach unsportlich. Das ist an sich weder positiv noch negativ. Es bedeutet einfach nur, dass sie sind, wie sie sind. Und daran ist wenig zu ändern, weder von außen noch von innen.

In ähnlicher Weise sind manche Menschen regelrechte »Dauerleister«. Sie besitzen also eine motivationale Begabung, die man Leistungsdrang nennen kann. Gewinnen ist dabei nicht so wichtig. Sie verspüren einfach nur das Bedürfnis, täglich etwas Konkretes zu schaffen oder zu erreichen. Und mit »täglich« meinen diese Menschen wirklich jeden Tag. Für sie geht es jeden Morgen – ob Werktag oder Sonntag – wieder bei null los. Irgendeine kleine Ernte müssen sie auf jeden Fall einfahren, um sich gut zu fühlen. Gegen Abend kann dieser Drang durchaus nachlassen, doch am nächsten Morgen ist er mit Sicherheit wieder da. Wir reden hier von den sagenhaften »Selbststartern« (den immanent motivierten Ehrgeizlingen).

Nicht jede Rolle verlangt Mitarbeiter mit einer solchen Leistungsbegabung. Bei einer Krankenschwester oder einem Pfleger etwa muss nicht aller Antrieb von innen kommen. Bei ihnen kommt es vielmehr auf liebevolles und wirksames Eingehen auf all die dringenden Bedürfnisse an, denen sie täglich begegnen – das altruistische Talent »Mission« ist in diesem Fall als motivationales Talent viel wichtiger als Leistungsdrang. Wenn Sie als Manager aber für Positionen verantwortlich sind, die den Ehrgeizigen verlangen – etwa im Fall des Versicherungsvertreters, des Pharmaverkäufers oder überall dort, wo Initiative mehr gefragt ist als verständnisvolles Reagieren –, dann tun Sie gut daran, schon bei der Auswahl auf diese Begabung zu achten. Denn wer dieses Feuer nicht mitbringt, dem können Sie es beim besten Willen nicht vermitteln.

Gleiches gilt im Übrigen auch für alle anderen motivationalen Begabungen – etwa das Bedürfnis, anderen von Nutzen zu sein; das Bedürfnis, sich darzustellen; das Bedürfnis, als kompetent zu gelten; das Bedürfnis, andere in ihrer Entwicklung zu unterstützen. All diese Antriebe sind Begabungen und folglich Teil des mentalen Filters des jeweiligen Menschen. Und dies bedeutet auch, dass sie einzigartig und von Dauer sind.

Fazit: Ein Manager kann seinen Mitarbeitern niemals motivationales Leben einhauchen. Er kann nur versuchen, die motivationalen Anlagen des Einzelnen zu erkennen und weitmöglichst zu fördern. (Näheres hierzu erfahren Sie in Kapitel 5.)

Wir empfehlen daher, sich bei der Beschreibung menschlichen Verhaltens der Klarheit halber an die Kategorien Fertigkeiten, Wissen und Talente zu halten. Vorsicht bei »Gewohnheiten« oder »Kompetenzen« – diese Begriffe enthalten allzu viel an bunter Mischung! Vorsicht auch bei Kategorien wie »Einstellung« oder »Antrieb«: Vergessen Sie nicht, dass es sich dabei um Begabungen handelt, und da gibt es nicht viel zu ändern. Es hilft also wenig, jemanden aufzufordern, er solle sich endlich eine andere Einstellung zulegen. Sie sollten Ihren Untergebenen nichts Unmögliches abverlangen.

Wie gesehen, ist damit aber nicht gesagt, dass Menschen sich nicht ändern können. Jeder kann sich in gewissem Maße ändern. Jeder kann lernen. Jeder kann sich ein wenig verbessern. Unsere Kategorien *Fertigkeiten, Kenntnisse* und *Begabungen* helfen dem Verantwortlichen, zuverlässig zu unterscheiden, wo Veränderung grundsätzlich möglich ist und wo nicht.

Die Welt aus Talentsicht

Anhand der Einsichten der besten Führungskräfte der Welt – und gestützt auch auf die neueste wissenschaftliche Forschung – lassen sich zwei höchst hartnäckige Managementmythen endlich aus der Welt schaffen.

Mythos 1: »Begabungen sind etwas Seltenes und Besonderes«

Der Satz ist falsch. Wenn man gemäß unserer Definition unter Talenten schlicht wiederkehrende Denk-, Gefühls- oder Verhaltensmuster versteht, kommen sie sogar ausgesprochen häufig vor. Jedermann kennt sie, jeder besitzt sie. Doch niemand kann sie sich als persönliches Verdienst anrechnen. Sie sind ein Geburtszufall, ein »Zusammenprall der Chromosomen«, wie es der Ethnologe Robert Ardrey einmal formulierte. Was der Einzelne sich jedoch als Verdienst anrechnen kann und sollte, ist die Kultivierung seiner ganz spezifischen Begabungen.

Die beste Möglichkeit, einen Mitarbeiter bei der Pflege seiner Talente zu unterstützen, besteht darin, ihm ein geeignetes Aufgabenfeld zu übertragen. In passenden Rollen ist jeder Mitarbeiter in der Tat etwas Besonderes. Die Leistung stimmt, denn die Dinge gehen leicht von der Hand. Völlig zu Recht nennt man so jemanden »talentiert«.

Nehmen wir zum Beispiel die Krankenpflege. Im Rahmen der Zusammenarbeit mit einer Großorganisation des Gesundheitswesens hatte Gallup Gelegenheit, die besten Krankenschwestern und -pfleger der Welt genauer unter die Lupe zu nehmen. Dabei ließen wir 100 Patienten von einer Testgruppe dieser Spitzenkräfte eine Injektion verabreichen und führten dann an derselben Patientenpopulation das Experiment mit einer aus weniger guten Pflegekräften bestehenden Kontrollgruppe noch einmal durch. Obwohl es sich um das exakt gleiche Verfahren handelte, registrierten die Patienten einen deutlichen Unterschied: Die Behandlung durch die Spitzenkräfte war schmerzloser. Warum? War da ein bestimmter »Trick« im Spiel? Beherrschten sie eine spezielle Nadeltechnik? Applizierten sie das Desinfektionsmittel vielleicht anders – mit sichererer Hand oder einem weicheren Tupfer?

Offenbar nichts dergleichen. Offenkundig lag es einfach daran, dass die guten Pflegekräfte den Patienten mental besser und geschickter auf den Nadeleinstich vorbereiteten. Verdeutlichen wir dies an einem kurzen Dialog. Die weniger gute Krankenschwester kam herein und ging mit einem knappen »Keine Sorge. Tut überhaupt nicht weh!« geschäftsmäßig zur Sache. Anders die gute Kollegin. Sie war im Umgang mit der Nadel natürlich gleichermaßen versiert, ging aber sorgsamer zu Werke. »Ich weiß, das tut jetzt ein bisschen weh«, meinte sie. »Wird aber nicht schlimm. Ich bin ganz vorsichtig.«

Die guten Kräfte verfügten also über das Beziehungstalent »Einfühlungsvermögen«. Sie wussten, dass die Spritze nicht ganz schmerzlos sein würde, und fühlten sich verpflichtet, dies dem Patienten auch ehrlich zu sagen – und zwar durchaus in ihrem jeweiligen individuellen Stil. Überraschenderweise wirkte sich dieses Bekenntnis positiv auf das Schmerzempfinden des Patienten aus. Der nämlich hatte das Gefühl, als nähme ihm jemand einen Teil der Schmerzen ab. Die Schwester war auf seiner Seite. Die Schwester verstand. Der Einstich wurde deshalb als weniger schlimm empfunden als zunächst befürchtet.

Die Einfühlungsgabe ist im Grunde nichts Besonderes. Viele Menschen besitzen sie und setzen sie in den unterschiedlichsten Situationen des täglichen Lebens ein. Doch jene einfühlsamen Menschen, die sich für einen Pflegeberuf entscheiden, sind tatsächlich etwas Besonderes. Sie verstehen es, den Schmerz mit dem Patienten zu teilen. Sie sind in diesem Sinne »talentiert«.

Ein anderes Beispiel wären Menschen, die sehr risikofreudig sind. Gefahren faszinieren sie. Auch dieses motivationale Talent ist an sich weder etwas Gutes noch etwas Schlechtes, auch wenn es ansonsten ganz normale Bürger zu den abenteuerlichsten und unsinnigsten Handlungen antreibt – etwa sich zum Spaß aus einem Flugzeug zu stürzen oder mit weißen Haien um die Wette zu schwimmen. Doch wenn derselbe Mensch von Berufs wegen Anästhesist oder Chirurg ist, wird diese Risikofreude plötzlich zur positiven Kraft. Für ihn ist dieses permanente »Auf des Messers Schneide« kein schwer auszuhaltender Druck, sondern etwas Faszinierendes. Insofern sind auch diese Menschen etwas Besonderes – eben »talentiert«.

Dasselbe gilt für jemanden, der sich nicht nur Gesichter, sondern auch Namen sehr gut merken kann. Dies ist natürlich ganz allgemein eine schöne und nützliche Begabung, doch besonders wertvoll ist sie zum Beispiel für die Empfangsdame eines Hotels.

Bei allen diesen Beispielen macht offenkundig nicht das Talent allein das Besondere aus. Das Besondere liegt vielmehr in der Kombination der Begabung mit der richtigen Tätigkeit. Man kann es gut mit den darstellenden Künsten vergleichen: Das Geheimnis des Erfolgs liegt im »Casting«, wie es auf Neudeutsch heißt, d. h. in der optimalen Schauspielerwahl für eine bestimmte Rolle.

Natürlich ist es in der hoch spezialisierten Geschäftswelt von heute nicht ganz einfach, Begabung und Rolle zusammenzubringen. Früher war das gewiss weniger schwierig. Es genügt leider nicht, festzustellen, jemand habe Überzeugungs- und Durchsetzungskraft, folglich sei er ein guter Verkäufer. Es kommt schon sehr darauf an, um welche Art des Verkaufs es sich handelt. Ein guter IBM-Verkäufer zum Beispiel (und dies gilt tendenziell auch für viele andere Verkäuferrollen) muss Spaß daran haben, hartnäckig auf den Abschluss hinzuarbeiten (motivationales Talent), gleichzeitig aber auch ein Gespür dafür besitzen, wann und wie er »forciert« (Beziehungstalent). Von diesen Begabungen (neben anderen) hängt der berufliche Erfolg bei dieser Tätigkeit ganz entscheidend ab.

Beim Pharmakonzern Merck hingegen sieht es ganz anders aus. Als Merck-Vertreter besitzt man diese Begabungen besser nicht, denn einsetzen könnte man sie ohnehin nicht. Der Job würde einen in diesem Fall rasch frustrieren. Beim Pharmareferenten kommt es vielmehr darauf an, langsam, doch zielstrebig ein Vertrauensverhältnis zum Arzt respektive den Verantwortlichen der jeweiligen Gesundheitseinrichtung aufzubauen. Das übergeordnete Ziel ist, dafür zu sorgen, dass bei Verschreibungen sukzessive immer mehr auf Merck-Arzneimittel zurückgegriffen wird. Der Erfolg des Pharmavertreters hängt also in erster Linie von Beziehungstalenten ab: Geduld und Einflussnahme. Abschlussmentalität ist hier fehl am Platze.

Als Manager und Vorgesetzter ist es also überhaupt nicht Ihre Aufgabe, jemandem Talent zu vermitteln. Ihr Job besteht darin, Ihren Untergebenen zur passenden Tätigkeit zu verhelfen, sodass für jedermann offenkundig wird, wie »talentiert« sie sind. Anders formuliert: Es gilt, Begabung und Aufgabe zusammenzubringen. Die tüchtigsten Manager dieser Welt lehren uns, dass dies nur gelingt, wenn man die feinen, doch wichtigen Unterschiede zwischen den verschiedenen Rollen und Tätigkeitsfeldern wahrzunehmen versteht.

Mythos 2: »Manche Rollen sind ja so simpel, dass Talent gar nicht nötig ist«

Oscar Wilde sagte einmal:

»Eine Wahrheit hört auf, eine zu sein, sobald zwei Menschen an sie glauben.«

Damit will Wilde sagen: Wahrheit ist immer subjektiv und muss es sein. Die Welt, die der Mensch wahrnimmt, ist immer nur *seine* Welt. Was den Einzelnen fasziniert oder abstößt, stärkt oder schwächt, ist Teil eines einzigartigen Musters, einer einmaligen Struktur. Wilde hat Recht. Ein und dieselbe »Wahrheit« wird von zwei Menschen nie identisch begriffen. Jeder hat seinen eigenen Blickwinkel.

Dies kann ein Segen sein, aber auch ein Fluch. Es ist zwar durchaus positiv, dass jeder seinen eigenen unverwechselbaren Filter besitzt. Doch leider lässt sich der Filter der Mitmenschen nie völlig begreifen und durchschauen. So gesehen hat Individualität auch eine traurige und einsame Komponente.

Um diese fundamentale Einsamkeit zu überwinden, wenden die Menschen einen Trick an: Sie tun so, als agierten die anderen unter den gleichen Voraussetzungen wie sie selbst. Man schafft sich das Bild einer »Normalität«; redet sich ein, die eigenen Ambitionen, Leidenschaften, Vorlieben und Abneigungen seien ja gar nicht Besonderes, sondern ganz »normal«. In Momenten der Objektivität erkennt der Mensch zwar immer wieder, dass es wahrlich noch andere Standpunkte gibt auf dieser Welt. Für das Alltagsleben jedoch erweist sich die Normalitätshypothese als äußerst praktisch. Daher tut man so, als sähen andere die Dinge genauso wie man selbst.

Zugegeben, dies ist eine recht vereinfachende These. Es gibt schließlich Menschen – einfühlsame eben –, die sich selbst nicht zum Maß der Dinge machen. Gleichwohl muss man feststellen, dass der unreflektierte Ichbezug, der aus dieser Beschreibung deutlich wird, für unsere Arbeitswelt recht typisch ist. Die Manager pflegen »niedere« Tätigkeiten – nehmen wir Reinigungsarbeiten oder Telefonmarketing – als etwas Demoralisierendes zu sehen, dem sich kein Mensch freiwillig widmet. Aus ihrer egozentrischen Sicht heraus nehmen sie einfach an, jeder besitze den gleichen Filter wie sie selbst. Dies verleitet sie zu zwei falschen Annahmen: 1) Entsprechendes Training vorausgesetzt, kann jeder die Rolle einigermaßen gut ausfüllen. 2) Jeder Mitarbeiter hat nur eines im Sinn: möglichst bald eine Stufe noch oben zu klettern. Mit durchaus guten Absichten definieren sie diese Rollen entsprechend als »Einstiegsebene«, auf der sie Karriereleitern und Gehaltssysteme errichten, um den Leistungsstarken Anreize zu bieten, dem vermeintlichen Elend bald zu entfliehen.

Die guten Führungskräfte sehen das völlig anders. Sie wissen, dass ihr eigener Wahrnehmungsfilter eine subjektive Einrichtung ist. Sie gehen davon aus, dass es Leute gibt, die so »verdrahtet« beziehungsweise »gelagert« sind, dass sie in die zu besetzende Stelle passen und an der damit verbundenen Tätigkeit dauerhaft Freude finden. Wie richtig und lebensnah dieser Ansatz ist, belegt die Gallup-Studie. Nehmen wir ein Beispiel: Zimmerreinigungskräfte im Hotelgewerbe.

Haben Sie sich jemals Gedanken darüber gemacht, worauf es bei diesem Job eigentlich ankommt? Wohl kaum. Wir werden uns daher im Rahmen eines Experiments einmal in diese Rolle hineinversetzen.

Zweierlei mag Ihnen auf Anhieb einfallen: Erstens, dass dies eine Tätigkeit ist, zu der es wenig mehr braucht als ein Minimum an Verantwortungsbereitschaft. Zweitens, dass es ein fürchterlicher Job sein muss; zu bedauern, wer ihn ausüben muss.

Falls Ihre Gedanken in diese Richtung gingen, haben Sie bereits zwei Fehler begangen.

Erstens sollten wir uns hüten, Reinigungspersonal abschätzig zu behandeln. Natürlich kann jeder ein Hotelzimmer reinigen, wenn es denn sein muss. Wirklich gute Reinigungskräfte aber sind etwas Besonderes. Tag für Tag machen sie die Türen derselben Zimmer hinter sich zu, nachdem sie sie Staub gesaugt und aufgeräumt haben, wohl wissend, dass sie am nächsten Tag wieder ein Tohuwabohu vorfinden werden. Man könnte nun leicht meinen, irgendwann sei es genug, irgendwann werde Sisyphos müde. Gute Reinigungskräfte aber nicht. Im Gegenteil. Es stärkt sie. Dass sie immer wieder gegen das große Chaos ankämpfen müssen, demoralisiert sie keineswegs. Sie scheinen in solchen Verhältnissen sogar richtig aufzuleben. Es bringt sie regelrecht in Form. Und was reizt sie so an ihrer Arbeit? Nun, die Verantwortung. Die Kreativität. Die tägliche Herausforderung, zu konkreten Ergebnissen zu kommen. Es ist ihnen ein regelrechtes Bedürfnis, den Löwenkäfig zu betreten. Die Herausforderung gibt ihnen Kraft.

Dies ist so, weil gute Zimmerreinigungskräfte einen ganz bestimmten Talentmix besitzen. Sie runzeln die Stirn? Lassen Sie sich überzeugen – und eines Besseren belehren.

Gallup wurde von einem großen Unternehmen der Unterhaltungs- und Freizeitbranche beauftragt, bei der Rekrutierung guter Zimmerreinigungskräfte behilflich zu sein. Der Konzern verfügte bereits über viel eigene Erfahrung – man wusste also, was man wollte. Als Hotelkette mit 15 000 Zimmern weltweit war man für Servicequalität bekannt. 3 000 Reinigungskräfte waren rund um den Globus im Einsatz. Da aber die Konkurrenz nicht schlief, beschloss das Unternehmen, sich mehr von diesen Spitzenkräften zu beschaffen. Die Frage war nur: Wie?

Wir befassten uns also mit dem Problem. Dazu luden wir acht der besten Reinigungskräfte des Unternehmens ein und setzten uns mit allen zusammen an einen Tisch. Wie man sich leicht vorstellen kann, waren manche ziemlich verschüchtert, konnten es gar nicht fassen, dass sich jemand für ihren Job interessierte. Andere wiederum zeigten sich ganz locker und erzählten frei von der Leber weg – sei es auf Englisch, Kreolisch oder Portugiesisch. Die Runde war ohnehin bunt gemischt. Die Tätigkeitsspannen reichten von 18 Monaten bis zu 23 Jahren. Unterschiedliche Ethnien waren vertreten, beide Geschlechter, alle Altersklassen. Nur eines hatten sie gemeinsam: Alle waren vorzügliche Reinigungskräfte.

Uns kam es darauf an, sie hinsichtlich ihrer Arbeit zum Sprechen zu bringen. Wir wollten herausfinden, worin ihre Gemeinsamkeit denn genau bestand.

»Was heißt für Sie eigentlich ein ›sauberes‹ Zimmer?«, wollten wir wissen. Überraschende Antwort: Bevor sie das hergerichtete Zimmer wieder verlassen, legen sie sich noch kurz auf das Bett und schalten den Deckenventilator ein.

»Warum denn das?« fragten wir.

»Weil der Gast genau das zuerst macht, wenn er zurückkommt. Er betritt das Zimmer, wirft sich erschöpft aufs Bett und schaltet den Ventilator ein. Wenn dann Staub herunterwirbelt, macht das einen denkbar schlechten Eindruck. Da hilft es auch nichts mehr, wenn der Rest des Zimmers tipptopp ist.«

Wir wollten wissen, ob sie ihre Rolle »auf der Bühne« oder »hinter der Bühne« sehen. (In der Hotelbranche sieht man Zimmerkräfte in der Regel im zweiten Glied.)

»Auf der Bühne natürlich, immer auf der Bühne!«, hören wir unisono – in Englisch, Kreolisch, Portugiesisch.

»Können Sie uns das näher erklären?«

»Weil wir für unsere Gäste eine Show veranstalten. Sofern sie nichts dagegen haben, nehmen wir zum Beispiel die Spielsachen, die die Kinder auf dem Bett liegen lassen, und stellen sie nett zusammen. Jeden Tag anders. Bärchen und Äffchen zusammen auf dem Kopfkissen.

Bärchen mit einer Keksdose im Arm, Äffchen mit der Fernbedienung. Wenn die Kinder zurückkommen, stellen sie sich vor, die beiden hätten den ganzen Tag zusammen auf dem Bett gesessen, Süßigkeiten genascht und ferngesehen. Ein andermal tanzen Donald und Goofy auf dem Fenstersims herum. Wie gesagt, wir bieten den Leuten was. Wir spielen vor Publikum.«

Wo also lag der Unterschied? Die Topkräfte waren nicht nur eifriger bei der Sache, und es war auch nicht nur der erkennbare Stolz auf die eigene Arbeit. Das besondere Talent zeichnete sie aus. Ihnen war ein ganz spezieller Filter gemein, eine Brille, durch die sie die Welt betrachten. Ein Hotelzimmer war mehr als ein Reinigungsobjekt. Es war eine ganze Welt – die Welt des Gastes. Dementsprechend sahen sie beim Reinigen alles mit dessen Augen, stellten sich vor, wie er es beurteilt. Es so zu machen, dass der Gast zufrieden sein würde – das gab ihnen Kraft und eigene Zufriedenheit.

Übrigens hatte ihnen niemand dieses Verhalten beigebracht oder empfohlen. Es kam ganz aus ihnen selbst heraus. Ihr mentaler Filter drängte sie dazu und sorgte dafür, dass die guten Ergebnisse einen positiven Effekt und dauerhafte Befriedigung auslösten. Man darf mit Fug und Recht sagen, dass diese Vertreter ihres Fachs zum Besten gehören, was die Welt auf diesem Sektor zu bieten hat.

Ihre Vorgesetzten waren sich bewusst, dass es nicht darum gehen konnte, diese »Michael Jordans« der Reinigungsbranche mit Macht in eine andere, »höhere« Position zu befördern. Es gab andere Möglichkeiten, Anerkennung zu zollen und diese »Stars« zum verdienten Vorbild zu erheben – spezifisches Lob, Gehaltserhöhung, strengere Auslesekriterien für den »Nachwuchs«. Wohl wissend, dass es selbst bei Reinigungstätigkeiten auf Begabung ankommt, taten die Verantwortlichen alles, um die Tätigkeit ins rechte Licht zu setzen und zu einem erstrebenswerten Beruf zu machen.

Gute Manager wissen, dass jede hervorragend ausgefüllte Rolle Respekt verdient. Eine jede Tätigkeit hat ihren Adel.

Wie gute Führungskräfte Begabung suchen und finden

Selbst wenn Sie wissen, auf welche Talente es ankommt, ist es nicht immer einfach, den entsprechenden Träger zu finden. Erstens besitzen die meisten Menschen keine sehr klare Vorstellung davon, wo ihre wahren Fähigkeiten liegen. Sie sind vielleicht Experten auf ihrem jeweiligen Gebiet, doch wenn man sie fragt, wo ihre ureigenen, speziellen Begabungen liegen, fehlen ihnen oft die Worte. Wie Peter F. Drucker, der Großmeister der Managementlehre, sagte:

»Selbst heute noch denken bemerkenswert wenige Menschen an sich selbst, wenn sie eine Stelle suchen. Fragt man sie, worin sie besonders gut sind oder ob sie ihre Grenzen kennen, schauen sie einen meist nur verständnislos an. Oder aber sie beginnen ihre Wissensgebiete aufzuzählen. Doch genau das war ja nicht gefragt.«

Das Missverständnis kann allerdings kaum überraschen. Erworbene Kenntnisse und Fertigkeiten lassen sich eben recht leicht identifizieren. Da man sie einmal erwerben musste, vermag man sie auch gut auseinander zu halten. Sie sind aber nicht das, was die Person wirklich ausmacht. Anders die Begabungen, also die repetitiven Verhaltensmuster. Sie sind das, was der Mensch wirklich ist. Freilich braucht es enorm viel Objektivität, um sich von sich selbst zu distanzieren und erkennen zu können, welche ganz speziellen Muster sich hinter dem eigenen Ich verbergen – jene Strukturen also, die dem Menschen seine Identität geben.

Zweitens: Bei der Stellenbewerbung versucht natürlich jeder, sich im besten Licht zu präsentieren. Dies bedeutet, dass jene wenigen gewohnheitsmäßigen Verhaltensweisen, deren der Kandidat sich bewusst ist, in rosigen Farben gezeichnet werden. Im Bewerbungsgespräch bezeichnet er sich zum Beispiel als »durchsetzungsfähig«, obwohl »aggressiv« richtiger wäre. Oder er beschreibt sich als »ehrgeizig«, ist aber eher rücksichtslos. In der Regel steckt hinter solchen Verzeichnungen nicht einmal böse Absicht, sondern einfach der Wunsch, sich positiv darzustellen. Doch wie auch immer die tatsächlichen Beweggründe – dieses instinktive Imponiergehabe macht die Sache für Sie, den Talentsucher, sehr schwierig.

Dem gilt es Rechnung zu tragen. Die menschliche Natur lässt sich nun einmal nicht ändern. Die Menschen werden mit der Selbsterkenntnis immer ihre Schwierigkeiten haben, und gut verkaufen wollen sie sich auch. Der gute Manager weiß jedoch mit diesen Problemen gut umzugehen und versteht es besser als der Durchschnitt, seine Stellen trotzdem mit den richtigen Leuten – sprich Begabungen – zu besetzen. Dank einiger recht einfacher Methoden, die man nur richtig einzusetzen braucht.

Wissen, auf welche Talente es ankommt

Anfang der neunziger Jahre begann Gallup mit zwei großen US-Brokerunternehmen (Privatkundenbereich) zusammenzuarbeiten. Beiden Firmen ging es darum, ihre Rekrutierungsprozesse zu verbessern. Beide definierten die Rolle in exakt der gleichen Weise – der Broker wurde nicht als »Geldverwalter« gesehen, das heißt als Finanzanalyst und Depotgestalter, sondern als »Kapital- beziehungsweise Einlagenbeschaffer«, der den Markt auf potenzielle Kunden abklopft und diese dann von der Attraktivität seines Angebots überzeugt. Er war also in hohem Maße Verkäufer.

Trotz identischer Vorgaben waren die beiden Firmen jedoch sehr unterschiedlich organisiert. Im einen Falle ging es recht rigide zu. Die einzelnen Broker wurden monatelang in der Präsentation eines detaillierten Produktprogramms geschult. Regelmäßige Auffrischkurse sorgten dafür, dass die Mitarbeiter die Vorgaben umsetzten und strikt auf Kurs blieben.

Im Gegensatz dazu war das andere Unternehmen vollkommen unternehmerisch ausgerichtet. Den lizensierten Brokern wurde gesagt: »Hier ist Ihr Telefon, hier ist ein Telefonbuch. Wir erwarten von Ihnen, dass Sie binnen eines Jahres auf 500 000 Dollar Anlagevermögen kommen. Viel Glück!«

Beide Strategien haben gewiss ihre Vorteile. Und beide erwiesen sich auch als sehr erfolgreich. Allerdings waren jeweils ganz unterschiedliche Mitarbeiter Voraussetzung. Zwar waren Stellenbezeichnung (»Broker«) und Stellenbeschreibung (»Kapitalbeschaffer«) identisch; die Begabungsprofile unterschieden sich jedoch deutlich voneinander.

Bei der stark strukturierten Gesellschaft war Leistungsorientierung das entscheidende motivationale Talent – der Drang, aus sich herauszugehen. Andere motivationale Begabungen – etwa das Selbstständigkeitsbedürfnis – waren in diesem Umfeld ständiger Überwachung und Bevormundung eher unerwünscht. Das entscheidende kognitive Talent war Disziplin – die Fähigkeit also, in einem stark reglementierten Umfeld zu agieren. Andere Denkfähigkeiten wie Zielorientierung (analytisch-methodisches Vorgehen) oder strategisches Denken waren weniger gefragt, da ja das Unternehmen, nicht der Makler selbst, sowohl die Richtung als auch den Weg zum Erfolg vorgab. Wer allzu eigenständig vorging, handelte sich rasch Konflikte mit der Unternehmensführung ein.

Genau umgekehrt war es in der unternehmerisch organisierten Konkurrenzfirma. Das entscheidende motivationale Talent war hier »Geltungsdrang« – das starke Bedürfnis nach Unabhängigkeit und Selbstständigkeit –, und die wichtigste kognitive Begabung war Zielorientierung – die Fähigkeit, sich auf das Wesentliche zu konzentrieren, zu differenzieren und in selbstständiger Weise aus den vorhandenen Optionen (Telefonbuchadressen) zielorientiert auszuwählen (wen anrufen?). Ohne diese Talente wäre der arme Broker völlig verloren – ein »abhängig Beschäftigter« in einer Unternehmerwelt.

Ein Broker mit viel Geltungsdrang und Zielorientierung ist nicht zwangsläufig ein besserer Broker als einer mit viel Leistungswillen und Disziplin. Doch er passt zweifellos besser in ein offenes, unternehmerisches Umfeld, während der Leistungsorientierte und Disziplinierte in einer strukturierteren Umgebung besser aufgehoben ist. Wäre dies den beiden Unternehmen nicht klar, könnte es leicht geschehen, dass sie das jeweils falsche Personal rekrutieren. Die Konsequenzen wären für beide fatal.

Als Manager sollten Sie also genau wissen, welche Talente gebraucht werden. Aus der Stellenbezeichnung und -beschreibung ist dies allerdings kaum ersichtlich. Es gilt folglich auch die Unternehmenskultur in die Betrachtungen einzubeziehen. Arbeitet Ihr Unternehmen mit einem Leistungsbewertungssystem, und werden die Tüchtigsten entsprechend belobigt? Dann wäre es wichtig, dass Ihr Stellenprofil das Motivationstalent »Wettbewerbsfreude« enthält. Wird in Ihrem Betrieb aber hauptsächlich der Unternehmenszweck betont, sodass jene das größte Ansehen genießen, die die Unternehmenswerte am besten verkörpern, sollten Sie nach dem motivationalen Talent »Mission« Ausschau halten – nach Leuten also, die den höheren Zweck dessen, wozu sie mit ihren persönlichen Bemühungen beitragen, stets deutlich vor Augen haben müssen.

Machen Sie sich auch Gedanken darüber, wie Leistungserwartungen gesetzt werden und wie stark die Kontrolle ausgeprägt ist. Fragen Sie sich, was für ein Typ Vorgesetzter Sie sind und wer zu Ihrem Stil passt. Beispiele: Arbeiten Sie eher mit kurzfristigen Zielvorgaben und besprechen Sie die inkrementalen Fortschritte relativ häufig mit Ihren Mitarbeitern? Dann brauchen Sie Untergebene, die sich gern in einer Struktur bewegen, genaue Vorgaben schätzen und regelmäßiges Feedback brauchen – das Kopftalent »Disziplin«. Oder geben Sie lieber möglichst viel Verantwortung nach unten ab, verbunden mit langfristigen Zielvorgaben, wobei es dem einzelnen Mitarbeiter überlassen bleibt, sich selbstständig auf diese Ziele zuzubewegen? In diesem Fall tun Sie gut daran, bei Ihren Untergebenen das bereits beschriebene kognitive Talent »Zielorientierung« vorauszusetzen.

Ziehen Sie immer auch den Rest Ihrer Mannschaft mit in Betracht. Der Kandidat muss also auch in das Gesamtbild passen. Vielleicht haben Sie lauter tüchtig-solide Arbeiter, denen es aber an der nötigen Begeisterung fehlt. In ein solches Umfeld passt jemand, der oder die über das Beziehungstalent »Stimulator« verfügt – jemand also, der anfeuert und sich für jeden Meilenstein und jede gute Leistung begeistern kann. Oder Sie haben vielleicht ein Team, in dem es allzu kollegial zugeht und keiner wagt, Kritisches vorzubringen. Dann brauchen Sie jemanden mit dem Beziehungstalent »Durchsetzungsvermögen«, damit wenigstens einer da ist, der sich nicht scheut, auch unangenehme Dinge beim Namen zu nennen. Oder nehmen wir an, in Ihrem Unternehmen gibt es eine tüchtige Personalabteilung, die dafür sorgt, dass die Mitarbeiter einer ständigen Leistungsbeurteilung unterliegen und die zuständigen Vorgesetzten entsprechendes Feedback erhalten. In diesem Fall ist für die Manager des Unternehmens das Beziehungstalent »Individualisierungsgabe« – der Blick für das Besondere am Menschen; die Fähigkeit, die speziellen Begabungen der einzelnen Mitarbeiter zu erkennen und optimal zu nutzen – weniger von Bedeutung. Falls es in Ihrer Organisation aber kein zentrales Personalmanagement gibt, sind Beziehungstalente wie »Individualisierungsvermögen«, »Kontaktfreude« (Bedürfnis nach dauerhaften Beziehungen) oder »Coach« (Freude an der Förderung der Entwicklung anderer) bei einem Vorgesetzten von zentraler Bedeutung.

Die Beschäftigung mit all diesen Variablen soll aber nicht verwirren. Machen Sie es deshalb nicht allzu kompliziert! Beschränken Sie sich auf das Machbare. Versuchen Sie, für jede der drei Begabungskategorien (Motivation, Kognition, Sozialbeziehung) jeweils *ein* wichtiges Talent zu identifizieren. Machen Sie diese drei Begabungen dann zur Grundlage des Bewerbungsgesprächs. Erwähnen Sie sie, wenn Sie sich nach Referenzen erkundigen. Machen Sie in diesen drei Punkten keinerlei Kompromisse, auch wenn Ihnen der Lebenslauf des Bewerbers ansonsten noch so zusagt!

Die Besten zum Vorbild nehmen

Wenn Sie sich nicht ganz sicher sind, ob Sie auch die richtigen drei »Grundbegabungen« ausgesucht haben, hilft nur eines: Studieren Sie Ihre Spitzenkräfte auf diesem Gebiet. Wundern Sie sich nicht über diesen Rat. Er ist zwar nahe liegend, doch nach gängiger Auffassung müsste man genau umgekehrt vorgehen!

Wer Spitzenleistung verstehen will, sollte demnach bei den Versagern ansetzen und dann die ganze Sache einfach umdrehen. Dies entspricht einer in unserer Gesellschaft häufig geübten Praxis. Wir begreifen Gesundheit ja als Abwesenheit von Krankheit. In der Schule versucht man die Kinder dadurch von Drogen fernzuhalten, dass man Drogenabhängigkeit thematisiert. Man untersucht das Verhalten von Schulschwänzern, um herauszufinden, wie man den Schulbesuch für die Kinder interessanter machen kann.

Nicht anders ist es in der Arbeitswelt. Auch hier dominiert der »pathologische« Ansatz des negativen Gegenbilds. Die Manager äußern sich weit mehr zu schlechten als zu guten Leistungen. Allzu oft heißt der Qualitätsmaßstab »Fehlerfreiheit«.

Beim Thema Begabungen ist diese Pathologiefixierung jedoch schlichtweg gefährlich, denn damit lässt sich garantiert *nicht* herausfinden, was es für exzellente Leistungen in einer bestimmten Rolle braucht. Nehmen wir ein Beispiel: Viele Führungskräfte sind der Meinung, »Kundenangst« sei eine Hemmung, die typischerweise und ausschließlich bei den schlechten Verkäufern auftrete. Oder ein anderes: Weil schlechte Kellner allzu engstirnig und unsensibel reagieren, nimmt man an, gute Kellner seien prinzipiell sehr zurückhaltend und distanziert.

Vergessen Sie diese pathologische Sichtweise. Gute Leistung lässt sich nicht verstehen, indem man schlechte Leistungen studiert und die Ergebnisse einfach umkehrt! Dies hat einen einfachen Grund: Erfolg und Misserfolg liegen überraschenderweise oft nahe beisammen. Der Durchschnitt ist in Wahrheit die Anomalie!

Durch das Studium ihrer Spitzenleute haben die erfolgreichen Manager herausgefunden, dass nicht nur die schlechten Verkäufer unter »Kundenangst« leiden, sondern auch die guten. Offenbar haben *beide* Gruppen das Gefühl, als verkauften sie sich selbst. Es ist dieses motivationale Talent, sich persönlich investiert zu fühlen, das den guten Verkäufer so überzeugend auftreten lässt. Allerdings hat es auch die Konsequenz, dass er Ablehnung persönlich nimmt. Jedes Mal, wenn er einen Kundenbesuch macht, spürt er die Angst im Nacken, dass man ihm möglicherweise einen Korb gibt – *ihm*!

Der Unterschied zwischen Erfolg und Misserfolg liegt darin, dass der gute Verkäufer sich von seiner Angst nicht lähmen lässt. Denn glücklicherweise verfügt er noch über eine andere Begabung, nämlich »Konfrontationsfreude«. Dieses Beziehungstalent erlaubt es ihm, den »Kampf« mit dem potenziellen Kunden positiv zu erleben und aus der Überwindung von Widerständen Befriedigung zu beziehen. Zwar verspürt auch er, wie gesagt, jeden Tag seinen »Bammel«, doch sein Konfrontationstalent lässt ihn seine Hemmungen überwinden. Seine Freude am verbalen »Sparring« mit dem Kunden überwiegt seine Angst vor persönlicher Ablehnung.

Da dem schlechten Verkäufer dieses Talent fehlt, spürt er nur die Angst.

Der durchschnittliche Verkäufer wiederum spürt überhaupt nichts. Er verfährt stereotyp nach »Schema F«, wie er es gelernt hat, und hofft das Beste.

Dank intensiver Beschäftigung mit den Spitzenkräften haben sich die guten Manager auch von vielen anderen langlebigen Fehlvorstellungen getrennt. So wissen sie beispielsweise, dass auch die guten, nicht nur die schlechten Kellner zu einer starken Meinungsbildung fähig sind. Der Unterschied zwischen beiden liegt darin, dass die guten Kellner in ihrem Stil variabel sind, ihn den jeweiligen Gästen anzupassen vermögen, während die schlechten eher patzig und unangemessen reagieren. Es ist der durchschnittliche Kellner, der sich aus allem fein heraushält und an jedem Tisch die gleiche Platte abspielt.

In der Krankenpflege etwa bauen die Spitzenkräfte entgegen landläufiger Meinung durchaus starke emotionale Beziehungen zum Patienten auf. Der Unterschied zu den schlechten Kolleginnen und Kollegen besteht darin, dass die guten diese Emotionen positiv nutzen, um den Patienten entsprechend zu lenken und möglichst zu beruhigen. Die weniger begabten Kräfte hingegen sind von ihren Gefühlen regelrecht überwältigt. Und der Durchschnitt hält sich auch hier emotional fein heraus, schützt sich durch Distanz.

Der Rat der erfolgreichsten Führungskräfte dieser Welt lautet also: Schau dir deine besten Mitarbeiter genau an! Versuche herauszufinden, wie es bei ihnen auf motivationaler, kognitiver und relationaler Ebene aussieht. Diese Talente sind dann der Maßstab, an dem sich die Mitarbeiterrekrutierung künftig orientieren muss.

Die geglückte Talentauswahl hängt in erster Linie von einem richtig geführten Bewerbungsgespräch ab. Dies ist freilich eine Kunst für sich. Jeder kennt die Hauptgefahren: Setze den Bewerber nicht unnötig unter Druck; lasse dich nicht von Äußerlichkeiten irreführen; vermeide vorschnelle Urteile. Dies sind zweifellos nützliche, zu einem guten Ergebnis beitragende Maximen.

Die Kunst der Gesprächsführung verlangt aber weit mehr. In Kapitel 7 werden wir diese Techniken im Detail kennen lernen. Es sind die »Tricks«, mit denen die Fähigsten aller Führungskräfte es immer wieder schaffen, gezielt an Begabungen heranzukommen.

Ein Wort vom Coach

Die Talentsichtung und -auswahl ist die wichtigste Aufgabe des Managers. Besitzen seine Leute die falschen Begabungen, helfen auch die besten Entwicklungsprogramme nichts. John Wooden, der legendäre

Trainer der UCLA Bruins (Universität von Los Angeles), hat es einmal so formuliert:

»Egal, was zum Erfolg sonst noch hinzukommen muss, ohne den Faktor Talent geht überhaupt nichts. Vermutlich gibt es in den verschiedenen Sportarten Dutzende hervorragender Trainer, von denen bisher kein Mensch etwas gehört hat – einfach deshalb, weil sie noch nie das Glück hatten, mit hinreichend begabten Spielern arbeiten zu können. Talente sind zwar noch keine Sieggarantie; doch ohne Talente gibt es keine Siegchance.«

John Woodens Aussage deckt sich vollkommen mit dem, was wir von den großen Managern gehört haben. Freilich untertreibt er ein wenig. Denn nicht nur wegen seiner begabten Spieler war er so erfolgreich, sondern auch wegen seiner eigenen Fähigkeit, das entsprechende Umfeld zu schaffen, in dem diese Talente sich entwickeln konnten. Talent ist zunächst nur ein Potenzial. In einem Vakuum lässt sich dieses Potenzial nicht in Leistung umsetzen. Große Begabungen brauchen große Manager, wenn wirklich etwas aus ihnen werden soll.

Die Talentauswahl stellt folglich nur den ersten von vier Schlüsseln zum Erfolg dar. In den folgenden Kapiteln werden wir nun auch die übrigen drei Schlüssel näher untersuchen und beschreiben, wie der fähige Vorgesetzte die sorgsam ausgewählten Talente auf die richtigen Aufgaben konzentriert, ihnen Geltung und Anerkennung verschafft und sie entwickelt.

4. Schlüssel Nr. 2: Auf die richtigen Ziele kommt es an

Management aus der Distanz

»Zwar bin letztlich ich für die Unterrichtsqualität in meinem Bezirk verantwortlich. Doch was sich Tag für Tag hinter den Klassenzimmertüren abspielt, weiß ich ja nicht.«

Schulinspektor Gerry C. bringt die Herausforderung, vor der jeder Manager steht, auf den Punkt: Wie schafft man es, dass die Leute das tun, was man will, ohne dass man ständig dabei ist? Es sieht zwar so aus, als habe der Manager alles unter Kontrolle. Doch das ist ein Irrtum. Die Untergebenen haben in Wahrheit weit mehr in der Hand als er. Jeder Mitarbeiter kann entscheiden, was er tut und was er lässt. Er entscheidet über das Wie, das Wann und das Womit. Was immer dabei letztlich herauskommt – es kommt vom Mitarbeiter.

Der Manager kann konkret gar nichts tun. Er kann nur Einfluss nehmen, motivieren, kritisieren oder loben in der Hoffnung, dass die Mitarbeiter umsetzen, was man von ihnen verlangt. Lenkung im eigentlichen Sinn ist das nicht. Eher »Fernlenkung«, Agieren aus der Distanz. Trotzdem trägt der Manager die Verantwortung für die Leistung seiner Mannschaft.

Das Problem wird dadurch verschärft, dass die menschliche Natur äußerst komplex ist. Auch wenn man sich noch so sehr um gute Talentauswahl bemüht – jeder Mensch hat seinen eigenen Stil, seine eigenen Bedürfnisse und seine eigene Motivationsstruktur. Diese Vielfalt ist im Prinzip ja sehr wünschenswert, weil befruchtend und produktiv. Doch sie macht den Managerjob noch schwieriger und komplizierter, als er ohnehin schon ist. Sie müssen also nicht nur aus der Distanz führen können, sondern auch berücksichtigen, dass jeder Ihrer Mitarbeiter anders auf Ihre Signale reagiert. Die Unterschiede mögen fein sein, aber sie sind bedeutsam.

Leider haben es gute Manager noch eine Spur schwerer, denn bei ihnen kommen zwei feste Überzeugungen als einschränkende Bedingungen hinzu: Erstens sind sie der Auffassung (wie in Kapitel 2 ausführlich beschrieben), dass der Mensch sich nicht allzu sehr ändern lässt. Ihnen ist klar, dass man in einer bestimmten Rolle nicht allen genau dasselbe abverlangen kann, dass Standardisierung ihre Grenze hat angesichts der Verschiedenheit der Mitarbeiter in puncto Stil, Bedürfnisse und Motivation.

Zweitens ist ihnen bewusst, dass jede Organisation einen Existenzzweck hat und dieser sich in der Betriebsleistung widerspiegeln muss – wobei »Leistung« alles umfasst, was von einem externen oder internen Kunden als nützlich und wertvoll angesehen wird. Insofern besteht die grundlegendste Aufgabe des Managers nicht darin, seine Mitarbeiter zu entwickeln, und auch nicht darin, ein Umfeld zu schaffen, in dem der Einzelne sich seines Wertes bewusst wird und sich als etwas Besonderes fühlt. Dies sind zwar löbliche Methoden, sie haben aber nur mittelbaren, unterstützenden Charakter. Das zentrale Ziel liegt darin, die Mitarbeiter auf Leistungskurs zu bekommen. Dies ist die ureigene Aufgabe des Managers und Vorgesetzten – und sollte es auch sein. Es erklärt im Übrigen auch, weshalb gute Manager einer übertriebenen Kompetenzverlagerung nach unten skeptisch gegenüberstehen. Völlig eigenverantwortliche Mitarbeiter mögen zwar ein schönes Selbstverwirklichungsteam bilden; ob dabei aber ein produktives Team herauskommt, bleibt fraglich.

Das Dilemma stellt sich also wie folgt dar: Einerseits muss der Manager »führen« und das Optimale aus seinen Mitarbeitern herausholen. Andererseits aber ist jeder Mitarbeiter anders; jeder funktioniert auf seine Weise; Standardisierungszwang wäre verkehrt.

Die ebenso elegante wie effiziente Lösung lautet: Gib die richtigen Ziele vor, doch überlasse den Weg dorthin dem Mitarbeiter. Dies mag sich bieder anhören. Bei näherer Betrachtung zeigt sich jedoch, welches Potenzial in dieser Formel steckt.

Erstens nämlich ist das oben skizzierte Managerdilemma mit einem Schlag verschwunden. Die beiden Kernüberzeugungen – dass die

Menschen grundsätzlich verschieden sind, der Manager aber dafür sorgen muss, dass bei allen die Leistung stimmt – stehen nun nicht mehr in Widerspruch zueinander. Im Gegenteil. Sie ergänzen sich wunderbar, sind sogar miteinander verknüpft. Überzeugung zwei macht es möglich, aus Überzeugung eins Kapital zu schlagen. Um die Mitarbeiter zu Leistung anzuspornen, gilt es, die richtigen Ziele zu setzen und mit Verve an ihnen festzuhalten. Doch mit der Standardisierung der Ziele wird genau das vermieden, was – wie jeder gute Manager weiß – ohnehin unmöglich ist: die vorgegebenen Ziele mit einer standardisierten Methode zu erreichen, sprich: alle Mitarbeiter auf denselben Weg zu zwingen. Die Standardisierung der *Ziele* macht mithin die Standardisierung der *Mittel* entbehrlich.

Schauen wir uns einige Beispiele an. Wenn ein Schulinspektor sich an den Zensuren der Schüler orientiert, kann er sich die Evaluierung der Unterrichtspläne und Überprüfung der Ordnung in den Klassenzimmern praktisch sparen. Wenn ein Hotelmanager die Leistung seiner Rezeptionistinnen anhand von Gästebeurteilungen und bewirkten Folgebesuchen zu messen vermag, kann es ihm ziemlich gleichgültig sein, wie dies erreicht wird und ob das vorgegebene »Empfangsdrehbuch« eingehalten wird oder nicht. Und wenn der Vertriebsleiter in der Lage ist, seinen Leuten jeweils ein paar wenige, aber präzise Ziele vorzugeben, dann braucht er sich mit den mehr oder minder gut ausgefüllten Besuchsberichtsbögen nicht mehr herumzuschlagen.

Zweitens handelt es sich um eine äußerst elegante Lösung. Auch in der Natur ist der effizienteste Weg von A nach B bekanntlich selten die gerade Linie, sondern *immer* der Weg des geringsten Widerstandes. Analog lässt sich feststellen: Die effizienteste Methode, Begabung in Leistung zu verwandeln, besteht darin, mit Blick auf das vorgegebene Ziel den individuellen Weg des geringsten Widerstandes zu finden.

Durch Konzentration auf die richtigen Ergebnisse geht der Vorgesetzte mithin allen Versuchungen aus dem Weg, am Verkaufsstil des jeweiligen Mitarbeiters herumzumanipulieren, nur damit er in die vorgegebene Schablone passt. Stattdessen kann er den Talenten des Mitarbeiters freien Lauf lassen und sich darauf beschränken, ihm etwaige Hindernisse auf dem individuellen Erfolgspfad aus dem Weg zu räumen. Wenn der eine Vertreter durch sein Umgangstalent zum Abschluss kommt, ein anderer durch seine Fachkompetenz und wieder ein anderer durch reine Überzeugungskraft, kann dies alles dem Chef sehr recht sein – solange es dabei seriös zugeht.

Drittens ermutigt dieser Ansatz die Beschäftigten, Verantwortung zu übernehmen. Der gute Manager weiß, dass ein gewisser Leistungsdruck nötig ist, um zu Ergebnissen zu kommen. Diese Spannung wird eben dadurch erzeugt, dass man die richtigen Ziele vorgibt. Durch Vorgabe von Zielen (häufig verbunden mit Leistungsmessung) schafft der gute Manager ein Arbeitsumfeld, in dem die Mitarbeiter den nötigen Kitzel verspüren und das Gefühl haben, ganz auf sich allein gestellt ihr spezifisches Ziel verfolgen zu müssen. Begabte Mitarbeiter wissen solche Arbeitsbedingungen zu schätzen, während sie auf den Rest eher abschreckend wirken. Dies deshalb, weil in einem solchen Umfeld *Lernen* gefragt ist. Es gilt herauszufinden, was für einen persönlich am besten »funktioniert«: Wie man auf Druck reagiert und diesen abbauen kann; wie man bei anderen Vertrauen gewinnt; wie man an seinen Zielen »dranbleibt«; wann man eine Pause braucht und wie man sich am besten erholt. Jeder muss seinen ureigenen Weg des geringsten Widerstandes entdecken.

Zugegeben, die Methode der Zielvorgabe verlangt den Mitarbeitern einiges ab. Aber es gibt wohl keinen besseren Weg, will man die Selbstkenntnis, das Selbstbewusstsein und die Selbstständigkeit seiner Untergebenen fördern.

Vorsicht, Falle!

Wenn es denn so viel eleganter und effizienter ist, Ziele statt Methoden vorzugeben, muss man sich doch fragen, warum die Führungskräfte nicht längst so verfahren. Warum glauben die Manager in der Regel, besser zum Ziel zu kommen, indem sie ihren Mitarbeitern alles genau vorschreiben? Zweifellos hat jeder Vorgesetzte hierfür seine eigenen Gründe, doch dürfte vieles darauf hinauslaufen, dass eine Methode, bei der man alles unter Kontrolle hat, einfach zu verlockend ist, zumal oberflächlich gesehen manches für die Kontrollmethode zu sprechen scheint. Bei näherer Betrachtung aber erweist sich schnell, welch fatale Konsequenzen damit für das Unternehmen verbunden sind.

Falle Nr. 1: »Perfekte Mitarbeiter«

Stellen wir uns einen Experten vor, einen mit besten Absichten natürlich. Es ist ihm ein echtes Bedürfnis, anderen zu helfen, ihre Schwächen zu überwinden. Er sieht all die Ineffizienz um sich herum und weiß, ja ist inbrünstig überzeugt davon, dass es dagegen ein probates Mittel gibt: seine Methodik. So einfach! Die Leute bräuchten sie nur zu beherzigen, und um die Welt stünde es besser! Alle würden weinen vor Glück!

Dieser Experte ist der Auffassung, dass es für jede Aufgabe eine optimale Lösungsmethode gibt. Alles nur eine Frage der Zeit und Energie, sie herauszufinden. Danach sind die Probleme wie weggefegt – jeder kann lernen, wie man es macht. Erfolg und Effizienz kommen damit von ganz allein. Sie als Manager haben es mithin einfach: Sie brauchen nur sicherzustellen, dass alle tun, was das System vorschreibt.

Viele Manager sind von der Idee, dass es gleichsam einen »Königsweg« für alle gebe, begreiflicherweise sehr angetan. Also schicken sie den Vertriebsmitarbeiter auf einen Kurs, auf dem er die zehn Geheimnisse des erfolgreichen Verkaufsgesprächs lernt, und beurteilen ihn anschließend danach, wie viel er davon in der Praxis beherrscht. Oder man schickt die Nachwuchsführungskraft auf ein Managementseminar, in dem sie die 20 »Kompetenzen« des erfolgreichen Managers vermittelt bekommt, und beurteilt sie dann anschließend anhand dieses Katalogs. Und mit den gleichen guten Absichten ermutigt man die Mitarbeiter, die neun Gewohnheiten einer erfolgsorientierten Lebensweise zu beherzigen.

Wiewohl diese wissenschaftlichen Fachleute verschiedenen Interessengebieten zuzurechnen sind, beruhen ihre Ideen auf der gleichen Prämisse – nämlich dass die Einzigartigkeit des Individuums in diesem Zusammenhang nur stört. Wenn ihre Leute zu Ergebnissen kommen sollen, behaupten sie, dann müssen sie sich die richtige Methode aneignen, die störende Individualität ablegen und in diesem fremdbestimmten Sinne zu perfekten Mitarbeitern werden.

Jeder Versuch, eine Königs- oder Standardmethode zu etablieren, ist jedoch zum Scheitern verurteilt. Denn erstens ist ein solches Vorgehen ineffizient und ineffektiv – der »Standard« steht im Widerspruch zur menschlichen Individualität, den je spezifischen zerebralen Strukturen. Zweitens ist es herabwürdigend – denn durch Vorgabe aller Antworten wird der Einzelne daran gehindert, sich selbst zu vervollkommnen und für den eigenen Stil Verantwortung zu übernehmen. Drittens schließlich ist es der Feind des Lernens – jede Regel geht zu Lasten von Wahlmöglichkeiten; doch ohne Entscheidungsfreiheit (inklusive aller negativen Erfahrungen) ist Lernen ganz undenkbar.

Adrian P., Autohändler und Chef zweier florierender Geschäfte, beschreibt es so: »Am schwierigsten für den Manager ist die Erkenntnis, dass jeder Mitarbeiter den Job zwangsläufig anders macht, als man selbst es tun würde. Man muss das einfach akzeptieren. Andernfalls nämlich – wenn man zu sehr Druck ausübt und Vorschriften macht – stellen sich zwei Konsequenzen ein: Erstens reagieren die Mitarbeiter sauer und wollen nicht mehr. Zweitens werden sie unselbstständig und können nicht mehr. Beides ist nicht gerade produktiv, langfristig gesehen.«

Wer von seinen Mitarbeitern also Leistung will, sollte besser nicht versuchen, sie in einem fremdbestimmten Sinn zu »perfektionieren«. Die Versuchung ist da; es gilt ihr zu widerstehen! Das scheinbare Wundermittel ist in Wahrheit eine Krankheit. Denn es schmälert die Rolle, erniedrigt den Mitarbeiter und schwächt die Organisation.

Vielleicht war George Bernard Shaw einfach nur besonders schlecht gelaunt, als er schrieb: »Der Weg zur Hölle ist mit lauter guten Absichten gepflastert.« Doch was die Versuche angeht, Menschen zu perfektionieren, hatte er nicht ganz unrecht.

Falle Nr. 2: »Meinen Leuten fehlt es an Talent«

Wie im vorhergehenden Kapitel bereits erläutert, wird nur allzu häufig angenommen, manche Tätigkeiten seien so einfach, dass es Talent gar nicht brauche. Reinigungsjobs, Telemarketing, Krankenpflege – dies alles sind Beispiele für Rollen, die nach gängiger Auffassung eigentlich jeder ausfüllen kann.

Aufgrund dieser Fehleinschätzung machen sich viele Manager erst gar nicht die Mühe, Leute mit spezifischem Talent ausfindig zu machen. Sie nehmen den nächstbesten Bewerber und wundern sich hinterher, dass in ihrer Belegschaft nichts stimmt – überall nur Mitarbeiter, die ihre Arbeit als erniedrigend ansehen und sie möglichst bald hinter sich lassen wollen. Diese unselige Situation verleitet die Vorgesetzten wiederum dazu, mit strengen Vorschriften zu reagieren. Dies in der Hoffnung, die Sache durch detaillierte Vorgaben »idiotensicher« zu machen, getreu dem Motto: Wenn ich meinen Mitarbeitern Spielraum lasse, nutzen sie ihn doch nur falsch.

Angesichts dieses Szenarios kann man den Managern ihr Kontrollbedürfnis nicht einmal übelnehmen. Im Gegenteil. Wer bei der Auswahl nicht auf Talent achtet, tut in der Tat besser daran, die Mitarbeiterleistung Schritt für Schritt gut zu überwachen. Dies ist allerdings eine zeitaufwändige Angelegenheit und macht den Manager obendrein auch noch zum Polizisten. Doch soll man alles dem Zufall überlassen? Bei schlecht ausgewählten Mitarbeitern ist schließlich mit allem zu rechnen, wenn man die Zügel lockert.

Nun, eine produktive Lösung würde von vornherein ganz anders ansetzen: Tragen Sie Sorge dafür, dass der Rolle die gebührende Wertschätzung zukommt, und besetzen Sie sie mit talentierten Leuten.

Falle Nr. 3: »Vertrauen ist wichtig – aber zunächst muss es verdient werden«

Auch wenn die talentorientierte Mitarbeiterauswahl funktioniert, sind manche Vorgesetzte durch ein grundsätzliches Misstrauen blockiert. Dies kann unterschiedliche Gründe haben – etwa eine tief sitzende eigene Unsicherheit oder eine Rationalisierung folgender Art: »Der Mensch ist egoistisch. Wenn er die Chance hat, nimmt er gern ein bisschen mehr, als er gibt.« Wie auch immer motiviert, hat solches Misstrauen stets die Konsequenz, dass der Vorgesetzte wenig gewillt ist, seinen Untergebenen den Spielraum einzuräumen, den sie brauchen, um ihren eigenen Weg zum Erfolg suchen zu können.

Geplagt von dem nagenden Verdacht, irgendwo könnte ein Mitarbeiter seine Freiheiten allzu sehr ausnutzen, bleibt dem misstrauischen Vorgesetzten nur der Griff zu Vorschriften. Je enger das Netz, desto besser, denkt er sich – anders lässt sich dem Schlendrian und den Missetaten der Leute ja doch nicht begegnen.

Wer misstrauisch ist, hat es als Manager schwer. Dies liegt nicht zuletzt an dem unglücklichen Umstand, dass Ungewissheit (»Was macht der Kerl wohl gerade?«) mit Argwohn (»Bestimmt wieder mal nicht das Richtige«) Hand in Hand geht. Leider aber lässt sich Misstrauen auch durch noch so viele Regeln und Vorschriften nicht besänftigen. Erfolgreich sind solche Manager daher meist nur im Schaffen einer Kultur der Unterwerfung und des Duckmäusertums, die das Unternehmen nach und nach stranguliert, weil es an Flexibilität, Reagibilität und – am wichtigsten vielleicht – an Bereitschaft und Wohlwollen fehlt.

Sehen wir uns ein konkretes Beispiel an: Dem Lehrer in Florida ist es gesetzlich verboten, in seine Notengebung sein persönliches Urteil einfließen zu lassen. Dies ist keine Übertreibung. Es wäre in der Tat *illegal*. Denn offenbar getrieben von Misstrauen und einem mächtigen Kontrollbedürfnis, haben die Staatsvertreter ein Gesetz erlassen, das die Noten haarscharf an einem Punktesystem orientiert. Erreicht der Schüler 94 Prozent oder mehr, steht ihm eine Eins zu. Alles andere wäre *widerrechtlich*. Liegt er zwischen 84 und 93 Prozent, *muss* ihm eine Zwei gegeben werden. In Arkansas, einem anderen US-Bundesstaat, geht es ähnlich zu. Auch dort will man subjektive Lehrerurteile möglichst eliminieren, ist aber den Kindern gegenüber eine Spur großzügiger – in Arkansas bekommt man schon mit 90 Prozent eine Eins, und ab 80 Prozent steht einem eine Zwei zu.

Gute Pädagogen sind durchaus der Meinung, dass eine Noten/Punkte-Tabelle an sich nicht verkehrt ist – solange sie Richtlinie bleibt. So verfahren ja auch die meisten US-Bundesstaaten, und es hilft, über Bezirks- und Staatsgrenzen hinweg Vergleichbarkeit und Einheitlichkeit herzustellen. Aber ein Gesetz? Kein Wunder, dass so viele Lehrer das Gefühl haben, das Vertrauen und Wohlwollen der Gesellschaft verloren zu haben.

Die These, dass »Vertrauen verdient werden muss«, mag sich vernünftig anhören, doch gute Führungskräfte lehnen sie ab. Denn wo soll man die Grenzlinie ziehen, ab der die Vertrauenswürdigkeit beginnt? Es gibt sie nicht, diese Linie – und auch keinen solchen Zeitpunkt. Denn Misstrauen ist prinzipiell in die Zukunft gerichtet. Wer den Menschen grundsätzlich misstraut, der lässt sich auch durch noch so viele positive Erfahrungen nicht wirklich davon überzeugen, dass er auch künftig von Enttäuschung verschont bleiben wird. Misstrauen ist leider ein Dauerzustand.

Gewiss, es kommt vor, dass man enttäuscht wird. Doch erstklassige Manager betrachten dies nicht als die Regel, sondern als Ausnahme. Ihre Devise lautet: Erwarte immer das Beste von den Menschen, dann bekommst du es in den meisten Fällen auch.

Bei manchen Tätigkeiten mag ein tiefes Misstrauen durchaus angebracht, ja sogar wichtig sein – beim Anwalt oder im investigativen Journalismus zum Beispiel. Für den Manager jedoch ist Misstrauen tödlich.

Falle Nr. 4: »Manche Ziele lassen sich schlecht definieren«

Von Führungskräften hört man immer wieder, sie wären ja gern bereit, vernünftige Ziele vorzugeben und es dann den Mitarbeitern zu überlassen, ihren je eigenen Erfolgsweg herauszufinden, doch leider sei das unmöglich. Manche Ziele, behaupten sie, entzögen sich schlicht der Definition. Folglich bleibe nur die Möglichkeit konkreter Verfahrensvorschriften. Nur so lasse sich Chaos verhindern.

In mancher Hinsicht klingt diese Argumentation gar nicht so übel. Es stimmt nämlich tatsächlich, dass manche Ziele schwer zu definieren sind. Umsatz und Gewinn etwa sind leicht messbar, ebenso Schulleistungen. Nicht aber Kundenzufriedenheit und Mitarbeiterzufriedenheit. Beide jedoch sind bei vielen Tätigkeiten für hervorragende Ergebnisse von zentraler Bedeutung.

Auch wenn es nicht gelingt, »Kundenzufriedenheit« oder »Mitarbeiterzufriedenheit« als Ziel oder Ergebnis zu definieren, müsse man aber dennoch in irgendeiner Weise dafür sorgen, dass Kunden und Mitarbeitern die gebührende Aufmerksamkeit zuteil wird. Die Festlegung eines Prozedere sei folglich unumgänglich.

Auch das klingt nicht übel, ist es aber. Denn wer so verfährt, hat einfach zu früh aufgegeben. Dass Zielvorgaben *schwierig* sein können, heißt noch lange nicht, dass sie unmöglich sind. Es heißt zunächst einfach nur, dass die Definition nicht direkt auf der Hand liegt. Nachdenken ist also gefordert. Doch wer dies tut, merkt schnell, dass eigentlich *jeder* Leistungsaspekt – und sei er noch so schwer fassbar – durchaus in zu erreichenden Ergebnissen ausgedrückt werden kann. Sind die Ziele definiert, kann sich der Manager erst einmal zurücklehnen und braucht sich nicht zeitaufwändig, aber letztlich erfolglos damit abzustrampeln, alle Mitarbeiter permanent in das gleiche Schema zu pressen.

Sehen wir uns das Ziel »Mitarbeiterzufriedenheit« einmal etwas näher an (zur Kundenzufriedenheit kommen wir später in diesem Kapitel noch). Wie in Kapitel 1 bereits ausgeführt, ist vielen Unternehmen inzwischen klar, dass eine starke Unternehmenskultur einen wesentlichen Teil ihrer Wettbewerbsstärke ausmacht. Wenn es folglich gelingt, die Mitarbeiter besser zu behandeln, als die Konkurrenz dies tut, begünstigt dies die Rekrutierung, optimale Beschäftigung und Entwicklung fähiger Leute, was letztlich zum Wettbewerbsvorteil führt. Insofern gewinnt die Unternehmenskultur – die Art und Weise des Umgangs zwischen Vorgesetzten und Mitarbeitern – einen zentralen Stellenwert. So zentral, scheint es, dass man die Sache keinesfalls dem Zufall überlassen darf.

Doch statt ihre »Kultur« am *emotionalen Sollzustand* der Mitarbeiter festzumachen, hat man vielerorts versucht, sie in *Schritte* zu segmentieren und als Prozedere den Führungskräften vorzuschreiben. Genau darauf läuft das Kompetenzkonzept hinaus, das wir in Kapitel 2 kennen gelernt haben.

Sind diese Schritte beziehungsweise »Kompetenzen« (*competencies*) erst einmal festgeschrieben, bilden sie für fast alles, was im Unternehmen geschieht, den gemeinsamen Rahmen und sprachlichen Bezugspunkt. Neue Führungskräfte haben sie sich anzueignen. Die vorhandenen Manager werden an ihnen gemessen und beurteilt – von Kollegen, Untergebenen und dem jeweiligen Vorgesetzten. Der ideale Manager ist demzufolge einer, der alle diese Fähigkeiten in vollem Umfang besitzt. Natürlich weiß jeder, dass dies ein Phantombild ist, nur hilft das wenig, wenn man selbst nicht allzu gut abschneidet und bei Kompetenzen wie »Visionäre Kraft« oder »Unter Druck Ruhe bewahren« Defizite bescheinigt bekommt. Der Chef wird einem trotzdem mitteilen, dass man sich für das kommende Jahr einiges vorzunehmen hat, falls man die Gehaltszulage in vollem Umfang einstreichen möchte. Woran sich zeigt: Diese »Kompetenzen« spielen sehr rasch eine sehr bedeutende Rolle.

Freilich nicht für den wirklich kompetenten Manager. Er weiß, dass es keinen Sinn ergibt, dem einzelnen Vorgesetzten exakt vorzuschreiben, wie er mit seinen Leuten in jeder einzelnen Situation umzugehen hat. Kultur lässt sich nicht per Drehbuch inszenieren. Erstens nämlich würde dies vom Wesentlichen ablenken. Der Manager wäre gezwungen, sich auf die Einhaltung eines »Standards« zu konzentrieren, während seine eigentliche Aufgabe ja darin bestehen sollte, herauszufinden, mit welchem Stil er persönlich am besten zurechtkommt. Zweitens wäre der Versuch letztendlich zum Scheitern verurteilt. Die Art des situativen Umgangs mit den Mitarbeitern beruht auf ureigenen Begabungen, nicht angelernten »Kompetenzen«. Talent aber lässt sich weder lehren noch lernen, wie wir gesehen haben.

Natürlich heißt dies nicht, dass man von seinen Führungskräften nicht einen guten, produktiven Umgang mit ihren Untergebenen verlangen und erwarten sollte. Im Gegenteil. Nur sollte eben das Wie, das Prozedere, nicht vorgeschrieben werden. Es genügt vollkommen, die paar wenigen wichtigen »emotionalen Inhalte« als Ziel vorzugeben. Der Vorgesetzte ist dann dafür verantwortlich, dass diese Ziele erreicht werden – wie immer er es anzustellen beliebt. Ein bestimmter emotionaler Zustand aufseiten der Mitarbeiter wird also zum Ziel erhoben.

Nehmen wir die ersten sechs der zwölf Fragen, mit denen sich die Arbeitsplatzgüte bestimmen lässt, als Beispiel:

1. Weiß ich, was bei der Arbeit von mir erwartet wird?
2. Habe ich die Materialien und Arbeitsmittel, um meine Arbeit richtig zu machen?
3. Habe ich bei der Arbeit jeden Tag die Gelegenheit, das zu tun, was ich am besten kann?
4. Habe ich in den letzten sieben Tagen für gute Arbeit Anerkennung und Lob bekommen?
5. Interessiert sich mein/e Vorgesetzte/r oder eine andere Person bei der Arbeit für mich als Mensch?
6. Gibt es bei der Arbeit jemanden, der mich in meiner Entwicklung unterstützt und fördert?

Diese Fragen beschreiben einige der wichtigsten emotionalen Ergebnisse/Ziele, deren Realisierung man von jedem Manager verlangen sollte. Anders formuliert: Die Mitarbeiter sollten am Ende des Jahres auf diese Fragen die Bestnote »5« vergeben – und es ist exakt die Aufgabe des jeweiligen Vorgesetzten, dafür zu sorgen. Doch wenn diese Ziele erst einmal klar sind – der angestrebte emotionale Zustand der Mitarbeiter also definiert ist –, darf sich das Topmanagement durchaus zurücklehnen. Jedem Vorgesetzten sollte es nun selber überlassen bleiben, seinen eigenen Weg dorthin zu finden.

Nehmen wir beispielsweise das Gefühl »Vertrauen«, das mit Frage 5 (»Interessiert sich mein/e Vorgesetzte/r oder eine andere Person bei der Arbeit für mich als Mensch?«) gemessen werden soll. Der eine Vorgesetzte an vorderster Front hat einen leisen, fürsorglichen Umgangsstil. Der andere zeichnet sich eher durch Direktheit und Konsequenz aus. Wieder ein anderer ist ein humorvoller Kumpeltyp. Dem guten Chef ist dies alles recht, solange die Vorgesetzten mit ihren Untergebenen klarkommen und bei Frage 5 eine »5« erzielen. Er weiß, dass es keinen Zweck hätte, den Leisen in einen Rhetorikkurs oder den Direkten in einen »Sensibilisierungskurs« zu schicken. (Natürlich aber mag er im Einzelfall vielleicht feststellen, dass der betreffende Vorgesetzte seinen eigenen »Weg des geringsten Widerstandes« im Umgang mit seinen Leuten noch nicht gefunden hat, weshalb sie ihm aus irgendeinem Grund nicht voll vertrauen. Wir werden in Kapitel 6 sehen, wie gute Manager mit einem solchen Problem umgehen.)

Wie wir in unseren Studien feststellten, kann es in der Tat recht schwierig sein, bezüglich der Messung von »Kultur« die richtigen Ziele zu ermitteln. Doch die Mühe lohnt sich. Wenn hierauf nur annähernd so viel Energie verwendet würde, wie dies bei der Kodifizierung des internen Führungsstils der Fall zu sein pflegt, wäre allen Beteiligten sehr geholfen. Das Unternehmen gewänne an Effizienz. Die Personalabteilung wäre beliebter. Die Beschäftigten hätten mehr Vertrauen. Und die Führungskräfte könnten sie selbst sein. Endlich.

Faustregeln

Gute Führungskräfte verstehen es, den genannten Fallen aus dem Weg zu gehen. Sie wissen, dass die Aufgabe eines Vorgesetzten nicht darin besteht, seine Mitarbeiter in einer bestimmten Richtung zu »trimmen«, sondern aus ihrer Individualität möglichst großen Nutzen zu ziehen. Sie achten auf Talent, so einfach die Rolle auch sein mag. Ihrem Grundinstinkt nach vertrauen sie den Mitarbeitern, die sie ausgewählt haben. Und sie sind der Überzeugung, dass mit hinreichendem Bemühen auch schwer fassbare Ziele wie »Kundenzufriedenheit« und »Mitarbeiterzufriedenheit« konkret festzumachen sind.

Dies bedeutet jedoch nicht, dass auf jegliche Reglementierung verzichtet werden kann. Die Hauptverantwortung des Managers besteht ja darin, Begabung in Leistung zu übersetzen. Zur Erreichung dieses Ziels kann ein bestimmtes Prozedere mitunter als Plattform nützlich und notwendig sein. Im Rahmen der Gallup-Interviews beschrieben diese erfolgreichen Manager, wie und wann sie auf ein festes Prozedere zurückgreifen, um die erwartete Leistung sicherzustellen. Hier sind die Faustregeln, an denen sie sich dabei orientieren.

Faustregel 1: »Kein Glücksspiel!«

Die Mitarbeiter müssen immer dann bestimmten festen Regeln folgen, wenn es um Genauigkeit oder Sicherheit geht.

Nehmen wir das Bankwesen als Beispiel. Eine Bank übt bekanntlich viele unterschiedliche Funktionen aus, doch langfristig gesehen kommt es vor allem darauf an, dass solide mit den Kundengeldern umgegangen wird. Grundanforderung einer jeden Funktion innerhalb der Bank ist daher exaktes und zuverlässiges Arbeiten. Dies gilt für den Wertpapierhändler genauso wie für den Anlageberater oder den Kassierer. Um den Mitarbeitern präzise vor Augen zu führen, was »Genauigkeit« und »Sicherheit/Zuverlässigkeit« bedeuten, kennt das Bankgewerbe einschlägige Vorschriften; zusätzlich hat jede Bank noch ihre internen Richtlinien. Diese Vorgaben *müssen* von den Mitarbeitern beachtet werden. Dies ist zwar nicht ihre einzige Aufgabe, aber ein elementarer Teil ihrer Tätigkeit. Ein jeder Vorgesetzte, der dies vergisst und seinen Untergebenen zu viel Handlungsspielraum gewährt, läuft Gefahr, die Bank zu ruinieren.

Genau dies geschah bei der Baring's Bank, einem 200 Jahre alten englischen Traditionshaus. Ende 1994 begann der in der Singapurer

Niederlassung für den Terminhandel zuständige Geschäftsführer, der 28-jährige Nicholas Leeson, nachhaltig in japanische Werte zu investieren – in der Erwartung natürlich, dass der Nikkei-Index steigen würde. Leider ging die Rechnung nicht auf. Der Markt fiel und fiel. Naiverweise aber blieb Leeson bei seiner Strategie. Er kaufte bei fallenden Werten noch nach und hoffte gegen jede Vernunft auf eine baldige Aufwärtsbewegung. Binnen zwei Monaten – November und Dezember – verspielte er auf diese Weise einen Großteil des Kapitals der Bank.

Dies ist durchaus nichts Ungewöhnliches in diesem Gewerbe. Terminhändler machen immer wieder einmal saftige Verluste. Kommt dies häufiger vor, dreht das Unternehmen einfach den Geldhahn zu, feuert den Händler und schreibt die Verluste ab.

Ungewöhnlich am Fall Leeson ist daher nur, dass seine Vorgesetzten von der Höhe seiner Verluste offenbar keine Ahnung hatten. Aus einem bizarren Verständnis von Eigenverantwortlichkeit heraus hatte ihm sein Vorgesetzter offenbar die ganze Niederlassung in Singapur anvertraut, machte ihn gleichsam zum Fuchs im Hühnerstall, zum Kontrolleur in eigener Sache. Es gab kein Buchführungs- und kein Anlage-Controlling. Insofern war es kinderleicht für den 28-jährigen Hasardeur, seine wachsenden Verluste durch Scheinkonten zu vertuschen. Sein Vorgesetzter saß derweil in London und sorgte dafür, dass die angeforderten Gelder flossen.

Seinen letzten Coup versuchte Leeson im Januar 1995. Er setzte nun wirklich alles aufs Spiel in der verzweifelten Hoffnung, dass der Nikkei-Index endlich wieder steigen würde. Es mutete wie ein göttliches Strafgericht an, als am 17. Januar auch noch die Städte Kobe und Osaka von einem Erdbeben erschüttert wurden und der Nikkei-Index daraufhin endgültig in den Keller sauste. Leesons letzter Coup war fehlgeschlagen.

Am folgenden Morgen sah sich Baring's mit Verlusten in Höhe von 1,3 Milliarden Dollar konfrontiert. Das waren 700 Millionen mehr, als man an Devisenreserven besaß. Einen Monat später ging die Bank in Konkurs und Leeson ins Gefängnis. 4000 Arbeitsplätze waren in Gefahr. Ein 200 Jahre altes Traditionshaus gab es nicht mehr.

Diese Geschichte stammt zwar aus dem Bankgewerbe, könnte sich aber auch in jeder anderen Branche so ähnlich abgespielt haben – im Flugzeugbau, in der Freizeitparkbranche, bei U-Bahn-Betreibern oder in Sporttaucherschulen. Jede Rolle verlangt ein gewisses Maß an Genauigkeit und Sicherheit. Folglich ist jeder Beschäftigte gehalten, gewisse Minimalstandards einzuhalten. Gute Manager sehen ihre Aufgabe darin, sicherzustellen, dass ihre Mitarbeiter über diese Anforderungen genau Bescheid wissen und in der Lage sind, sie hundertprozentig zu erfüllen. Sollte sich hier ein Konflikt mit dem Individualitätsgedanken ergeben, so ist das nicht zu ändern.

Schrankenlose Delegation von Verantwortung kann, wie gesehen, ruinös sein.

Faustregel 2: »Normenregel«

Die Mitarbeiter müssen festen Vorgaben folgen, insoweit diese Teil des Unternehmens- oder Branchenstandards sind.

Normen lassen sich im Grunde überhaupt nicht überschätzen. Damit meinen wir nicht moralische oder ethische Standards, sondern ganz allgemeine Normen – Sprachen, Symbole, Konventionen, Maßstäbe. Diese sind gleichsam die DNA der Zivilisation. Ohne unsere Fähigkeit, Normen zu entwickeln und ihnen Geltung zu verschaffen, wäre eine so komplexe Gesellschaft niemals möglich gewesen.

Normen ermöglichen die Kommunikation. Eine Sprache ist ja im Grunde nichts anderes als ein gemeinsames Normensystem. Wer die Grammatikregeln des Gegenübers nicht versteht, kann sich auch nicht mit ihm unterhalten, und wenn zwei sich über den Sinn von Symbolen nicht einig sind, schlägt Kommunikation ebenfalls fehl. Kommunikation braucht mithin immer gemeinsame Standards – sonst passiert das, was der Windows-Benutzer erlebt, wenn er ein Dokument öffnen will, das ihm sein Mac-begeisterter Freund geschickt hat.

Normen sind die Basis des Lernens. Rechnen kann man den Menschen nur beibringen, wenn alle – Lehrer wie Schüler – das gleiche System (das Dezimalsystem) benutzen. Gemeinsame Standards ermöglichen also die Vermittlung von Fertigkeiten.

Normen ermöglichen Vergleiche. Die Marktwirtschaft zum Beispiel ist ohne die Existenz eines unternehmensübergreifenden Bewertungsmaßstabs – eines Vergleichssystems – nicht denkbar. Bis zum 15. Jahrhundert aber gab es kein solches System. Erst 1494 wurde es von dem venezianischen Mönch Luca Pacioli erfunden und formalisiert – die doppelte Buchführung. Es ist heute noch in Gebrauch, an der Wall Street wie anderswo.

Entgegen einer nahe liegenden Vermutung befördern Normen die Kreativität. Nehmen wir zum Beispiel die Musik. Es gibt keinen objektiv gültigen Tonleiterstandard. Doch in Westeuropa hat sich Ende des 16. Jahrhunderts allmählich ein bestimmtes Tonsystem als Norm etabliert – die *chromatische Tonleiter*, bestehend aus zwölf Halbtönen pro Oktave, mit gleichen Intervallen zwischen den einzelnen Tönen. Auf dem Klavier entsprechen dem die sieben weißen und fünf schwarzen Tasten. Man könnte nun meinen, dies beschneide die Kreativität des Musikers. Genau das Gegenteil ist richtig, wie sich zeigte. Die 12-Ton-Beschränkung hemmte die Musiker nicht, sondern beflügelte sie. Die chromatische Tonleiter brachte im Verein mit der Formalisierung des Notenschriftsystems zwei musikalische Jahrhunderte hervor, die zum Schöpferischsten und Originellsten zählen, was die Welt je gesehen hat. So unterschiedliche Komponisten wie Vivaldi und Miles Davis und Strawinsky stehen Seite an Seite mit Madonna – sie alle benutzen die standardmäßige chromatische Tonleiter, um damit ihrer ganz individuellen Musikwelt Ausdruck zu verleihen.

Die Normen sind mithin der Code, in dem die Menschen miteinander umgehen und Entdeckungen stattfinden. Fähige Führungskräfte wissen, dass eine kooperative und kreative Organisation ohne Nutzung und Beachtung der jeweils gültigen »Codes« nicht auskommt. Juristen etwa müssen sich in Fallrecht und Rechtsprechung auskennen. Fluglotsen müssen die gängigen Navigationsprotokolle beherrschen. Buchhalter müssen in den Regeln der doppelten Buchführung firm sein. Ingenieure müssen wissen, wie man beispielsweise Radios und Fernseher konstruiert, die in der Lage sind, die auf den Standardfrequenzen ausgestrahlten Programme zu empfangen.

So wichtig Normen heute bereits sind, ihre Bedeutung wird im nächsten Jahrzehnt noch rasant zunehmen. Kevin Kelly beschreibt dies in seiner Kolumne im Magazin *Wired* so:

> Die große Ironie unserer Zeit liegt darin, dass die Ära des Computers längst vorbei ist. Alle wesentlichen Spinoff- beziehungsweise Nutzeffekte eines Stand-Alone-Rechners sind bereits realisiert. Der Computer hat zwar unser Leben ein bisschen

> schneller gemacht, aber das ist auch schon alles. Im Unterschied dazu haben all die viel versprechenden Technologien, die sich nun in den Vordergrund zu schieben beginnen, in erster Linie mit der Kommunikation zwischen Computern zu tun – mit *Verbindungen* also, nicht mit der Rechenleistung. [Hervorhebung von uns]

Verbindungen heißt Netzwerke, und Netzwerke erfordern Standards. Und da wir auf dem Weg in eine sich rasch vernetzende Welt sind, werden jene Unternehmen, die die neuen Normen – Sprachen, Plattformen, Maßstäbe, Konventionen – definieren, gegenüber den Nachzüglern einen großen Vorteil besitzen. Sie werden die Türwächter sein und genau darauf aufpassen, dass und wie die Bedürfnisse der hungrigen neuen Gemeinschaft, die sie selber mit schufen, befriedigt werden.

Gelingt es, den eigenen Standard zu *universalisieren*, hat man auch heute schon viel gewonnen. VHS und Microsoft beweisen es (VHS grub auf diese Weise Betamax das Wasser ab, und Microsoft setzte sich gegen Apple durch). In den kommenden Jahren wird sich auf diesem Gebiet noch eine Menge tun. Immer mehr Unternehmen werden sich von den Spielregeln der *old economy* verabschieden und Netzwerke aufbauen. Genau dies ist der Grund, weshalb Netscape seinen Internet-Browser verschenkt, weshalb Sprint, MCI und AT&T uns mit kostenlosen Handys locken und weshalb Sun Microsystems den Markt mit Java zu überfluten versucht. Sie alle versuchen, mit ihrem Standard die kritische Masse zu erreichen – denn nur so kann man zu *dem* Standard werden.

Da Vernetzung also so wichtig ist, müssen alle Mitarbeiter ihren Beitrag dazu leisten. So wenig, wie die Schweizer Uhrmacher damals eigene Zeiteinheiten erfinden durften, so wenig wird man dem Beschäftigten von morgen erlauben, seine eigenen Standards zu entwickeln. Angesichts der starken Konkurrenz zu Sun Microsystems etwa wird Microsoft seinen Programmierern gewiss nur in Ausnahmefällen gestatten, die Sun-Version von Java zu benutzen. Oder nehmen wir einen ganz anderen, konventionelleren Sektor: Angesichts des Schwerpunkts auf standardisierten, landesweit gültigen Leistungstests sind der Lehrplangestaltung der Lehrer zwangsläufig deutliche Grenzen gesetzt.

Dies heißt jedoch keineswegs, dass das Management der Zukunft von Rigidität und Kontrolle geprägt sein wird. Es bedeutet lediglich, dass die Mitarbeiter ihre Kreativität und Individualität in geordneten

Bahnen und im Rahmen eines vorgegebenen Standards zum Ausdruck bringen müssen. Auch hier wieder kann unbeschränkte Freiheit (beziehungsweise übertriebene Delegation von Verantwortung) für das Unternehmen existenzgefährdend sein.

Faustregel 3: »Der Weg darf nicht das Ziel verdecken«

Reglementierung ist nur dann nützlich, wenn sie das anzustrebende Ziel nicht verdeckt.

Mark B., leitender Angestellter einer Beratungsfirma, saß in der 16-Uhr-Maschine von New York nach Chicago. Diese hatte soeben den Flugsteig verlassen und rollte gemächlich auf die Startbahn zu. Plötzlich war über die Bordanlage die Stimme des Flugkapitäns zu vernehmen: »Verehrte Passagiere, über Chicago herrscht momentan schlechtes Wetter, sodass derzeit weder Starts noch Landungen möglich sind. Unser Flug wird sich daher leider etwas verzögern. Wir geben Ihnen Bescheid, sobald wir Näheres wissen.«

Der Passagier hört so eine Mitteilung ausgesprochen ungern. Warten ist schlimmer als ein abgesagter Flug. Bei Letzterem hat man wenigstens Klarheit und kann anderweitig planen. Mit dem Wetter aber ist keine Rechnung zu machen. Das Warten kann lange dauern – wenn man Glück hat, fünf Minuten; hat man Pech, zwei Stunden oder mehr.

Also winkte Mark der Stewardess: »Sagen Sie, bitte, wäre es nicht möglich, zurückzurollen und uns noch einmal aussteigen zu lassen?«

Mark war offenbar nicht der Einzige, der diese Bitte äußerte, denn die Stewardess schüttelte bereits den Kopf. »Tut mir leid, Sir, aber wir wollen unseren Startplatz nicht verlieren. Außerdem kann das Startverbot jeden Moment aufgehoben werden.«

Mark lächelte etwas gequält und begann zu überlegen, wie er die Zeit nutzen konnte. Computer waren nicht erlaubt, und um die drei Telefonleitungen stritten sich bestimmt schon hundert andere Fluggäste. Da ihm nichts Besseres einfiel, sah er gelangweilt zum Fenster hinaus. Drei Stunden später tat er das noch immer. Ganze Schwadrone von Flugzeugen hatte er in der Zwischenzeit abfliegen sehen; offenbar aber wollte keines davon nach Chicago. In der Hoffnung, nun mehr Glück zu haben, winkte er die Stewardess noch einmal zu sich und versuchte es erneut, diesmal argumentativer:

»Schauen Sie, wir warten hier schon den ganzen Nachmittag. Wäre es denn nicht besser, zum Flugsteig zurückzukehren? Für *uns* wäre das gut. Für *Sie* wäre das gut – denn Sie müssten sich nicht mit uns ungeduldigen Passagieren herumschlagen. Und für den *Flughafen* wäre es auch gut – die Läden und Restaurants würden es Ihnen danken. Also – wollen wir?«

Vermutlich aus Mitleid beugte sich die Stewardess zu ihm hinab und flüsterte ihm halb konspirativ ins Ohr: »Sir, es tut mir wirklich leid, aber einer unserer Qualitätsmaßstäbe ist pünktlicher Abflug. Der aber bemisst sich leider nicht daran, wann wir abheben, sondern wann wir das Gate verlassen. Sie verstehen, deshalb wäre es nicht gut, wenn wir in solchen Situationen noch einmal umkehren würden.«

Wir haben hier ein klassisches Beispiel vor uns, wie die Maßnahmen, die zu einem spezifischen Ergebnis führen sollen (hier: Kundenzufriedenheit), genau das Gegenteil bewirken. Geht man der Sache genauer nach, so entdeckt man, dass es noch eine ganze Reihe weiterer, eher noch zwingenderer Gründe dafür gibt, nicht zum Flugsteig zurückzukehren: Zum Beispiel bekommt das Flugpersonal ab dem Moment eine Flugzulage, zu dem die Maschine den Flugsteig verlässt.

Natürlich werden viele Piloten von selbst zu der Erkenntnis kommen, dass in einer solchen Situation die Bedürfnisse der Passagiere wichtiger sind als das zukünftige Pünktlichkeits-Rating der Fluggesellschaft oder der eigene Geldbeutel. Doch denen, die lieber in Startbahnnähe ausharren, kann im Grunde auch niemand einen Vorwurf machen. Alle Signale lenken sie ja in eine Richtung, die mit dem wichtigsten Ziel – Kundenzufriedenheit – unvereinbar ist.

Wer sich mit offenen Augen umsieht, merkt schnell, dass es viele Beispiele dieser Art gibt – dass Maßnahmen also genau das konterkarieren, wozu sie eigentlich geschaffen wurden. Im Rahmen der vielen Qualitätsinitiativen der letzten Jahre kamen viele Hotelreservierungszentren zum Beispiel zu dem Schluss, dass es darauf ankomme, eingehende Anrufe spätestens nach dem dritten Klingeln entgegenzunehmen. Stellenbeschreibungen wurden geändert, Abteilungen umorganisiert und Entgeltsysteme modifiziert – alles um sicherzustellen, dass die für Reservierungen zuständigen Mitarbeiter auf Draht sein würden. Allmählich aber stellte sich heraus, dass es den Anrufern ziemlich egal war, wie schnell das Telefon abgenommen wurde. Wichtig war ihnen nur, dass der Mitarbeiter sie gut bediente, wenn sie ihn endlich an der Strippe hatten, und alle ihre Fragen umfassend beantwortete. Frustriert waren sie hingegen, wenn der Mitarbeiter keine Zeit für sie hatte und möglichst rasch auflegen wollte, um den nächsten Anrufer zu bedienen. Die Einhaltung des festgelegten Prozedere war hier offenkundig für wichtiger gehalten worden als das eigentlich zu erreichende Ziel.

Das wohl augenfälligste Beispiel ist indes die Vorgabe eines kompletten »Rollenskripts«. Viele Verantwortliche sind offenbar der Auffassung, eine einheitlich hohe Dienstleistungsqualität lasse sich nur sicherstellen, wenn man den Mitarbeitern jedes Wort in den Mund legt. Kommt Ihnen eine Durchsage wie diese nicht auch bekannt vor?

»Willkommen in ... Es ist 20:06 Uhr Ortszeit. Bitte bleiben Sie zu Ihrer und unser aller Sicherheit noch in Ihren Sitzen, bis wir am Flugsteig angekommen sind. Seien Sie bitte vorsichtig, wenn Sie Ihr Handgepäck aus den Gepäckfächern nehmen. Falls ... Ihr Zielflughafen ist, willkommen daheim. Andernfalls wünschen wir Ihnen noch einen angenehmen Weiterflug. Wir hoffen, dass Sie mit uns zufrieden waren, und würden uns freuen, Sie bei nächster Gelegenheit wieder an Bord begrüßen zu dürfen.«

Man könnte meinen, die Luftfahrtbehörde verlange von jedem Flugbegleiter, diesen oder einen ähnlichen Standardtext auswendig zu können. Dabei verlangt sie in Wahrheit nichts weiter, als dass die Passagiere über grundsätzlich Wichtiges informiert werden: Sicherheitsgurte, Sauerstoffmasken, Notausgänge und Evakuierung zu Wasser, falls der Flug über den Ozean führt. Der gesamte Rest des Skripts stammt von Managern, die einen einheitlich guten Service sicherstellen wollen. Manche Airlines verlangen, dass sich die Mitarbeiter Wort für Wort daran halten. Andere verstehen es mehr als Richtlinie. Die Verbindlichkeit der Vorgabe mag also variieren, doch werden die Flugbegleiter in der Regel ermutigt, das Skript zu verwenden, um die Passagiere – so die Absicht – mit Wärme und Aufmerksamkeit zu behandeln.

Gut gedacht. Wärme und Aufmerksamkeit sind aber leider echte Gefühle, die von innen kommen müssen. Ein Standardtext kann noch so gut gemeint sein, den Eindruck echter Gefühle wird er kaum vermitteln, auch wenn der oder die Vortragende es ehrlich meint. Das Problem hierbei liegt nicht darin, dass das Management den Mitarbeitern einen Text an die Hand gab – jeder Beschäftigte, insbesondere der Neuling, ist für solche Unterstützung sehr dankbar. Das Problem ist vielmehr, dass die Leistungsmessung sich an der Einhaltung des vorgegebenen Textes statt an der Herzlichkeit gegenüber den Passagieren orientiert. Die Methode hat sich selbstständig gemacht und den Inhalt verdrängt.

Southwest Airlines ist eine der wenigen Fluglinien, denen es konsequent auf den Inhalt, nicht auf die Form ankommt. Nicht umsonst hat das Unternehmen in den letzten sechs Jahren jeweils den »Dreifach-Oscar« gewonnen – für die wenigsten Reklamationen, den zuverlässigsten Gepäckdienst, die pünktlichste Linie. Ellen P., verantwortlich für die Schulung der Crews, meint:

»Hier bei Southwest dreht sich alles um den Spaß bei der Arbeit. Sicherheit ist wichtig, keine Frage – alle Flugbegleiter müssen die Vorschriften der Luftfahrtbehörde kennen und beachten. Aber ansonsten geht es um nichts anderes, als den Passagieren das Leben schön zu machen. Wie der oder die Einzelne das macht, liegt im freien Ermessen. Wir wollen nicht, dass alle gleich auftreten. In den Schulungen bekommen die Leute Ideen und Hilfsmittel an die Hand. Einsetzen soll sie jeder in der Weise, die am besten zu ihm passt. Beispielsweise bekommt jeder Flugbegleiter unser *Fun Book*. In diesem Handbuch stehen Witze, Spielanleitungen, Lieder. Jede Menge Ideen also, wie man die Leute bei Bedarf unterhalten kann. Wem das aber nicht passt, der braucht sich nicht daran zu halten. Es klingt simpel, doch in meiner Abteilung hier machen wir nichts anderes, als den Mitarbeitern zu helfen, das Beste aus *sich* herauszuholen. Vom Klonen halten wir nichts.«

Southwest Airlines lässt also dem einzelnen Mitarbeiter freie Hand, wie er das zu erreichende Ziel (»Der Kunde soll sich wohl fühlen«) umzusetzen gedenkt. Oder formulieren wir es mit Ellens Worten:

»Bei Southwest wollen wir, dass jeder Mitarbeiter sein eigenes Farbenspektrum entwickelt.«

Faustregel 4: »Kundenzufriedenheit lässt sich nicht nach Drehbuch erzeugen«

Die Erfüllung der wichtigsten Erwartungen kann nur Unzufriedenheit verhindern. Zufriedenheit lässt sich damit nicht sicherstellen.

In praktisch jeder Branche kommt es in erster Linie auf Kundenzufriedenheit an. Allen, Vorgesetzten wie Mitarbeitern, muss es darum gehen, die Basis treuer Kunden zu verbreitern. Neukunden sollen also gewonnen und möglichst stark für die eigenen Produkte begeistert werden. Begeisterte Kunden sind daran erkennbar, dass sie nicht nur nicht abspringen, sondern das Unternehmen gerne weiterempfehlen. Begeisterte Kunden stellen gleichsam eine riesige Vertriebsmannschaft dar, deren Dienste völlig kostenfrei sind. Von ihnen hängt mithin dauerhaftes Wachstum ab. Sie sind weit wichtiger als Marketing, Werbung oder Preis. Die Frage ist nur: Wie bekommt man diese wertvolle Unterstützung?

In den letzten 20 Jahren hat Gallup über eine Milliarde Kunden befragt, um herauszufinden, worauf es ihnen wirklich ankommt. Erstens ergab sich (wie zu erwarten war), dass die Kundenbedürfnisse von Branche zu Branche variieren. Zu ihrem Arzt haben die Leute eben ein anderes Verhältnis als zum Elektriker, und das Verhältnis zum Kontoführer bei der Bank ist persönlicher als jenes zum Gemüsehändler an der Ecke.

Unsere zweite Entdeckung war schon überraschender. Trotz dieser augenfälligen Unterschiede nämlich schälten sich vier über alle Branchen und Menschentypen hinweg bemerkenswert konstante Kundenerwartungen heraus. Diese vier Erwartungen sind zudem hierarchisch aufgebaut. Man muss also unten beginnen. Erst wenn die tieferrangigen Anforderungen erfüllt sind, ist der Kunde bereit, höherrangigere Erwartungen aufzubauen. Diese Erwartungssequenz zeigt den Unternehmen also exakt, was zu tun ist, um potenzielle Kunden zu begeisterten Stammkunden zu machen.

Stufe 1: Auf der untersten Ebene erwarten die Kunden *Genauigkeit*. Der Hotelgast erwartet, dass er das Zimmer bekommt, das er sich reservieren ließ. Die Kontoauszüge der Bank müssen exakt stimmen.

Der Restaurantgast will exakt das serviert bekommen, was er bestellt hat. Die Mitarbeiter können noch so freundlich sein – wenn es mit der Genauigkeit und Sorgfalt hapert, ist der Kunde nicht zu halten.

Stufe 2: Die nächste Stufe heißt *Verfügbarkeit*. Von ihrer bevorzugten Hotelkette erwarten die Kunden, dass sie in allen größeren Städten vertreten ist. Von ihrer Bank erwarten sie bequeme Öffnungszeiten und genügend Schalter, damit keine Warteschlangen entstehen. Das Lieblingsrestaurant darf nicht allzu weit entfernt sein, muss gute Parkmöglichkeiten bieten sowie Kellner, die man nicht erst mehrmals rufen muss, bevor man bedient wird. Wer diesbezüglich am besten ist, hat zwangsläufig den größten Zulauf – jedenfalls probiert der Kunde das Angebot gern einmal aus. Dies erklärt etwa die Zunahme von Autoschaltern, Geldautomaten und – neuerdings – den Aufschwung von Internet und elektronischem Geschäftsverkehr.

Zu diesen niederrangigen Erwartungen einige Anmerkungen. Einerseits sind sie – glücklicherweise – recht leicht zu erfüllen. In beiden Fällen lässt sich sehr gut auf geeignete Technologien oder Methoden zurückgreifen.

Dies hat andererseits aber auch den Nachteil, dass sich derlei Ansätze und Lösungen leicht kopieren lassen. Ein wegen seiner Spitzenlage erfolgreiches Restaurant wird sich schon bald von Konkurrenten umgeben sehen, die ebenfalls auf diese Karte setzen. Das innovative Paketverfolgungssystem von Federal Express zum Beispiel wurde rasch von UPS, Airborne und der staatlichen Post kopiert. Und auch Geldautomaten sind heute alles andere als eine Besonderheit. Jede erfolgreiche Lösung zur Befriedigung dieser niederrangigen Erwartungen entwickelt sich also rasch von einem Wettbewerbsvorteil auf Normalstatus zurück. Auch die genialste Idee kann daran nichts ändern.

Drittens schließlich – und dies ist der eigentlich entscheidende Punkt – kann die Erfüllung dieser beiden Erwartungen nur Kundenunzufriedenheit verhindern. Wenn das Elektrizitäts- oder Wasserwerk eine stimmige Abrechnung schickt, bricht der Kunde deswegen ja nicht in Jubel aus. Genauigkeit wird vielmehr erwartet und verlangt. Der Kunde reagiert nur, wenn er etwa den Eindruck hat, seine Stromrechnung enthalte den Verbrauch des Nachbarn gleich mit. Ganz ähnlich ist es, wenn sich der Handwerksbetrieb auf einen passenden Termin zur Durchführung der Arbeiten einlässt. Auch da macht der Kunde keine Freudensprünge, sondern gibt höchstens einen erleichterten Seufzer von sich, weil ihm Frustrationen diesmal erspart blieben.

Sorgfalt und Verfügbarkeit sind zweifellos wichtig. Unternehmen, die diese Erwartungen ständig missachten, werden kaum bestehen können. Doch beide sind nur notwendige, keine hinreichenden Bedingungen. Wer aus potenziellen Kunden Stammkunden machen möchte, muss noch wesentlich mehr bieten.

Zwei weitere Erwartungen kommen nämlich hinzu. Diese verhindern nicht nur Unzufriedenheit, sondern sind positiv orientiert und machen – falls beständig erfüllt – den noch unsicheren Kunden zum begeisterten Geschäftspartner. Dies ist die Basis einer guten Mundpropaganda.

Stufe 3: Auf dieser Stufe ist *Partnerschaft* verlangt. Der Kunde erwartet Zuwendung und Verständnis, will das Gefühl, mit seinem Lieferanten im selben Boot zu sitzen.

Dienstleistungsunternehmen haben die Bedeutung dieser Partnerschaftserwartung schon lange erkannt. Bei Wal-Mart zum Beispiel stehen freundliche ältere Damen oder Herren am Eingang, um die Kunden herzlich und möglichst namentlich zu begrüßen. Die Fluglinien richten »Treueclubs« ein, um Vielfliegern Sonderkonditionen einzuräumen. In Videogeschäften wiederum gibt es häufig eine Ecke, in der das ausgestellt ist, was die Mitarbeiter aus eigener Erfahrung empfehlen. Die Botschaft ist klar: »Wir sind wie Sie. Auch wir schauen uns gern Videos an.«

Auch andere Branchen haben in letzter Zeit gemerkt, wie wichtig es ist, die Welt mit den Augen des Kunden zu betrachten. Im Geiste der Partnerschaft bietet Levi's inzwischen maßgeschneiderte Jeans an. Das Hosengeschäft nimmt Maß und gibt die Daten unmittelbar an den Hersteller weiter, der dann eine Einzelanfertigung vornimmt.

Ein anderes Beispiel ist Snapple, ein Getränkehersteller. Zu seinen Zielkunden zählen Hochschulstudenten. Um den Umsatz zu steigern, arbeitet die Firma mit Preisen: Wer die richtige Losnummer im Deckel seiner Flasche hat, kann gewinnen – nicht eine beliebige Summe Geldes, sondern einen Preis, der speziell auf die Bedürfnisse der jungen Verbraucher zugeschnitten ist. Der 1. Preis zum Beispiel präsentiert sich wie folgt: »Lassen Sie uns ein Jahr lang Ihre Lebenshaltungskosten übernehmen: 12 x 1 000 Dollar!«. Beim 2. Preis sind es etwa die Kfz-Kosten für ein Jahr (12 x 300 Dollar). Selbst die Kleinpreise – einmalige Leistungen – orientieren sich am Konsumverhalten junger College-Studenten – 100 Dollar zum Beispiel, angepriesen als »Lassen Sie uns einen Monat lang Ihre Telefonrechnung übernehmen«. Klar, nur ganz wenige College-Studenten gewinnen tatsächlich. Doch durch diese Präsentation gelingt es Snapple immerhin, diesen Jungkunden eine wichtige Botschaft zu vermitteln: »Wir verstehen Sie! Wir sind auf Ihrer Seite!«.

Die meisten Unternehmen – ob im industriellen oder Dienstleistungssektor – haben heute begriffen, dass ein Kunde, der sich verstanden fühlt, echter Zufriedenheit einen Schritt näher ist – und damit auch positiver Mundpropaganda.

Stufe 4: Die höchste Kundenerwartung heißt *Beratung*. Die Kunden fühlen sich jenen Organisationen am stärksten verbunden, die sie in ihrem Lernprozess unterstützen, also voranbringen. So ist es beispielsweise kein Zufall, dass Schulen und Universitäten so starke Alumni-Vereinigungen besitzen. Dieser Lernfaktor wird jedoch in allen Bereichen geschätzt. Die großen Wirtschaftsprüfungsgesellschaften etwa versuchen inzwischen verstärkt, ihre Kunden auch bei der Verbesserung ihres Finanzmanagements zu unterstützen. Home Depot wiederum, ein großer US-Heimwerkerbaumarkt, wirbt intensiv mit seinen Fachkräften, die dem Kunden konkret zeigen, wie man es macht – von der Pflanzenpflege bis zum Hausbau. Amazon.com, der führende Internet-Buchladen, hat nicht zuletzt deshalb so großen Erfolg, weil der Kunde als Anregung eine Leseliste geboten bekommt, die sich aus dem zusammensetzt, was andere Kunden, die das gleiche Buch bestellt haben, sonst noch lesen. Wohin man blickt, überall versuchen die Unternehmen, ihre Kassierer/Verkäufer/Angestellten in »Berater« umzufunktionieren. Sie haben offenkundig erkannt, dass Lerngewinne Loyalität erzeugen.

Partnerschaft und Beratung bilden demnach bei den Kundenerwartungen das Topniveau. Wenn es gelingt, diese Erwartungen beständig zu erfüllen, werden aus potenziellen Kunden von ganz alleine treue Kunden.

Die entscheidende Frage lautet nun natürlich: Wie schafft man es, diesen höherrangigen Erwartungen gerecht zu werden? Die Antwort liegt selten im technologischen oder methodischen Bereich. Der Kunde wird nur dann den Partner entdecken, wenn der Mitarbeiter, der ihn bedient hat, freundlich und entgegenkommend war. Mit anderen Worten: Um der Partnerschaftserwartung zu entsprechen, braucht das Unternehmen an der Kundenfront Mitarbeiter, die den richtigen Ton und die richtigen Worte finden, den Kunden also individuell behandeln. Per definitionem entzieht sich dies der Reglementierung und Standardisierung. Ein Partnerschaftsgefühl baut sich immer nur in der konkreten Situation auf. Es liegt alles in den Händen des jeweiligen Mitarbeiters.

Das Gleiche gilt für die Beratung. Amazon.com mag eine technologische Lösung gefunden haben, doch dies ist die Ausnahme. Im Regelfall findet Beratung im direkten Kontakt statt, im Dialog zwischen Mitarbeiter und Kunden. Angesichts dessen können die Vorgesetzten ihre Untergebenen wohl ermutigen, darauf zu achten, dass ihre Kunden einen Wissenszuwachs erfahren und echt profitieren. Doch diese Interaktionen verlangen naturgemäß viel Einfühlungsvermögen. Nicht jeder Bankkassierer und nicht jede Verkäuferin findet das richtige Wort zur richtigen Zeit. Technologie kann wohl unterstützen; empfohlene Vorgehensweisen können wohl Anhaltspunkt sein. Doch der Lerngewinn des Kunden hängt in jedem Moment davon ab, was vom Mitarbeiter »rüberkommt«.

Gallups Forschungen bestätigen, was dem guten Manager intuitiv klar ist: Wer Mitarbeiter nach Drehbuch agieren lässt, kann aufseiten des Kunden allerhöchstens Unzufriedenheit verhindern. Wer wirklich zufriedene Kunden möchte, wer auf gute Mundpropaganda setzt, braucht mehr als ein formales Prozedere. Ein solches Unternehmen ist auf Mitarbeiter angewiesen, die zuhören und vermitteln können. Gleichzeitig gilt es diese Talente richtig zu kanalisieren, das heißt auf einfache emotionale Ziele wie »Partnerschaft« und »Beratung« auszurichten. Dies ist zweifellos nicht einfach, besitzt aber seinen ganz besonderen Reiz. Denn wer hierbei erfolgreich ist, kann sicher sein, dass ihm so schnell niemand den Rang abläuft.

Alle diese Faustregeln helfen dem guten Manager, den richtigen Mittelweg zu finden zwischen Strukturierung und Freiheit, zwischen Reglementierung und Eigeninitiative. Auch wenn manche Aspekte einer Rolle die Einhaltung von Normen oder Verfahrensweisen verlangen mögen – eines gilt immer: Gute Führungskräfte legen das Schwergewicht auf die *Ergebnisse*, die es bei einer bestimmten Tätigkeit zu erreichen gilt. Diese Ziele nutzen sie zur Motivierung, Orientierung und Evaluierung ihrer Mitarbeiter. Es sind immer die Ziele, auf die es ankommt.

Wofür werden Führungskräfte eigentlich bezahlt?

Sich auf Ziele zu konzentrieren ist eine Sache. Die *richtigen* Ziele herauszufinden ist etwas völlig anderes. Wie also lassen sich Zielsetzungen richtig definieren? Wie lässt sich aus all den vielen Möglichkeiten das wirklich Wichtige herausfinden?

Sie ahnen es: Es gibt hierzu keine formale Methode. In erster Linie braucht es dazu eine gewisse Begabung. Doch wenn Sie dieses kostbare Talent der Fokussierung und Differenzierung besitzen, erübrigt sich auch schon jede Methodik, da Sie dann sicherlich auf eigenen Wegen an Ihr Ziel gelangen. Trotzdem dürfte es hilfreich sein, einige einfache Richtlinien, wie sie von den erfolgreichsten Führungskräften dieser Welt angewandt werden, zu beachten. Sie werden merken, dass deren Umsetzung gar nicht so einfach ist.

Richtlinie 1: Was ist für den Kunden gut?

Dies ist die allererste Frage, die Sie sich stellen sollten. Was immer Sie persönlich denken mögen – wenn der Kunde von einer Zielsetzung offenkundig nicht viel hält, sollten Sie sie rasch vergessen. Hierin liegt ja ein Grundprinzip der Marktwirtschaft. Umso mehr muss man sich wundern, dass viele Unternehmen – sei es aus Gewohnheit, sei es aus Besserwisserei – offenbar glauben, solche Funktionsprinzipien ignorieren zu können.

Nehmen wir noch einmal das Beispiel Fluglinien (jede andere Branche täte es jedoch genauso). Die meisten Airlines legen Wert darauf, dass ihre Flugbegleiter vor allem anderen auf Sicherheit achten. Eine nicht untypische Ansage des Flugkapitäns lautet etwa so: »Verehrte Fluggäste, unser Flugpersonal ist in erster Linie zu Ihrer Sicherheit da. Daneben wollen wir Ihnen den Flug natürlich so angenehm wie möglich machen. Lassen Sie es uns also bitte wissen, wenn Sie einen Wunsch haben.« Dahinter steht offenkundig die Botschaft: Unsere Flugbegleiter sind Sicherheitsprofis, keine Kellner. Zuallererst kommt die Sicherheit. Alles andere – wie freundlicher Service, Aufmerksamkeit usw. – zählt zu den Extras.

Solche Gesellschaften vergessen, dass der Kunde sich seine Fluglinie in der Regel nicht nach Sicherheitskriterien auswählt. Sicherheit wird schlicht vorausgesetzt. Der Kunde ist mit diesem Leistungsmerkmal keineswegs zu beeindrucken. Folglich ist eine Fluggesellschaft schlecht beraten, diese Zielsetzung besonders zu betonen.

Auch hier wieder erweist sich Southwest Airlines als positive Ausnahme. Sicherheitsprofis sind die Flugbegleiter natürlich auch hier, doch ist Sicherheit nicht der entscheidende Arbeitsinhalt. Spaß steht im Zentrum. Der engagierte Chef des Unternehmens, Herb Kelleher, hat es verstanden, sich in den Fluggast hineinzuversetzen. Er weiß, dass Fliegen mit Stress verbunden ist. Er weiß, dass es nie ganz gelingen kann, die Passagiere von Angst und Frustration zu befreien. Deshalb setzt er zum Ausgleich darauf, die Flugreise so schön und erholsam wie nur möglich zu gestalten. Deshalb die Lieder, die Witze, das Drumherum. Kellehers Intuition stellt sicher, dass die Southwest-Mitarbeiter dem richtigen Ziel verpflichtet sind.

Intuition ist eine feine Sache, doch es gibt auch andere, pragmatischere Ansätze, um die Welt mit den Augen des Kunden zu betrachten. Adrian P. zum Beispiel, Chef zweier Autohäuser, arbeitet mit Fokusgruppen, um die aktuellen Kundenanforderungen und -tendenzen zu ermitteln. Diese Gruppen werden alle zwei Monate aus den Käufern der letzten Zeit neu zusammengesetzt. Die Vordenker (*imagineers*) der Walt Disney Company – jene hoch kreativen Themenparkentwickler – sind ständig irgendwo vor Ort, mischen sich unter die Gäste, testen das Angebot.

Kundenbefragungen sind ein weiteres, etwas komplizierteres Instrument, um herauszufinden, was der Kunde denkt und will. Wer sich die Mühe macht, einen entsprechenden Fragebogen zu entwerfen, kann zweifellos alles Mögliche erfahren. Freilich kommt es darauf an, *das Wesentliche* zu ermitteln. Die Fragen sollten also in einem möglichst engen Zusammenhang zu dem stehen, was die Kundenzufriedenheit im Kern ausmacht, was für die Weiterempfehlung von Bedeutung ist und Folgekäufe nach sich zieht. Mit dieser Methode arbeitet auch Gallup mit großem Erfolg. Wir konnten so schon vielen Klienten helfen, jene wenigen emotionalen Zielsetzungen zu ermitteln, die aus Kundensicht wirklich wichtig sind.

Ein großes Versicherungsunternehmen beispielsweise wollte die versicherten Ärzte für eine qualitativ gute Patientenversorgung verantwortlich machen. Gründe dafür gab es genug – etwa die Tatsache, dass unzufriedene Patienten tendenziell längere Krankenhausaufenthalte aufweisen, eher auf Regress klagen und relativ häufiger versterben. Für eine Versicherung sind dies natürlich keine Peanuts. Insofern wäre es verständlich, wenn sie versuchen würde, die Ärzte zu reglementieren und detaillierte Verfahrensvorschriften zu erlassen. Doch das Unternehmen widerstand dieser Versuchung. Stattdessen wandte man sich an Gallup, um untersuchen zu lassen, welche emotionalen Zielsetzungen für den Patienten im Vordergrund stehen. Wir fanden heraus, dass neben der grundlegenden Fachkompetenz des Arztes (und dem damit verbundenen Vertrauen des Patienten) nur noch vier Dinge wirklich wichtig sind:

- Der Patient will nicht länger als 20 Minuten warten müssen. (Verfügbarkeit)
- Der Patient will das Gefühl haben, dass sich jemand um ihn kümmert. Dies muss nicht einmal der Arzt selbst sein. Es kann auch die Rezeptionistin oder die Helferin/Krankenschwester sein. (Partnerschaft)
- Der Patient erwartet vom Arzt eine verständliche Aufklärung über seinen gesundheitlichen Zustand. (Partnerschaft)
- Der Patient erwartet vom Arzt eine Therapie, die er möglichst in den eigenen vier Wänden durchführen kann. (Rat)

Wer diese Punkte nach einem Arztbesuch positiv beantworten kann, wird den Arzt bestimmt eher weiterempfehlen und selber wiederkommen als jemand, der die vier Punkte negativ beurteilt. Entsprechend positiv dürften auch die Auswirkungen auf die Prozess- und Sterbequote sein. Anhand dieser vier emotionalen *Zielsetzungen* war das Versicherungsunternehmen nun also in der Lage, die Ärzte für die Qualität ihrer Leistungen verantwortlich zu machen, ohne ihnen deshalb detaillierte Auflagen verpassen zu müssen.

Richtlinie 2: Was ist gut für Ihr Unternehmen?

Wichtig ist zunächst, dass die Ziele, die Sie Ihren Mitarbeitern vorgeben, nicht im Widerspruch stehen zur Unternehmensstrategie. Dies mag selbstverständlich klingen, ist es aber nicht. Angesichts des rapiden Veränderungstempos in der heutigen Wirtschaft ist es für die Führungskräfte nicht immer leicht, Schritt zu halten.

Unterscheiden muss man in diesem Zusammenhang freilich zwischen »Mission« (Auftrag) und »Strategie«. Der Unternehmensauftrag sollte im Prinzip konstant bleiben, denn aus ihm beziehen Generationen von Beschäftigten Sinn und Zweck ihrer Tätigkeit. Die Unternehmensstrategie hingegen stellt einfach das effektivste Mittel dar, um diesen Auftrag zu erfüllen. Die Strategie sollte sich mithin je nach Geschäftsklima ändern, sprich: veränderten Bedingungen anpassen.

Nehmen wir beispielsweise den Auftrag, den sich die Walt Disney Company von Anfang an gegeben hat: mit wunderbaren Geschichten die Fantasie der Menschen zu beflügeln. In der Vergangenheit lautete die Doppelstrategie: Filme und Themenparks. Heute jedoch ist die Strategie aufgrund des größeren Wettbewerbs viel breiter: Kreuzfahrtschiffe kamen hinzu, Broadway-Shows, Videospiele, Verkaufsläden. Bran Ferren, geschäftsführender Vice President für den Bereich Forschung und Entwicklung in der Ideenschmiede Walt Disney Imagineering, beschreibt es so: »Zukunftsfähige Unternehmen brauchen Fünf-Jahres-Pläne. Gleichzeitig aber müssen sie bereit und in der Lage sein, diese Pläne jährlich zu ändern und anzupassen. Nur so können sie überleben.«

Während diese ständige Strategieüberprüfung für das Wohlergehen des Unternehmens von entscheidender Bedeutung ist, bringt sie die Manager und Vorgesetzten doch auch in eine ziemlich schwierige Lage. Sie sind ja die Mittelspersonen, deren Aufgabe es ist, den Mitarbeitern die geänderte Strategie zu erläutern und in klar definierte Leistungsziele zu übersetzen.

Mitunter mag dies einfach sein. Wenn die neue Unternehmensstrategie beispielsweise auf eine Steigerung des Marktanteils statt des Gewinns ausgerichtet ist, heißt dies für den einzelnen Vertriebsmitarbeiter ganz einfach, dass er sich künftig am »Umsatzvolumen« statt an der »Gewinnmarge pro Abschluss« zu orientieren hat.

Die Strategieänderungen können aber auch radikalerer Natur sein. In diesem Falle hat der Vorgesetzte es mit der Zielvorgabe nicht mehr ganz so einfach. Jahrelang hieß für viele Hightechfirmen beispielsweise die wirkungsvollste Strategie »Innovation«. Dies erklärt die immensen Forschungsbudgets, die große Zahl lässig gekleideter, aber umso kreativerer Softwareentwickler und die etwas chaotische Infrastruktur dieser Firmen. In letzter Zeit aber hat sich der Strategiefokus geändert. Für die großen, dominierenden Marktteilnehmer jedenfalls ist es inzwischen wichtiger, die kritische Masse zu erreichen, um Industriestandard zu werden – Innovation verliert an Bedeutung. Innovationen lassen sich bei Bedarf einkaufen, etwa durch Übernahme kleiner Garagenfirmen. Dies bedeutet natürlich, dass die Großen ihren gesamten Geschäftsbetrieb reorganisieren müssen, um sicherzustellen, dass alles in die gleiche Richtung läuft – Ziel: Verbreitung der neuen Sprache/Plattform/Entwicklung im Markt. Dies ist schwierig für die Manager; denn sie müssen zusehen, dass sie die Zielsetzungen der einzelnen Mitarbeiter rasch anpassen und neue Möglichkeiten der Erfolgsmessung finden. Beispielsweise wird es jetzt mehr auf die Anzahl der Nutzer als den Ertrag pro Nutzer ankommen.

In Umbruchzeiten freilich ist der Strategiewandel so groß, dass auch eine noch so klare Neudefinition der Ziele nicht mehr genügt, weil der vorhandene Mitarbeiterstamm den Anforderungen einfach nicht mehr gewachsen ist. In einer solchen Situation ist es leider nicht möglich, die Mitarbeiter einfach »umzupolen«. Hightechfirmen kennen das Problem. Nicht wenige sind gescheitert mit ihrem Versuch, aus fähigen Softwareentwicklern fähige Vermarkter zu machen. Und Gleiches gilt für die Banken. Ein guter Kassierer ist noch lange kein guter Verkäufer. Hier bleiben nur zwei Optionen: Entweder es gelingt, in dem neuen Kontext Rollen zu finden, die den Begabungen dieser Mitarbeiter entsprechen. Oder aber Kündigung.

Richtlinie 3: Was ist gut für den Mitarbeiter?

Dennis Rodman ist wohl der beste Basketballer, den es je gab. Der auffälligste und extravaganteste ist er allemal. Sein Haar färbt er jede Woche anders. Er trägt gern Frauenkleider, leidet ein wenig an Verfolgungswahn und ist im Übrigen ein ziemlich explosiver, gänzlich unberechenbarer Mensch. Wie kann man es schaffen, aus einem solchen Menschen Topleistung herauszuholen beziehungsweise ihn zu motivieren, seine Talente voll auf eine Sache zu konzentrieren und sich gleichzeitig auch noch unter Kontrolle zu halten?

In den vorausgehenden drei Spielzeiten mussten die Chicago Bulls (Rodmans Club) mindestens zwölf Spiele pro Saison ohne ihren Star auskommen, weil dieser wegen verschiedener Undiszipliniertheiten gesperrt war. Für die Saison 1997/98 ließ man sich daher eine neue Strategie einfallen. In Anbetracht sowohl der Fähigkeiten des Stars als auch der Probleme, die er zu verursachen pflegte, entwarf man einen Vertrag, der auf ganz bestimmten Konditionen (beziehungsweise Zielsetzungen) basierte. Es dürfte der leistungsbezogenste Vertrag gewesen sein, den es in der Geschichte der amerikanischen Basketballliga je gab. Rodman bekam ein Grundsalär von 4,5 Millionen Dollar garantiert. Weitere fünf Millionen wurden ihm versprochen, falls er ohne Sperre über die Runden kommen würde. Weitere 500 000 Dollar würden fällig, falls er den Titel als bester »Rebounder« zum siebten Mal gewinnen würde. 100 000 Dollar brächte schließlich noch eine positive Vorbereitungs- beziehungsweise »Assist«-Quote.

Die Zahlen sind utopisch, gewiss, doch das Konzept als solches ist auf jeden Beschäftigten anwendbar. Es lautet: Identifizieren Sie die Stärken des Mitarbeiters. Legen Sie Ziele fest, die er mit Ihnen erreichen kann. Sorgen Sie dafür, dass diese Zielvorgaben quantifizierbar beziehungsweise qualifizierbar sind. Und schon kann es losgehen.

Bei Rodman und den Chicago Bulls hat es glänzend funktioniert. In der ganzen Saison fehlte Rodman aus disziplinarischen Gründen lediglich ein einziges Mal. Den »Rebounder«-Titel holte er zum siebten Mal. Er schaffte 230 »Assists« und 147 »Turnovers« (Ballgewinne). Und die Bulls wurden Meister.

Natürlich ist es für den Manager, der für eine große Gruppe von Mitarbeitern mit identischer Rolle verantwortlich ist, relativ schwierig, zu individuellen Zielsetzungen zu gelangen. Im Umkehrfalle aber – wenn die Gruppe klein und mit vielfältigen Talenten besetzt ist – ist es unbedingt erforderlich, bei der persönlichen Zielsetzung die spezifischen individuellen Talente zu berücksichtigen. Bud Grant, der legendäre Coach der Minnesota Vikings, beschrieb es einmal so:

»Man kann nicht eine Spieltaktik entwerfen und sie dann von den Spielern einfach umsetzen lassen nach dem Motto: ›Stecker in die Dose, und die Maschine läuft‹. Die Taktik ist nutzlos, wenn man nicht weiß und berücksichtigt, wozu der einzelne Spieler in der Lage ist. Also mache ich es umgekehrt: Ich schaue mir erst die Spieler genau an und entwickle dann mein Konzept.«

Genauso macht es auch der fähige Manager, indem er seinen Leuten optimale Ziele vorgibt. Auch er wählt den Weg vom Spieler zum Spiel.

5. Schlüssel Nr. 3: Auf die Stärken kommt es an

Das Gute verstärken

Sie haben talentierte Mitarbeiter rekrutiert und die richtigen Zielsetzungen vorgenommen. Sie haben nun Ihre Leute, und die haben ihre Ziele. Wie geht es weiter? Was muss geschehen, damit jeder Mitarbeiter möglichst rasch ein möglichst hohes Leistungsniveau erreicht?

Die weltbesten Manager raten: Konzentrieren Sie sich ganz auf die Stärken des jeweiligen Mitarbeiters und versuchen Sie, seine Schwächen elegant zu umschiffen. Doch versuchen Sie nicht, die Schwächen auszumerzen oder alle in die gleiche Form zu pressen. Helfen Sie stattdessen jedem einzelnen Mitarbeiter, seine persönlichen Begabungen hervorzuholen und zu kultivieren. Ein jeder soll noch mehr zu dem werden, was er ohnehin schon ist.

Dieser radikale Ansatz basiert auf einer einzigen zentralen Einsicht: Jeder Mensch ist anders. Jedes Individuum hat seine eigene Palette von Begabungen, besitzt seine ganz eigenen Verhaltens-, Gefühls- und Bedürfnismuster. Die individuelle Begabungsstruktur ist dauerhaft und mithin unveränderbar. Jedes Individuum hat in diesem Sinne sein persönliches Schicksal.

Leider haben viele Führungskräfte davon nicht den leisesten Begriff. Individuelle Unterschiede mögen sie nicht. Sie halten sich lieber an Generalisierungen, sei das Ganze auch noch so brüchig. Im zwischenmenschlichen Umgang neigen sie zu Pauschalisierungen – etwa der Art: »Verkäufer sind meist egoistisch.« Oder: »Buchhalter sind in der Regel schüchterne Leute.«

Gute Manager sehen das anders. Sie lehnen solche Generalisierungen ab. Ihnen ist klar, dass Pauschalisierungen nur eines können: die Wahrheit verdecken. Fakt ist: Jeder Vertriebs-/Verkaufsmitarbeiter ist anders. Jeder Buchhalter ist anders. Jeder Mensch ist ein Unikat, welchen Beruf er auch ausüben mag. Und dies bedeutet: Spitzenverkäufer haben zwar bestimmte Begabungen gemeinsam; doch selbst bei dieser Elite sind die Unterschiede weitaus größer als die Gemeinsamkeiten. Ein jeder hat seine ureigene Motivationsstruktur und seinen ureigenen Überzeugungsstil.

Gute Vorgesetzte sind von dieser Individualität fasziniert. Sie fühlen sich von den feinen, doch bedeutsamen Unterschieden zwischen den Menschen angezogen, auch und gerade zwischen solchen, die auf demselben Gebiet tätig sind. Sie haben begriffen, dass Identität und Einzigartigkeit sich nicht nur darüber ausdrücken, was jemand tut (welchen Beruf jemand ausübt), sondern auch darüber, wie jemand dies tut (über seinen Stil). Peter L., Gründer und Chef einer Investitionsgüter-Leasinggesellschaft, beschreibt zwei Abteilungsleiter: Der eine ist ein hervorragender Verkäufer, hyperaktiv, alle in seinen Bann (und sein Kundennetz) ziehend. Der andere ist ein glänzender Anlagenverwalter, der es versteht, auch aus dem letzten Anlagenteil noch etwas herauszuholen, und der den profitabelsten Betrieb des ganzen Unternehmens hat. Beide füllen ihre Rolle perfekt aus.

Ein anderes Beispiel. Schulinspektor Guy H. hat zwei hervorragende Schuldirektoren in seinem Bezirk, die er wie folgt beschreibt: Der eine ist ein theoriebeschlagener Praktiker, der seine Kenntnisse mittels der Fachliteratur immer auf dem neuesten Stand hält, um seinem Kollegium unter die Arme greifen zu können. Seine Kollegin hingegen agiert rein auf Basis ihres Erziehungsauftrags sozusagen aus dem Bauch heraus, verlässt sich also ganz auf ihren pädagogischen Instinkt. Fachjargon sucht man an dieser Schule vergebens. Stattdessen spürt man eine unbändige Energie und Lernleidenschaft – und da sind alle Mittel recht.

Der gute Manager zeichnet sich vor allem dadurch aus, dass er bei jedem einzelnen seiner Mitarbeiter die Begabungen sieht. Er weiß genau, was den Einzelnen antreibt, wie er denkt, wie er sich sozial verhält und mit Menschen umgeht. In gewisser Weise ist es wie bei einem guten Romanschriftsteller: Auch für den guten Manager sind die einzelnen »Charaktere« lebendig und führen ein hochindividuelles Eigenleben. Jede »Figur« hat ihre eigenen Merkmale und Schwächen. Im Grunde geht es um nichts anderes, als jedem einzelnen Charakter zu helfen, sich voll einzubringen und seine Rolle optimal wahrzunehmen.

Die Abneigung gegen Verallgemeinerungen macht auch und gerade vor den Großkategorien Ethnie und Geschlecht nicht Halt. Natürlich ist nicht zu bestreiten, dass kulturelle Einflüsse gewisse Einstellungen und Sichtweisen prägen. Beispielsweise sieht eine wohlhabende weiße Amerikanerin von der Ostküste die Welt vermutlich etwas anders (nämlich freundlicher) als etwa ein junger Hispanoamerikaner aus Südkalifornien. Doch diese Unterschiede sind zu allgemein und zu oberflächlich, um von großem Nutzen zu sein. Viel interessanter und wichtiger ist es, die motivationalen Talente der *konkreten* weißen Mitarbeiterin oder die Beziehungstalente des *konkreten* lateinamerikanischen Mitarbeiters zu kennen. Nur so lässt sich herausfinden, wie dem Einzelnen am besten geholfen werden kann, seine Begabungen optimal in Leistung zu übersetzen. Nur so kann man den Einzelnen dabei unterstützen, sich selbst in seiner ganzen Individualität zu verstehen, einzubringen und positiv auszuleben.

Für den fähigen Manager sind die interessantesten und leistungsrelevantesten Unterschiede also die zwischen einzelnen Menschen, nicht zwischen ethnischen Gruppen oder Nationen.

Dies ist ein großartiger Ansatz mit weit reichenden Implikationen, doch streng genommen auch etwas Selbstverständliches und ganz Normales. Wie etwa für Mandy M., Leiterin einer 25-köpfigen Werbeabteilung:

»Mich interessiert das Besondere und Einzigartige an meinen Mitarbeitern. Wenn ich das herausfinden und dem Einzelnen helfen kann, es gleichfalls zu erkennen, dann läuft der Weiterentwicklungsprozess von alleine.«

Gary S., Verkaufsleiter einer Medizingerätefirma, formuliert es noch pragmatischer:

»Ich bemühe mich systematisch, an jedem meiner Mitarbeiter etwas besonders Positives zu entdecken. Beim einen ist es vielleicht sein Humor, bei einem anderen die Art und Weise, wie er von seinen Kindern redet, bei wieder einem anderen seine Geduld oder die Fähigkeit, mit Druck umzugehen. Klar, jeder hat auch vieles an sich, das mir gewaltig auf die Nerven gehen kann. Genau deshalb schaue ich ja gezielt nach dem, was ich an der jeweiligen Person mag. Auf diese Weise halte ich das Negative erst einmal fern.«

Für Mandy, Gary und andere gute Führungskräfte ist die Konzentration auf die individuellen Stärken des Mitarbeiters also ein bewusster Akt. Es gibt keinen effizienteren Weg, Menschen zu helfen, ihre Ziele zu erreichen. Es gibt keinen besseren Weg, Menschen zu ermuntern, für sich selber Verantwortung zu übernehmen. Es gibt keinen anderen Weg, dem einzelnen Menschen als Individuum Respekt zu zollen. Konzentration auf die Stärken ist der rote Faden, von dem sich alle Bemühungen eines guten Managers ableiten lassen.

Das Märchen von der Transformation

Es überrascht kaum, dass die gängige Auffassung eine gänzlich andere ist. Die These lautet: Jeder kann alles erreichen; man muss nur an seinen Träumen festhalten und sich entsprechend bemühen. Das, was du im Alltag zu sein scheinst, bist du gar nicht wirklich. Dein wahres Ich liegt tief in dir verborgen, verdeckt von Ängsten und Frustrationen. Mach dich frei davon, glaub an dich, dann kannst du auch zu deinem wahren Ich finden. Dein Potenzial wartet nur darauf, entdeckt zu werden. Der Riese in dir schlummert nur.

Wir alle kennen dieses schöne Märchen – und lieben es innig. Denn es klingt ja so erhebend und hoffnungsfroh! Wunderbar, ein Held zu sein, der seinen inneren Dämonen die Stirn bietet und das aus sich macht, was er schon immer sein wollte! Begreiflich, dass so etwas ankommt. Verständlich, dass wir gerne Filme sehen oder Bücher lesen, in denen ein strahlender Held den Sieg davon trägt, dass wir uns gern mit diesen Figuren identifizieren. Das Schöne an solchen Geschichten ist ja, dass sie uns glauben machen, jeder habe dieses Potenzial, jeder könne es abrufen, wenn die nötigen Voraussetzungen (Disziplin, Ausdauer und wohl auch das nötige Quäntchen Glück) zusammenkommen.

Von dem schönen Bild des in uns schlummernden unerschöpflichen Potenzials verführt, schlucken wir leicht die damit einhergehende bittere Pille: Um dieses Potenzial abzurufen, so die gängige Lehre, musst du deine Schwächen zunächst aufdecken und dann ausmerzen. Dieses Wundermittel der Selbstvervollkommnung wird uns bereits in der Kindheit eingetrichtert. Spätestens ab der ersten beruflichen Leistungsbeurteilung heißt es ständig, man habe noch Lücken und müsse noch »kompletter« werden. In der Regel hört man in der Folge zwar auch ein kurzes summarisches Lob, doch wenn es dann um die Details geht, spielen hauptsächlich die »Verbesserungsbereiche« eine Rolle. Immer wieder also pflegt der Vorgesetzte auf jenen wenigen Bereichen herumzuhacken, in denen man leider nicht ganz so gut ist, ja vielleicht schon immer seine Schwierigkeiten hatte. Dann macht man sich gemeinsam daran, einen neuen »Entwicklungsplan« auszuarbeiten, um die Schwächen hoffentlich ein für allemal zu überwinden. Gegen Ende seines Erwerbslebens hat man dann so viel Zeit mit »Selfimprovement« verbracht, dass man ziemlich perfekt sein sollte.

Wirklich gute Manager halten nichts von diesem Märchen. Wie alle sentimentalen Geschichten ist es tröstlich und vertraut, andererseits jedoch seltsam unbefriedigend. Der Held, fleißig seine Ecken und Kanten glättend, erscheint zwar edel und sympathisch, aber irgendwie nicht ... echt. Je mehr man diese Manager zu dieser Geschichte befragt, desto lebhafter wird ihre Kritik. Schon bald ist von der netten, freundlichen Oberfläche nichts mehr zu bemerken und die recht düsteren Botschaften, die darunter liegen, kommen zum Vorschein. Hier ihre vier Kritikpunkte:

Erstens ist das Versprechen, jeder könne alles erreichen, so er nur richtig wolle, eine recht grobe Übertreibung. Denn wenn jeder aus sich machen könne, was ihm beliebe, so impliziert dies ja, dass jeder das gleiche Potenzial besitze. Dies bedeutet Leugnung jeder Individualität. Nach dieser Theorie hat der Mensch keine einzigartigen Begabungen, drückt sich nicht durch ureigene Ziele, Fähigkeiten und Leistungen aus. »Alle sind gleich«, lautet die Botschaft vielmehr. Es gibt keine eigene, unverwechselbare Identität, kein persönliches Schicksal. Der Mensch sei im Grunde ein leeres Blatt Papier, das nur darauf warte, beschrieben zu werden.

Zweitens lautet die Botschaft: Wer sich intensiv genug bemüht, fehlendes Talent zu entwickeln, wird für seine Beharrlichkeit irgendwann belohnt. Das klingt ein wenig abgedroschen, aber doch ermutigend: »Macht nichts, wenn's beim ersten Mal nicht gleich klappt. Versuch's weiter, bleib dran!« Ein guter Manager würde so einen Rat allerdings nie geben. Und zwar aus dem einfachen Grund, weil es enorm frustrierend sein muss, immerzu gezwungen zu sein, »Untalent« (Schwächen) in Talent (Stärken) umzumünzen – sich etwa Einfühlungsvermögen, strategisches Denken oder Überzeugungskraft aneignen zu müssen.

Beharrlichkeit ist eine hervorragende Eigenschaft, wenn sie richtig eingesetzt wird, etwa dazu, eine neue Fähigkeit oder ein bestimmtes Wissen zu erwerben. Mit der nötigen Ausdauer lässt sich vielleicht sogar ein schmaler Pfad durch die »Brachland«-Regionen unseres Gehirns anlegen – etwa um das Einfühlungsvermögen stärker zu entwickeln, damit Begabungen in anderen Bereichen nicht allzu sehr unter diesem Defizit leiden. Richtet sich Beharrlichkeit jedoch in erster Linie auf die Arbeit an Begabungsdefiziten, so ist dies lediglich destruktiv – denn zerebrale »Schnellstraßen« lassen sich auch mit noch so viel Bemühen und noch so guten Absichten nachträglich nicht mehr herstellen. Wer es trotzdem versucht, wird sich überfordern und am Ende dennoch unzufrieden sein, eben weil er Unmögliches will.

Gute Manager lassen sich nicht blenden. Sie wissen, dass das verbreitete Märchen »Jeder kann alles erreichen« – so optimistisch es oberflächlich auch erscheinen mag – in Wahrheit eine fruchtlose Selbstverleugnung darstellt und nur Ressourcen verschwendet.

Drittens beschreibt die Geschichte eigentlich eine zum Scheitern verurteilte Beziehung. Der herkömmliche Manager will zwar zweifellos in guter Absicht das Beste aus seinen Mitarbeitern herausholen, beschreitet dabei aber leider den falschen Weg, indem er sich auf die Behebung von Schwächen konzentriert. Ungeachtet der vielen Stärken, die der Mitarbeiter mit Sicherheit ebenfalls besitzt, misst er ihn prinzipiell an den Bereichen, in denen er Defizite und entsprechend zu kämpfen hat. Wir kennen diese Dynamik aus vielen anderen zwischenmenschlichen Beziehungen, etwa gescheiterten Paarbeziehungen.

Fast jeder weiß, wie viel Leid mit einer schlechten Beziehung verbunden ist – wie freudlos die Tage sind, wie Enttäuschung und Resignation um sich greifen, wie man immer mehr aus der Bahn gerät. Wenn man sich an eine solche Situation zurückerinnert, wird rasch deutlich: Eine schlechte Beziehung ist selten eine, bei der sich die Partner zu wenig kennen. Im Gegenteil. Man kennt sich sogar ziemlich gut, nur ist man von dem, was man da sieht, nicht sehr begeistert. Der eine versucht den anderen umzukrempeln, nach seinem Bild »perfekter« zu machen. Oder aber zwei passen einfach nicht zusammen, reiben unentwegt ihre Schwächen aneinander. Oder der Partner hat die unerträgliche Gewohnheit, bei anderen immer nur die Schwächen zu sehen und kräftig Salz in die Wunde zu streuen. Wie immer die Gründe – man fühlt sich unverstanden, negativ definiert statt positiv.

Das gleiche Gefühl erzeugen viele Vorgesetzte bei ihren Mitarbeitern, freilich ohne es zu wollen. Selbst im Umgang mit ihren tüchtigsten Leuten beschäftigen sie sich vorwiegend mit deren Defizitbereichen. Doch Beziehungen, bei denen sich alles um die Schwächen dreht, enden niemals gut. Da helfen auch die besten Absichten nichts.

Viertens schließlich steckt hinter der gängigen Auffassung noch eine ganz negative Botschaft: Das Opfer sei ganz alleine schuld. Weniger gute Manager sehen sich in erster Linie als Mentoren. Und da sie den Unterschied zwischen Fertigkeiten und Kenntnissen (die man sich erwerben kann) und Begabungen (die man nicht erwerben kann) nicht kennen, halten sie ihren Mitarbeitern permanent und gnadenlos ihre Begabungsdefizite vor, in der Hoffnung, diese Dinge abstellen und einen »kompletten« Mitarbeiter herbeizaubern zu können. »Sie lernen das schon noch«, heißt es dann, »Sie müssen nur dran arbeiten.« Dahinter steht, wie erwähnt, die Auffassung, es liege in der Hand des Mitarbeiters etwas zu erreichen oder nicht zu erreichen. Es gibt ja schließlich Kurse! Man kann doch wohl verlangen, dass die Leute an sich arbeiten, sich ein bisschen umpolen, kontrollieren! »Die Verantwortung liegt bei dir!«, so die Botschaft. Wer dann das Unmögliche nicht schafft, spürt ständig den unsichtbaren Zeigefinger auf sich gerichtet. *Du* hast versagt. *Du* hast es nicht richtig gewollt. *Du* bist schuld.

Wer nach der gängigen Devise verfährt und seinen Mitarbeitern einredet, sie könnten ihre begabungsmäßigen Defizite in Stärken verwandeln, treibt mithin ein doppelt böses Spiel: Er lässt sie nicht nur ins offene Messer rennen, sondern schiebt ihnen auch noch die Schuld dafür zu, dass sie sich verletzen. Zynischer geht es kaum.

Aus all den genannten Gründen stehen gute Führungskräfte dem gängigen Ansatz fern. Ihre Ablehnung bedeutet indes keineswegs, dass sie Beharrlichkeit nicht zu schätzen wüssten; nur darf sie sich nicht in erster Linie auf talentarme Bereiche konzentrieren. Auch bedeutet sie nicht, dass individuelle Schwächen vollkommen ignoriert werden sollten. Jeder Mitarbeiter hat Bereiche, in denen er zu kämpfen hat, und dem gilt es angemessen Rechnung zu tragen. Wie dies geschehen kann – wie die vorbildlichen Führungskräfte mit den individuellen Schwächen ihrer Mitarbeiter umgehen –, werden wir später in diesem Kapitel noch eingehend erörtern.

Die Art und Weise, in der gute Manager mit Stärken umgehen, macht den Unterschied: Sie konzentrieren sich gezielt und systematisch auf die spezifischen Begabungen ihrer Mitarbeiter und tun alles, um diese Talente zum Vorschein zu bringen und zu entwickeln.

Wie sie dies tun, wird in den folgenden Abschnitten eingehend beschrieben. Wie wir sehen werden, orientieren sie sich dabei an drei Maximen: Gutes »Casting«; Führung nach dem Prinzip der Ausnahme; Konzentration der Aufmerksamkeit auf die besten Mitarbeiter.

Gutes »Casting« ist alles

Wie schon wiederholt festgestellt, besitzt jeder Mensch Begabungen – erkennbar an jenen wiederkehrenden Denk-, Gefühls- und Verhaltensmustern, die sich produktiv einsetzen lassen. Auf einen einfachen Nenner gebracht: Jeder kann zumindest irgendetwas besser als alle anderen Menschen. Allerdings ist nicht jeder zwangsläufig in der glücklichen Lage, seine Talente nutzen zu können. Selbst wenn er aufgrund seiner Begabungen in eine Firma beziehungsweise Tätigkeit gelangt sein mag, kann sich im Laufe der Zeit doch vieles verändern. Umstrukturierungen oder Seitwärtsbewegungen etwa können zur Folge haben, dass irgendwann Rolle und Talente nicht mehr zusammenpassen.

Wer Begabung in Leistung umsetzen will, muss jedoch dafür Sorge tragen, dass die Tätigkeit der Mitarbeiter ihren Begabungen entspricht. Es gilt also für jede(n) die richtige Rolle zu finden.

In *Butch Cassidy und Sundance Kid* sollte ursprünglich Paul Newman die Sundance-Rolle und Robert Redford die Butch-Rolle übernehmen. Nach ein paar Proben aber wurde klar, dass diese Rollenverteilung schlecht mit den Stärken der beiden Akteure harmonierte. Also versuchte man es umgekehrt, und das Ergebnis überzeugte. Newman lag der Charakter des schlagfertigen, selbstsicheren Butch Cassidy, während Redford in der Rolle des stillen, verschlossenen, fast schon schüchternen Sundance Kid brillieren konnte. So wurde nicht zuletzt wegen der exzellenten Schauspielerleistung der beiden Hauptdarsteller ein Klassiker aus diesem Film.

In der Arbeitswelt ist das »Casting« – die optimale Stellenbesetzung – etwas schwieriger. Erstens kommt es hier nicht auf das Äußere der Person an, sondern auf das Innere. Manchen Vorgesetzten gelingt es jedoch nur schwer, hinter die Fassade zu schauen und die wahren Talente zu entdecken. Zweitens haben viele Vorgesetzte den Hang, Fertigkeiten und Kenntnisse überzubewerten. Wer ein Marketing-Diplom hat, gehört folglich in die Marketing-Abteilung, und Buchhalter gehören in die Buchhaltung. Natürlich ist es nicht falsch, Fähigkeiten und Kenntnisse *auch* in Rechnung zu stellen. An die Spitze der Checkliste gehören jedoch die Begabungen. Andernfalls sind mittelmäßige Leistungen vorprogrammiert.

Begabungsorientierte Stellenbesetzung ist daher eines der großen Erfolgsgeheimnisse des fähigen Managers. Mitunter kann dies recht leicht sein. Es bietet sich an, den aggressiven, ichstarken Vertriebsmitarbeiter dort einzusetzen, wo einmal richtig Dampf gemacht werden muss, während der leise, beziehungsfähige Typ dort gefragt ist, wo umsichtig Aufbauarbeit geleistet werden soll. Meist aber ist die Lage nicht so offensichtlich, sodass die Talentsuche viel Feingefühl erfordert.

Stellen Sie sich vor, Sie haben gerade ein neues Team übernommen. Noch kennen Sie niemanden, haben also keine Ahnung, ob die Leute begabt sind oder nicht. Sie haben sie nicht selber ausgewählt, sind jetzt aber für sie und ihre Leistung verantwortlich. Manche Manager machen in einer solchen Situation einen raschen Schnitt, teilen die Teammitglieder in zwei Gruppen ein: »Gewinner« hier, »Verlierer« dort. Erstere bleiben, Letztere gehen. Die Lücken werden mit neuen, selbst ausgewählten Leuten besetzt.

Gute Manager machen es sich nicht so leicht. Sie führen mit jedem Mitarbeiter zunächst einmal ein intensives Gespräch und versuchen herauszufinden, welche Stärken, Schwächen, Ziele und Träume er/sie hat. Sie sehen sich alles zunächst genau an – die Arbeitsweise der einzelnen Leute, ihr Zusammenspiel, wer wen unterstützt und warum.

Sie wollen möglichst viel erfahren und lassen sich Zeit dabei, denn der beste Weg, individuelle Talente zu entdecken, ist Beobachtung über einen längeren Zeitraum hinweg.

Später dann bilden auch sie ihre zwei Gruppen – jene, die bleiben dürfen, und jene, die sich besser um eine andere Aufgabe bemühen sollten. Doch signifikanterweise kommt noch eine dritte Kategorie hinzu – die »Umbesetzungskandidaten«. Gemeint sind Mitarbeiter, die offenkundig über wertvolle Begabungen verfügen, sie aber in ihrer momentanen Funktion aus irgendeinem Grund nicht nutzen können. Sie sind einfach falsch platziert und brauchen daher eine andere, besser auf sie zugeschnittene Rolle. Gute Vorgesetzte sorgen dafür, dass dies geschieht. Sie konzentrieren sich auf die individuellen Stärken des Mitarbeiters und verhelfen ihm dadurch zu besseren Leistungen.

Von Mandy M., der Leiterin der Werbeabteilung, die wir bereits kennen gelernt haben, stammt die folgende Geschichte. Mandy wurde vor nicht allzu langer Zeit diese Abteilung übertragen. Dabei »erbte« sie auch einen Mitarbeiter namens John. Dieser hatte als Konzeptentwickler eine strategische Rolle inne und stand im direkten Kundenkontakt. Das Arbeitsumfeld war herausfordernd und individualistisch; die Mitarbeiter wetteiferten miteinander um die beste Lösung. John hatte es nicht leicht. Jeder wusste, dass es ihm an Intelligenz nicht mangelte, doch seine Leistung ließ zu wünschen übrig. John war einfach nicht engagiert genug. Die meisten Kollegen hatten das Gefühl, dass es so nicht mehr lange weitergehen konnte: Entweder er ging von selber, oder die Kündigung würde ihn ereilen.

Mandy aber hatte in John etwas entdeckt. Schon einige Monate vor ihrer Beförderung in die verantwortliche Position war ihr aufgefallen, dass John unter einem Vorgesetzten, der auf ihn einging, richtig aufgeblüht war. Das persönliche Verhältnis tat ihm offenbar sehr gut. Dann aber wurde sein Chef versetzt, und mit John ging es abwärts.

Mandy deutete ihre Beobachtung richtig und ordnete John in Kategorie drei ein. Sie ahnte, dass er jemand war, der Kontakt brauchte wie andere Anerkennung. Also brachte sie seinen Beziehungsdurst dort zum Einsatz, wo er dem Unternehmen am meisten nützen konnte: im Bereich Geschäftsentwicklung.

John entwickelte sich zu einer regelrechten »Verkaufsmaschine«. Er besaß eine natürlich Gabe, auf Menschen zuzugehen, konnte sich gut

Namen und individuelle Besonderheiten merken. Es lag ihm einfach, enge persönliche Beziehungen aufzubauen. Daher fiel es ihm leicht, Altkunden zu halten und Neukunden zu gewinnen. John war in seinem Element und brachte seine persönlichen Stärken zum Nutzen aller ein.

Als Mandy diese Geschichte erzählt, kommt ihre Stimme ein bisschen ins Zittern. Wie bei guten Managern häufig der Fall, rührt und bewegt es sie, dazu beitragen zu können, dass jemand seine Gaben voll zum Einsatz bringt – weiß sie doch, dass dies leider nur allzu selten gelingt. Zu selten findet sich eine Rolle, die dem Mitarbeiter die Chance gibt, das Besondere in ihm zum Ausdruck zu bringen und damit in seinem Job auf ureigene Weise gut zu sein. An fehlenden Rollen liegt das nicht. Jede vorbildlich ausgefüllte Rolle weckt Interesse und hat für irgendjemanden ihren Reiz. Der Grund ist vielmehr, dass die wenigsten Menschen ihre wahren Fähigkeiten richtig kennen und die Vorgesetzten leider nicht in der Lage sind, sie zu entdecken. Auch Mandy hätte unter anderen Umständen den Zipfel von Johns Begabung möglicherweise übersehen. Für ihn hätte dies das Scheitern bedeutet – und aus diesem Scheitern hätte er nicht einmal viel lernen können.

Glücklicherweise aber hat sie sie entdeckt, hat die Anzeichen latenter Stärke wahrgenommen und es durch sorgfältige Neupositionierung verstanden, die Stärken dieses Mitarbeiters ins Zentrum zu rücken. Aus Johns Talent wurde Leistung.

Jeder Mensch hat das Zeug dazu, in irgendetwas zu brillieren. Die Kunst besteht darin, dieses »Etwas« zu entdecken. »Casting« ist alles.

Management nach dem Prinzip der Ausnahme

»Jeder ist etwas Besonderes« heißt streng genommen auch: Jeder sollte als Ausnahme behandelt werden. Jeder Mitarbeiter hat seinen eigenen Filter, seinen eigenen Blick auf die Welt. Demzufolge erwartet jeder etwas anderes von seinem Vorgesetzten.

Der eine will von Anfang an in Ruhe gelassen werden. Ein anderer nimmt es übel, wenn Sie nicht jeden Tag nach dem Rechten sehen. Der eine braucht Anerkennung von Ihnen, »dem Chef«. Einem anderen hingegen ist die Anerkennung der Kollegen das Maß der Dinge. Manche wollen vor aller Augen belobigt werden. Anderen wiederum wäre das eher peinlich; sie leben vom stillen, privaten Dankeswort. Jeder Mitarbeiter atmet seinen speziellen psychologischen Sauerstoff.

Kirk D., Vertriebsleiter in einem Pharmaunternehmen, war dies schnell klar. Er erzählt uns von Mike, der zwar ständig zu den zehn besten Verkaufsleuten des Unternehmens zählte, der nach Kirks Auffassung aber eigentlich noch viel mehr leisten konnte.

»Anfänglich wusste ich nicht so recht, woran ich mit ihm war. Ich selbst bin sportlich veranlagt, wettbewerbsorientiert, und da er acht Jahre lang Football-Profi war, nahm ich an, bei ihm sei das genauso. Also versuchte ich ihn ›heiß‹ zu machen, indem ich ihm vorhielt, wie viel mehr Umsatz dieser oder jener Kollege im laufenden Monat schon gemacht habe. Das wirkte aber überhaupt nicht auf ihn, interessierte ihn gar nicht. Kein Feuer, kein Ärmelhochkrempeln, nichts. Schließlich begriff ich, dass Mike trotz seines sportlichen Hintergrunds überhaupt kein Wettbewerbstyp war. Er war einfach nur leistungsverrückt, ein Ehrgeizling in eigener Sache, wollte nur sich selber besiegen. Die anderen waren ihm gleichgültig, existierten gar nicht für ihn. Also versuchte ich es anders und fragte ihn, was er denn plane, um sich diesen Monat zu verbessern. Kaum hatte ich die Frage geäußert, sprudelte es nur so aus ihm heraus. Er hatte Ideen en masse. Und ich sorgte dafür, dass er Gelegenheit bekam, sie umzusetzen. Volle sechs Jahre lang war er der absolute Topverkäufer in unserem Unternehmen.«

»Behandle andere so, wie du dich selber gern behandelt sehen würdest« – gute Manager halten nichts von dieser Regel. »Im Gegenteil«, würden sie sagen, »behandle andere gerade *nicht* so, wie du selber gern behandelt werden würdest«. Denn dies würde ja implizieren, dass jeder den gleichen psychologischen Sauerstoff atmet wie man selbst. Es würde bedeuten, dass andere auch wettbewerbsorientiert sein oder nach öffentlichem Lob streben müssen, wenn ich es tue; dass andere auch gewisse Freiheiten brauchen und allzu enge Vorschriften hassen, nur weil es mir so geht.

Hinter einer solchen Denkweise mag gute Absicht stecken, doch sie ist naiv und erinnert ein wenig an den Vierjährigen, der seiner Mama zum Geburtstag stolz ein rotes Lastwägelchen schenkt, weil es *ihm* so gut gefällt. Gute Vorgesetzte setzen daher an die Stelle der konventionellen »goldenen Regel« die Devise: Behandle jeden Mitarbeiter so, wie *er* es sich wünschen würde, und berücksichtige dabei stets, wer er ist. Natürlich müssen sich alle Mitarbeiter an gewisse Regeln und Verhaltensnormen halten. Innerhalb dieses Rahmens aber sollte jeder individuell behandelt werden, ganz nach seinen persönlichen Bedürfnissen.

Mancher Manager wird hier einwenden: »Wie soll ich das denn machen? Da habe ich ja viel zu tun, wenn ich jedem seine Bedürfnisse von den Lippen ablesen soll!« Der Einwand ist verständlich. Es ist in der Tat schwer, jeden einzelnen Mitarbeiter auf die ihm adäquate Weise – individuell eben – zu behandeln. Dies umso mehr, als sich die wahren Bedürfnisse selten sehr deutlich manifestieren. Fast ist es so, als müsse man Schach spielen, ohne zu wissen, wie sich die Figuren bewegen.

Doch die besten Führungskräfte haben eine Lösung für das Problem. Sie lautet: Fragen stellen. Fragen Sie Ihren Mitarbeiter nach seinen Zielen: Was will er in seiner momentanen Rolle erreichen? Wohin soll es auf dem Berufsweg noch gehen? Welche persönlichen Ziele würde er gerne mit seinem Vorgesetzten erörtern und gemeinsam verfolgen? In welchen Abständen würde er gern seine Fortschritte besprechen?

Finden Sie heraus, wie er oder sie es mit Lob hält: Ist öffentliche Anerkennung oder privates Lob besser? Schriftlich oder mündlich? In wem hat der Mitarbeiter sein bestes Publikum? Sehr aufschlussreich kann die Frage nach der größten Anerkennung, die ihm jemals zuteil wurde, sein. Finden Sie den Grund für diesen bleibenden Eindruck heraus. Stellen Sie auch Fragen zum Verhältnis zu Ihnen, dem Vorgesetzten. Weiß der Mitarbeiter, wie er am besten lernt? Hat er schon einmal einen Mentor oder Partner gehabt, der ihn in seiner Entwicklung erfolgreich unterstützt hat? Wie sah diese Hilfe konkret aus?

Es kommt auf diese Weise rasch eine Vielzahl von Informationen zu jedem einzelnen Mitarbeiter zusammen. In der Regel ist es sinnvoll, sich alles zu notieren. Das muss nicht unbedingt ein durchorganisiertes Dossiersystem sein. Es ist nicht unbedingt erforderlich, dass jeder Mitarbeiter seinen eigenen Ordner hat und Terminmarker daran erinnern, wann das nächste Kontrollgespräch ansteht. Manche Manager notieren sich wichtige Dinge einfach auf kleinen Karteikärtchen, die sie in der Jackentasche mit sich führen – sozusagen als »Spickzettel«.

Einen Königsweg bei der Erfassung dieser Informationen gibt es nicht. Wichtig ist nur, dass man sie bekommt. Andernfalls nämlich bleibt der Vorgesetzte funktional blind und tastet sich mit Stereotypen, Generalisierungen und der irrigen Vorstellung, Fairness sei durch Gleichbehandlung zu erreichen, durch die Dunkelheit. Mit diesem Wissen ausgerüstet sind Sie hingegen auf dem richtigen Kurs. Sie können sich auf die individuellen Stärken jedes einzelnen Mitarbeiters konzentrieren und Talent in Leistung überführen durch »Management nach dem Prinzip der Ausnahme«.

Die besten Mitarbeiter verdienen die meiste Aufmerksamkeit

Wenn Sie Manager sind und Personalverantwortung tragen, dürfte folgende Übung aufschlussreich für Sie sein. Nehmen Sie ein leeres Blatt zur Hand und tragen Sie auf der linken Seite die Namen Ihrer Untergebenen in absteigender Produktivitätsreihenfolge ein. Oben steht dann also der tüchtigste Mitarbeiter, unten der leistungsschwächste. Auf der rechten Seite des Blattes verfahren Sie genauso, diesmal aber orientiert an der Zeit, die Sie in Ihre Mitarbeiter investieren. Oben steht also der Mitarbeiter, auf den die meiste Zeit entfällt, unten der mit der wenigsten. Ziehen Sie nun jeweils eine gerade Linie vom Namen links zum Namen rechts.

Überschneiden sich Ihre Linien? Verwunderlich wäre das nicht, denn es kommt bei diesem Test häufig vor. Die Vorgesetzten konzentrieren sich häufig sehr stark auf ihre nicht so guten Mitarbeiter und kümmern sich wenig um ihre tüchtigen Leute. Oberflächlich betrachtet scheint dies gar keine so schlechte Strategie zu sein. Die Guten, so könnte man argumentieren, beherrschen ihren Job ja ohnehin, brauchen folglich auch keine Unterstützung. Hingegen haben jene Mitarbeiter, bei denen es nicht so läuft, Unterstützung bitter nötig. Denn andernfalls besteht die Gefahr, dass sie nicht nur persönlich scheitern, sondern auch noch das Team belasten.

So sinnvoll diese Überlegung zu sein scheint, gute Führungskräfte verfahren genau umgekehrt. Auf unseren kleinen Test übertragen: Die

Linien verlaufen bei ihnen vollkommen horizontal beziehungsweise parallel. Sie widmen mithin die meiste Zeit ihren »Stars«. Sie investieren in die Besten.

Das liegt daran, dass sie ihre zentrale Aufgabe ganz anders definieren als der Durchschnittsmanager. Dieser nämlich sieht sich in erster Linie als Instrukteur und Kontrolleur. Unter diesen Voraussetzungen macht es freilich Sinn, sich auf die leistungsschwächeren Mitarbeiter zu konzentrieren – denn sie haben sowohl mehr Kontrolle als auch mehr Lenkung und Unterweisung nötig.

Für den guten Manager jedoch stehen Kontrolle und Anweisung keineswegs im Zentrum seiner Tätigkeit. Beides hat zwar seinen Platz, insbesondere bei Neulingen, aber den Kern machen diese Aktivitäten nicht aus. Dafür sind sie viel zu elementar und zu statisch.

Im Zentrum steht für den guten Vorgesetzten vielmehr die »Katalysatorrolle«, also die Umsetzung von Talent in Leistung. Im Umgang mit dem Mitarbeiter geht es primär nicht darum, etwas abzustellen, zu korrigieren oder Anweisungen zu geben. Vielmehr gilt es, alle Kräfte darauf zu konzentrieren, die spezifischen Potenziale des jeweiligen Mitarbeiters noch besser freizusetzen:

- Gute Manager versuchen für jeden Mitarbeiter ganz *individuelle Vorgaben* zu entwickeln. Diese Erwartungen sollten ihn so sehr fordern, dass er sich voll auf seine Stärken konzentrieren muss. Erinnern wir uns beispielsweise an den ebenso detaillierten wie einzigartigen Rodman-Vertrag. Genauso individuell sollten natürlich auch die übrigen Spieler der Chicago Bulls behandelt werden.
- Sie versuchen den *individuellen Stil des jeweiligen Mitarbeiters zu unterstreichen und zu perfektionieren.* Sie helfen dem Mitarbeiter also, ein Bewusstsein seines Stils zu entwickeln. Er soll verstehen lernen, warum ihm eine bestimmte Arbeitsweise besonders gut liegt und wie er sie weiterentwickeln und noch besser einsetzen kann. Genau dies tat Mandy mit John; bei den übrigen Untergebenen gilt es idealerweise ebenso zu verfahren.
- Schließlich machen sie sich allerhand Gedanken darüber, wie sie ihren Mitarbeitern am besten Entlastung und *Freiräume schaffen* können, damit diese ihre Talente möglichst gut zur Geltung zu bringen vermögen. Robert T., Filialleiter eines großen Brokerhauses,

formuliert es so: »Meine Makler arbeiten nicht für mich, sondern ich für sie. Selbst wenn ich meinen Superstars nicht mit neuen Ideen unter die Arme greifen kann, kann ich ihnen zumindest den Rücken frei- und die Bürokratie vom Leib halten.«

Wenn Sie Ihre Rolle so sehen, wenn Sie Ihre Zeit auf diese Weise mit Ihren Mitarbeitern verbringen – klare, ganz individuelle Zielvorgaben ausarbeiten; den individuellen Stil des Mitarbeiters herausschälen und vervollkommnen; Belastungen abfangen –, dann werden Sie sich automatisch zu ihren begabtesten Leuten hingezogen fühlen. Talent ist ein Multiplikator. Je mehr Energie und Aufmerksamkeit Sie darauf konzentrieren, desto mehr kommt dabei heraus. Die Zeit, die Sie Ihren Besten widmen, könnten Sie gar nicht nutzbringender einsetzen.

Mangelndes Feedback schafft Verunsicherung

Umgekehrt gilt: Wenn Sie sich zu wenig mit Ihren guten Leuten beschäftigen, hat dies enorm destruktive Auswirkungen. Wie sehr, mag manch einen, der gelernt hat, nach dem Motto »Kein Feedback ist gutes Feedback« den Harten zu spielen, sehr verwundern.

Auf einen simplen Nenner gebracht, lässt sich auch sagen: Die Aufgabe des Vorgesetzten besteht darin, bei seinen Leuten bestimmte produktive Verhaltensweisen zu verstärken und unproduktive zurückzudrängen. Der unsensible Hardliner vergisst schlicht, dass seine Reaktionen einen erheblichen Einfluss darauf haben können, welche Verhaltensweisen gefördert werden und welche allmählich aussterben. Der Vorgesetzte sollte stets bedenken, dass er tagtäglich auf der Bühne steht. Ob es ihm gefällt oder nicht, er sendet Signale aus, die wahrgenommen werden.

Gute Manager wissen das und verhalten sich entsprechend. Insbesondere haben sie einen wichtigen Mechanismus begriffen: Je weniger Aufmerksamkeit man den produktiven Verhaltensweisen seiner »Stars« beimisst, desto weniger werden sie praktiziert. Da der Mensch ein Wesen ist, das von Aufmerksamkeit und Anerkennung lebt, modifiziert er sein Verhalten bewusst oder unbewusst so lange, bis er Resonanz spürt.

Konkret heißt dies: Wenn sich der Vorgesetzte hauptsächlich mit seinen leistungsschwächeren Untergebenen abgibt und seine Spitzenkräfte vernachlässigt, hat dies unbeabsichtigte Konsequenzen für deren Verhalten. Sie werten das verständlicherweise als Gleichgültigkeit und suchen daher nach anderen Mitteln (sei es im Guten oder im Schlechten), um die Aufmerksamkeit des Vorgesetzten auf sich zu ziehen – mit der Konsequenz, dass sie von dem, was sie stark gemacht hat, zunehmend abrücken. Wenn Ihre guten Mitarbeiter also »verrückt spielen«, ist das ein sicheres Zeichen dafür, dass Sie sich zu sehr auf die falschen Leuten konzentrieren und den falschen Verhaltensweisen Vorschub leisten.

Vergessen Sie also nie: Sie stehen ständig im Rampenlicht. Fehlinvestierte Zeit und Aufmerksamkeit ist kein neutraler Akt. Kein Feedback ist nie gutes Feedback, sondern schwächt jene Verhaltensmuster, die Sie eigentlich häufiger sehen wollen.

Gute Manager haben also einen doppelt guten Grund, in ihre Besten zu investieren. Denn erstens zahlt sich dies auf der praktischen Ebene außerordentlich positiv aus, während – zweitens – eine Unterlassung mit unerwartet negativen Konsequenzen einhergeht. Dahinter stehen aber noch einige andere, mehr theoretisch-konzeptuelle Gründe, wie wir bei unseren Interviews herausfinden konnten. Fähige Führungskräfte sind demnach der Auffassung, dass die Konzentration auf die Besten a) *ein Gebot der Fairness* ist, b) *die besten Lernmöglichkeiten* impliziert und c) *der einzige Weg ist, um zu Topleistungen zu gelangen.*

In die Besten zu investieren ist ein Gebot der Fairness

Gute Manager legen auf Fairness Wert, allerdings in einem ganz bestimmten, etwas unüblichen Sinn. Fairness bedeutet hier nämlich keineswegs Gleichmacherei, sondern jede(n) so zu behandeln, wie er oder sie es verdient, orientiert an den bislang erbrachten Leistungen. Nehmen wir wieder ein Beispiel aus dem Sport. Jimmy Johnson, ein erfolgreicher Basketball-Coach, der mit seiner Mannschaft zweimal die Super-Bowl-Trophäe gewann, brachte diese Vorstellung von Fairness einmal exakt auf den Punkt. Unmittelbar nach seinem Amtsantritt in Miami nahm er die Spieler wie folgt ins Gebet:

»Ihr könnt euch drauf verlassen, dass ich euch alle konsequent fair, aber jeden eben anders behandle. So ist es nun mal. Je mehr sich einer reinhängt, je besser er spielt und je genauer er sich an meine Vorgaben hält, desto bessere Karten hat er bei mir. Und umgekehrt gilt: Wer sich nicht reinhängt und seine Leistung nicht bringt, wird hier nicht sehr lange dabei sein.«

Das mag sich für Wirtschaftsverhältnisse ungewohnt derb anhören, doch dass der Ansatz richtig ist, spürt jeder gute Vorgesetzte. Die guten Mitarbeiter verdienen es einfach mehr, dass man sich mit ihnen abgibt.

Menschen streben nun einmal nach Aufmerksamkeit. Dieses Bedürfnis kann individuell unterschiedlich ausgeprägt sein, doch ex negativo gilt auf jeden Fall: Keiner fühlt sich gern missachtet. Wenn schon nicht Liebe, dann ist Hass immer noch besser als Gleichgültigkeit. Doch wer sich seinen schlechten Leuten im Übermaß widmet, signalisiert dem ganzen Team zwangsläufig: »Je besser deine Leistung, desto weniger Zeit habe ich für dich.« Eine merkwürdige Botschaft, wie immer man sie auch betrachtet.

Konzentrieren Sie sich also auf Ihre Spitzenkräfte. Zollen Sie ihnen Aufmerksamkeit und Anerkennung. Seien Sie auf die richtige Art und Weise fair.

Es dürfte kein schlechter Rat an Sie sein, nach der Lektüre dieses Buches eine Art »Neuanfang« zu wagen. Sagen Sie Ihren guten Kräften, dass und warum sie so gut sind. Lassen Sie sie wissen, dass sie zu den Säulen der Mannschaft – den Leistungsträgern – zählen. Sagen Sie es in einer Art, die zu Ihnen passt, aber sagen Sie es. Reden Sie in diesem Zusammenhang nicht von Beförderung oder dergleichen – darum geht es hier nicht; das ist ein anderes Thema zu einer anderen Zeit. Erklären Sie Ihren Leuten einfach, warum ihr Beitrag aktuell so wichtig ist und geschätzt wird. Gehen Sie nicht davon aus, sie wüssten es schon!

In die Besten zu investieren bringt die wertvollsten Erkenntnisse

Gewiss lässt sich auch aus der Beschäftigung mit Leistungsschwächeren manches lernen. Zum Beispiel, warum manche Systeme so schwer zu bedienen sind, warum eine Initiative schlecht konzipiert ist, warum

Kunden unzufrieden sind. Im Laufe der Zeit kann man auf diese Weise zu einem Experten des Scheiterns werden, wie manche Manager beweisen. Sie können exakt beschreiben, warum Leute versagen, und haben auch gleich ein probates Mittel zur Hand.

Ironischerweise hilft das überhaupt nichts, wenn es um das Verständnis von Topleistung geht. Man kann aus dem Studium schlechter Leistungen eben nur bedingt Rückschlüsse auf Topleistungen ziehen. Von all den vielen Möglichkeiten, eine bestimmte Aufgabe anzugehen, sind die meisten falsch – und nur einige wenige richtig. Leider lassen sich diese wenigen richtigen Möglichkeiten nicht dadurch herausfinden, dass man die falschen eliminiert. Gute Leistung ist nicht das Gegenteil von schlechter Leistung. Sie ist einfach anders. Sie hat ihre eigene Konfiguration. Und mitunter gehören dazu Verhaltensweisen, die denen der Schwächeren überraschend ähneln.

Wer sich also nur mit dem Negativen – den Leistungsmängeln – beschäftigt, weiß zum Beispiel nicht, dass sich gute Zimmerreinigungskräfte zu Testzwecken auf das Bett legen und den Deckenventilator einschalten. Oder dass erstklassige Kellner keineswegs prinzipiell zurückhaltend, sondern auch zu deutlichen Worten fähig sind. Oder dass auch hervorragende Verkäufer bei fast jedem Kundenkontakt mit Ängsten kämpfen müssen. Oder dass exzellente Krankenschwestern und -pfleger eine starke emotionale Beziehung zu ihren Patienten aufbauen. Da der Mängelspezialist die gleichen Verhaltensweisen auch bei seinen »Nieten« ausgemacht hat, versucht er wahrscheinlich rasch, diese Verhaltensweisen durch entsprechende Vorschriften und Richtlinien überhaupt zu unterbinden.

Gallup hatte einmal den Auftrag, für eine der größten europäischen Gesundheitseinrichtungen erstklassiges Krankenpflegepersonal zu rekrutieren. Zunächst stellten wir anhand von Vorgesetztenbeurteilungen zwei Gruppen zusammen: 100 sehr gute und 100 durchschnittliche Pflegekräfte. Anschließend führten wir mit jedem der Probanden ein Interview. Ziel war, jene Begabungen herauszufinden, die ausschließlich den Spitzenkräften eigen waren.

Dabei entdeckten wir – neben vielen anderen Begabungen – ein Talent, das sich mit »Patientenreaktion« etikettieren lässt. Gute Pflegekräfte *müssen* auf den Patienten eingehen. Sie können gar nicht anders. Sie werden von Situationen, in denen sie sich um andere kümmern können, magisch angezogen. Doch so sehr ihnen das Pflegen und Versorgen ein Bedürfnis ist, taucht die *Freude* an dieser Tätigkeit doch erst dann auf, wenn der Patient reagiert, also ein Echo kommt. Jedes Quäntchen Besserung verschafft ihnen Befriedigung. Es ist sozusagen ihr psychischer Lohn. Die Freude daran, dass es dem Patienten besser geht, ist gleichzeitig auch das Talent, das es ihnen ermöglicht, sich von dem objektiv vorhandenen Leid und Elend nicht erdrücken zu lassen. Es ist diese Begabung, die es ihnen erlaubt, aus ihrer Arbeit Kraft und Befriedigung zu ziehen.

Als wir den Verantwortlichen diese Erkenntnisse mitteilten, meinten sie: »Oh, das passt aber nicht besonders gut in unser Konzept. Wir wollen eigentlich gerade vermeiden, dass unser Pflegepersonal allzu engen Kontakt zu den Patienten knüpft.« Die Patienten würden nämlich dauernd verlegt. Es sei der Normalfall, dass der Patient weg ist, wenn eine Krankenschwester nach einem freien Tag oder Wochenende zurückkommt – entweder auf einer anderen Station, in einem anderen Krankenhaus oder schon entlassen. »Wir müssen einfach schauen, dass wir Betten freikriegen«, sagten sie. »Da können wir nicht groß Rücksicht darauf nehmen, Patient und Betreuer(in) lange Zeit zusammen zu lassen. Die Schwestern und Pfleger regen sich manchmal allerdings auf, wenn sie feststellen, dass ihr Patient weg ist. Deshalb halten wir sie seit einiger Zeit an, mehr Distanz zu wahren. Wir wollen natürlich vermeiden, dass Verlustgefühle aufkommen, wenn der Patient plötzlich verlegt werden muss.«

Trotz bester Absichten verursachte diese Regelung überall nichts als Unzufriedenheit. Die Pflegekräfte litten – denn unter diesen Umständen war ihnen eine der wichtigsten Quellen für Arbeitszufriedenheit versagt. Die Patienten litten – denn in vielen Studien wurde bereits nachgewiesen, wie wichtig ein enger, persönlicher Kontakt zu einer Pflegeperson für die Rekonvaleszenz ist. Und die Verantwortlichen litten ebenfalls – denn sie hatten nun gleich zwei Übel am Hals: Patienten, die sich alleingelassen fühlten, und Pflegekräfte, denen mehr und mehr die Arbeitsmoral abhanden kam.

Wie hätte man die Krankenhäuser besser organisieren können? Dies ist eine schwierige Frage. An einem guten Kostenmanagement führt natürlich kein Weg vorbei; jedes Krankenhaus steht unter dem Druck, mit einem entsprechenden »Patientenumschlag« Betten verfügbar zu machen. Wenn wir dem Klienten also auch keine schnelle Lösung anbieten konnten, war doch klar, dass es nur einen einzigen Erfolg versprechenden Weg gab – sich mit den besten Pflegekräften zusammenzusetzen und sie zu bitten, doch einmal zu beschreiben, was *sie* tun würden, um die Bedürfnisse von Patienten, Pflegepersonal und Betriebswirtschaftlern unter einen Hut zu bekommen. Jede Lösung, die dabei herauskäme, wäre auf jeden Fall besser als das derzeitige Fließbandsystem, das die Patienten zum Spielball macht und die guten Pflegekräfte emotional stranguliert.

Die Organisation ging auf die Vorschläge ihrer Mitarbeiter aber leider nicht ein. Die Verantwortlichen sahen einfach keinen Grund (oder brachten den Willen nicht auf), das vorhandene, nach außen hin funktionierende, in Wahrheit aber mangelhafte System zu ändern. Mit der Konsequenz, dass man inzwischen in größeren Schwierigkeiten ist als je zuvor. Die Patienten sind unzufrieden, die Arbeitsmoral nimmt ab, die Kosten hingegen steigen.

Andere Unternehmen machen es da glücklicherweise besser. Sie haben begriffen, dass man die Guten studieren muss, um etwas über die Guten zu erfahren. Organisierte Betriebsführungen von »gold standard«-Unternehmen wie Southwest Airlines, General Electric oder Ritz-Carlton haben jahrelange Wartelisten. Die Walt Disney Company vermarktet ihren Managementansatz sogar über eine Seminarreihe.

Zweifellos lässt sich von den Erfahrungen, Praktiken und Verfahrensweisen dieser Unternehmen manches lernen. Doch auch das Studium fremder Vorbilder führt oft an der entscheidenden Lektion vorbei. Sie lautet: Gehe zurück zu den *eigenen* Spitzenkräften und studiere sie. Genau dies hatten nämlich auch Disney, Southwest, GE und Ritz-Carlton getan. Um das Material für ihre Betriebsführungen und Seminare zu erhalten, machten sie Interviews mit ihren Spitzenkräften, ließen sie beobachten, machten Filmaufnahmen und beleuchteten jeden Aspekt ihres Arbeitsalltags. Sie befassten sich also ganz konkret vor Ort mit dem Prozess der Erbringung von Topleistungen. Sie versuchten, von ihren Besten zu lernen und zu profitieren.

Jeder Manager sollte sich hieran ein Beispiel nehmen. Beschäftigen Sie sich mit Ihren Spitzenleuten. Beobachten Sie sie. Lernen Sie von ihnen. Werden Sie in der Beschreibung guter Leistung so sehr Experte wie Sie es in der Beschreibung schlechter sind. Das Studium fremder Vorbilder hat gewiss seinen Nutzen. Doch das Studium der *eigenen* Vorbilder macht letztlich den entscheidenden Unterschied aus.

Die beste Vorgehensweise dabei ist, viel Zeit bei und mit diesen Mitarbeitern zu verbringen. Bitten Sie sie zunächst, ihr »Geheimnis« zu erklären. In der Regel kommt dabei freilich nicht allzu viel heraus – einfach deshalb, weil diese Leute zu nah an ihrem eigenen Erfolg dran sind und oft gar nicht so genau wissen, was sie eigentlich so gut macht.

Viele der erfolgreichsten Manager, die wir interviewten, pflegen deshalb anders vorzugehen. Sie beobachten einfach, schauen ihren guten Leuten bei der Arbeit zu. Manche Vertriebsleiter machen sich die Mühe, jeden Monat einen oder zwei ihrer Topverkäufer auf ihren Kundenbesuchen zu begleiten. Schulleiter setzen sich in die Klassen ihrer besten Lehrkräfte. Kundenserviceleiter hören regelmäßig die Kundengespräche ihrer besten Leute mit. In keinem dieser Fälle geht es dabei um Kontrolle oder Evaluierung! Es geht einfach darum, sich ein konkretes, genaues Bild zu machen, das man geistig »abspeichern« und analysieren kann, um sukzessive immer besser zu verstehen, was den Erfolgskern ausmacht und warum die Sache im jeweiligen Fall so gut funktioniert. Einer der erfolgreichen Manager nannte dies sein »mentales Video«. Die Technik empfiehlt sich zur Nachahmung.

In die Besten zu investieren ist der einzige Weg zu Topleistungen

»Durchschnitt« ist einer der typischen Begriffe, die unsere moderne Lebenswelt prägen. Alles pflegt sich an einem »Durchschnitt« zu orientieren. Callcenter ermitteln die »durchschnittliche« Zahl von Anrufen, die ein Mitarbeiter pro Stunde entgegennehmen kann. Gastronomieketten ermitteln ihren Personalbedarf, indem sie ausrechnen, wie viele Kellner/Bedienungen das »durchschnittliche« Restaurant benötigt. In Vertriebsorganisationen werden die Verkaufsgebiete danach aufgeteilt, wie viele Neukunden der »durchschnittliche« Vertreter betreuen kann. »Durchschnitt« und Mittelmaß überall.

Die besten Manager stehen diesem »Durchschnittsdenken« zwar nicht grundsätzlich negativ gegenüber. Sie wissen natürlich auch, dass ein funktionierendes Unternehmensmanagement zum Verständnis dessen, was im Betrieb tagtäglich abläuft, auf Näherungswerte angewiesen ist. Im Bereich der Mitarbeiterführung und des Personalmanagements jedoch sollte das Durchschnittsdenken ihrer Meinung nach nichts verloren haben. Leider sieht die Realität anders aus.

Viele Manager sind nämlich – oft ohne es zu merken – regelrecht auf den »Durchschnitt« fixiert. Sie haben eine ziemlich deutliche Vorstellung davon, wie ein akzeptables Leistungsniveau auszusehen hat – Vertriebsorganisationen pflegen dies die »Quote« zu nennen. Dieses Soll – dieser Leistungsdurchschnitt – dient als Maßstab, nach dem der einzelne Mitarbeiter beurteilt wird. Seine individuelle Leistung liegt dann beispielsweise soundso viel über oder unter Durchschnitt, und auch das Prämiensystem ist gegebenenfalls an diesem Wert orientiert. Das augenfälligste Symptom dieses »Durchschnittsdenkens« besteht aber nicht selten darin, dass der/die Vorgesetzte hauptsächlich bemüht ist, die Leistungsschwächeren zu schieben, damit auch sie den Durchschnittswert erreichen oder übertreffen. Die überdurchschnittlichen Mitarbeiter bleiben derweil sich selbst überlassen.

Diese Art des Durchschnittsdenkens hat oberflächlich gesehen durchaus etwas für sich. Sie scheint sicher und zudem praktikabel zu sein. Die Konzentration auf die Leistungsschwächeren, sagt sich der Vorgesetzte, schützt mich und das Unternehmen zumindest vor den schlimmsten Fehlern. Nun, das mag sein. Gute Manager lehnen diesen Ansatz aber trotzdem ab.

Erstens lehnen sie den Durchschnitt als Bewertungsmaßstab ab, weil sie einen besseren haben: die Topleistung. Sie ist Vorbild und Bezugspunkt. Der Durchschnitt ist aus Sicht dieser Führungskräfte schlicht irrelevant. Er hilft überhaupt nicht weiter, wenn man Spitzenleistungen erreichen will.

Zweitens ist dem fähigen Vorgesetzten klar, dass keineswegs jeder Mitarbeiter zu Spitzenleistungen fähig ist, sondern nur die ohnehin Überdurchschnittlichen – jene also, die bereits nachgewiesen haben, dass sie für ihren Job eine gewisse natürliche Begabung – Talent eben – mitbringen. Folglich gilt die durchaus kontraintuitive Regel: Mitarbeiter, die ohnehin schon über dem Durchschnitt liegen, besitzen das größte Entwicklungspotenzial. Gute Manager wissen aber auch, dass es nicht leicht ist, die Begabungen der Talentierten voll zum Tragen zu bringen. Dies bedeutet: Gibt sich der Vorgesetzte allzu sehr mit den Leistungsschwachen ab, um sie wenigstens ans Mittelmaß heranzuführen, verschwendet er wertvolle Ressourcen. Es fehlt dann zwangsläufig die Zeit für die schwierige, doch wichtige Aufgabe, aus den Guten Spitzenleute zu machen.

Jean P.s Geschichte illustriert dies ausgezeichnet. Sie zeigt, wie irrelevant der Durchschnitt und wie groß das Entwicklungspotenzial der Begabten ist.

Für Datentypisten gibt es eine landesweite Leistungsnorm: 380 000 Anschläge monatlich, das sind etwa 19 000 pro Tag. Viele Unternehmen ermitteln anhand dieses Durchschnittswerts, wie viel Datenerfassungspersonal sie benötigen. Ein guter Manager sollte freilich in der Lage sein, mit seinen Mitarbeitern diesen Durchschnittswert zu übertreffen. Die Frage ist nur, um wie viel. Sollte er 25 Prozent über Durchschnitt anstreben? Oder 35 Prozent? Oder gar 50 Prozent? Letzteres entspräche mehr als 500 000 Anschlägen pro Monat. Echte Spitzenkräfte freilich schaffen fast das Zehnfache des Durchschnitts.

Jean P. ist so eine Ausnahme. Bei der ersten Messung lag sie bereits bei 560 000 Anschlägen – also um 50 Prozent über dem Referenzwert. Sie wurde für ihre Leistung belobigt, und in der Folge entwickelte sie gemeinsam mit ihrem Vorgesetzten individuelle Zielvorgaben, um ihre Leistung noch weiter zu steigern. Ein Vierteljahr später war sie schon bei der Marke von einer Million Anschlägen angekommen. Wiederum ein paar Wochen später stellte sie beim abendlichen Check fest, dass sie schon 112 000 Anschläge an einem einzigen Tag geschafft hatte. Stolz berichtete sie ihrem Vorgesetzten: »Wissen Sie was? Wenn ich so weiter mache, knacke ich demnächst glatt die Zwei-Millionen-Marke!« Also nahm man dieses Ziel in den Plan auf. Ein halbes Jahr später war es erreicht.

Jean wurde zum Vorbild für die ganze Belegschaft. Ihr Vorgesetzter befasste sich mit ihr und beobachtete sie beim Tippen. Ihn interessierte, warum ihr die Arbeit eigentlich so gefiel. »Ich mag die Herausforderung einfach«, erklärte Jean. »Mir gefällt dieses Steigern.« Außerdem verblüffte ihn, dass ihre Tippfehlerquote sank, je schneller sie wurde. »Die Übung macht's«, meinte Jean. Also entwarf er ein Begabungsprofil, um noch mehr Mitarbeiterinnen und Mitarbeiter wie sie rekrutieren zu können. Auch das Entgeltsystem wurde entsprechend angepasst. Leistung sollte sich lohnen. Inzwischen liegt Jeans Topmarke bei 3 526 000 Anschlägen in einem einzigen Monat. Und auch der Teamdurchschnitt ist auf über eine Million gestiegen.

Die Lehre aus dieser Geschichte lässt sich auf fast jede Tätigkeit übertragen: Der Durchschnitt taugt nicht dazu, die Leistungsgrenzen auszuloten. Er führt nur zu einer drastischen *Unterschätzung* des Potenzials. Die Devise muss sein, sich an den Leistungsstärksten zu orientieren. Sie gilt es so zu motivieren, dass sie sich zur Decke strecken – ihr Ziel muss weit über dem liegen, was der Durchschnitt für erreichbar hält. Wie gesagt: Es versteht sich nicht auf Anhieb, doch Spitzenkräfte wie Jean P. besitzen in der Tat das *größte* Steigerungspotenzial.

»Über dir ist nur der Himmel«

Das »Durchschnittsdenken« ist nicht nur deshalb schädlich, weil es den Manager von der Topleistung und seinen Spitzenleuten ablenkt. Wohl noch schlimmer ist ein anderer Effekt: Es konterkariert seine besten Bemühungen dadurch, dass es ein aktiver Leistungshemmer ist. Jeff H., Vertriebsleiter einer Softwarefirma, beschreibt diesen Schwächungseffekt so:

»Ich arbeite für ein Unternehmen, das nur ein Ziel kennt: 20 Prozent Steigerung pro Jahr bei Umsatz und Gewinn. Das hat jeder von uns vom ersten Tag an eingepaukt bekommen. 20 Prozent sind unser Erfolgsmaßstab als Unternehmen. Wir haben es nun schon zwölf Jahre hintereinander geschafft. An der Wall Street feiert man uns. Ich verstehe ja durchaus, dass das Unternehmen eine solche Zielmarke braucht. Und dass die Börse unsere Konstanz schätzt, überrascht mich auch nicht. Für den einzelnen Manager beziehungsweise Vorgesetzten aber ist es hart.

Versetzen Sie sich doch mal in meine Lage. Wir sind nun schon vier Jahre hintereinander das Topgebiet. Doch jedes Jahr stelle ich Ende September fest, dass alle meine Leute ihr Soll bereits erfüllt haben. 20 Prozent Plus – und noch liegt ein ganzes Quartal vor ihnen! Also versuche ich den Haufen zu motivieren, auch für den Rest des Jahres noch alles zu geben, was drin ist. Die aber spielen natürlich auf Ballhalten, heben sich ihre Umsätze für das folgende Jahr auf, rauschen lieber mit einem fliegenden Start in den Januar. Man kann es ihnen ja nicht einmal übel nehmen. Das »Quoten«-System fordert es doch geradezu heraus. Jedes Jahr muss ich also immer wieder aufs Neue gegen ein System ankämpfen, das uns allen eigentlich zu Topleistungen verhelfen soll. Jedes Jahr muss ich neue Wege finden, um meine Leute ›heiß‹ zu halten.«

Jeff kann sich glücklicherweise gut ausdrücken, verfügt über einen authentischen, klaren, zündenden Schreibstil. Daher setzt er sich in solchen Fällen hin und motiviert seine Leute mit einem besinnlichen Brief, um auf der Zielgeraden doch noch ein bisschen mehr aus ihnen herauszuholen. Hier ein kleines Beispiel:

29. Oktober
Liebe Mitarbeiterinnen und Mitarbeiter!
Ihr alle wisst, dass wir bis zum Jahresende nur noch rund zwei Monate vor uns haben. Zeit also, sich mal über die Ziele Gedanken zu machen! Auch dieses Jahr ist bislang alles wieder ganz prima gelaufen. Die meisten von euch haben ihr Soll ja bereits erfüllt und könnten für den Rest des Jahres ein, zwei Gänge zurückschalten, wenn sie es wollten. Diese Entscheidung liegt natürlich ganz bei euch allein; ich will da weder drängen noch drohen.

Allerdings sollten wir eines bedenken: Wenn wir – jeder Einzelne für sich und alle zusammen – das Beste aus uns herausholen wollen, wenn ihr eure Fähigkeiten wirklich voll entwickeln und nutzen wollt, dann sollten wir uns nicht zurücklehnen. Ein solches Ziel verträgt keinen Zwischenstopp. Erfolg hat letztlich nur, wer sich permanent um Verbesserung bemüht – sei es im Persönlichen, Beruflichen, Finanziellen oder Geistigen. Ob es einem gefällt oder nicht, genau darum geht es. Auf dieses Ziel haben wir alle uns eingelassen, als wir uns sagten: »Jawohl, ich nehme die Herausforderung an. Ich will der Beste sein!«

Denkt also daran, dass es wichtig ist, am Ball zu bleiben. Man muss den eigenen Maßstäben genügen, darf sein Ziel nie aus den Augen verlieren. Ein kleiner Schritt jeden Tag macht einen großen Schritt übers Jahr.
Herzlich,
Jeff
P. S.: Ihr wisst, dass ihr das Beste seid, was dieses Unternehmen hat – und auch das Beste, was mir bislang an Mitarbeitern vergönnt war.

Jeff kann zufrieden sein. Mit seinen ehrlichen persönlichen Appellen und seinem Credo vom »täglichen kleinen Schritt« hat er es geschafft, die immanenten Barrieren des Quotensystems zu überwinden und einen Weg zu finden, seine Mitarbeiter auf Topleistungskurs zu halten.

Trotz der Grenzen, mit denen Zielquoten einhergehen, ist es ihm gelungen, seinem Gebiet vier Jahre hintereinander unternehmensweit den Spitzenplatz zu sichern.

Gewiss haben auch andere große Manager auf ihre Weise – mit ihren ganz spezifischen Talenten und Stilen – den Weg zu Spitzenleistungen gefunden. Dennoch ist es beklagenswert, dass sie so viel Kreativität darauf verwenden mussten, um die von Leistungsbeurteilungssystemen in die Welt gesetzten Leistungsschranken zu überwinden, dass so viel Energie dem Kampf gegen das Durchschnittsdenken geopfert werden muss. Zu wünschen wäre, dass diese Energie und diese Kreativität voll darauf konzentriert werden könnten, aus den Menschen das Beste herauszuholen, das sie in sich tragen!

Falls auch Sie sich mit diesem Durchschnittsdenken konfrontiert sehen, sollten Sie nicht zögern, ihm mit der gleichen Entschlossenheit den Kampf anzusagen. Definieren Sie das Ziel der Topleistung möglichst deutlich und quantitativ – etwa in einem Bild, das Ihren begabtesten Mitarbeitern lebendig vor Augen führt, worauf es ankommt und was erreichbar ist. Sorgen Sie dafür, dass alle ihre Ziele so hoch wie nur möglich stecken. Das ist nicht nur fairer und produktiver, sondern macht auch und vor allem viel mehr Spaß.

Schwächen umschiffen

Natürlich bedeutet dies alles nicht, dass gute Manager schwache Leistungen einfach ignorieren. Konzentration auf die Stärken ist keineswegs nur ein anderer Ausdruck für »positives Denken«. Es gibt eben auch weniger Schönes. Der eine versagt. Ein anderer quält und müht sich. Selbst die Spitzenkräfte haben ihre Fehler. Leistungsschwächen sollten unbedingt direkt angegangen werden, andernfalls besteht die Gefahr, dass eine gefährlich unproduktive Situation entsteht. Außerdem ist rasches Handeln angesagt, denn ähnlich wie bei degenerativen Erkrankungen ist Abwarten und Verschleppen eine schlechte Taktik.

Die am leichtesten zu erkennenden Ursachen von Leistungsdefiziten sind »technischer« Art (das Unternehmen enthält dem Mitarbeiter vielleicht notwendige Hilfsmittel oder Informationen vor) oder »persönlicher« Natur (der Betreffende leidet vielleicht noch an den Nachwirkungen eines Todesfalls in der Familie). Als Vorgesetzter tut man gut daran, bei Leistungsproblemen zunächst einmal diese beiden möglichen Gründe zu prüfen. Beide sind, wie gesagt, relativ leicht aufzudecken, und Lösungen sind in der Regel ebenfalls nicht schwer. Beim ersteren Problem hilft mit ziemlicher Sicherheit eine sorgfältige Arbeitsplatzumgestaltung nebst besserer Zusammenarbeit zwischen Kollegen oder Abteilungen. Beim zweitgenannten Problem ist Verständnis und Geduld gefragt. Wenigstens aber hat man in solchen Fällen Klarheit über die Hintergründe der Leistungsdefizite.

Oft aber sind die Ursachen subtilerer Art und entsprechend schwerer zu identifizieren. Die richtige Einstellung vorausgesetzt, bieten sich dem Vorgesetzten aber auch hier Lösungen.

Gute Manager stellen sich zunächst einmal zwei Fragen:

Erstens: Ist das Defizit durch Schulung/Training behebbar? Wenn es dem Mitarbeiter einfach nur an Fertigkeiten oder Kenntnissen mangelt, ist die Frage ziemlich sicher mit Ja zu beantworten. Jan B., Manager in einer Werbeagentur, gibt uns ein einfaches Beispiel:

»Eine unserer Mitarbeiterinnen hatte die Aufgabe, meine handschriftlichen Notizen und Entwürfe in einwandfreie Präsentationen umzusetzen. Das funktionierte zunächst freilich überhaupt nicht. Erstens war sie sehr langsam, und zweitens war auch das Ergebnis nicht berauschend. Also setzte ich mich mit ihr unter vier Augen zusammen, um der Sache auf den Grund zu gehen. Dabei gestand sie mir, dass sie PowerPoint nie richtig gelernt hatte. Sie brachte zwar eine hervorragende Fachausbildung mit, verstand es aber nicht, am Computer etwas daraus zu machen. Na ja, das Problem war rasch gelöst. Ein Intensivkurs in PowerPoint hat genügt, um dafür zu sorgen, dass sie zu erstklassigen Ergebnissen kommt.«

Laurie T., Managerin in einem Unternehmen der Petrochemie, beschreibt einen etwas subtileren Fall von Wissensvermittlung:

»Jim war ein sehr talentierter junger Mann, der aber jeden Morgen zu spät kam. Wir besprachen das Problem miteinander, und er meinte, Pünktlichkeit sei einfach seine schwache Seite, das kriege er einfach nicht hin. Irgendetwas komme ihm morgens immer in den Weg. Er meinte, ich solle das nicht so eng sehen; er bleibe ja auch immer länger, und seine Aufgaben erledige er ja schließlich gewissenhaft. Leider musste ich ihm trotzdem sagen, dass es so nicht ging. Was mir nämlich Sorgen machte, war sein Ansehen bei den Kolleginnen und Kollegen. Ich fragte ihn, was er wohl glaube, was die anderen davon hielten. Er gab zu, dass sie seine Verspätungen vermutlich als Faulheit auslegten, als mangelndes Verantwortungsbewusstsein und fehlenden Teamgeist. ›Aber das ist natürlich völliger Blödsinn‹, meinte er. ›*Ich* weiß das‹, entgegnete ich, ›aber *sie* nicht. Ich will Ihnen ja nicht vorschreiben, dass sie von jetzt an jeden Morgen spätestens um soundsoviel Uhr da sein müssen. Aber was ich wohl von Ihnen verlange, ist, dass Sie zusehen, vor den Kollegen besser dazustehen. Sonst vertrauen die Ihnen nicht, und Sie ziehen das Team nach unten. Dann bleiben mir nur harte Maßnahmen.‹

Jim kommt inzwischen zu 95 Prozent pünktlich. Der Umschwung kam nicht durch mich, sondern daher, dass er plötzlich merkte, wie negativ die anderen von ihm dachten – und das gefiel ihm nicht.«

Diese Beispiele werden Ihnen kaum ganz neu sein. Sie kennen wahrscheinlich auch den Verkaufs- oder Vertriebsmitarbeiter, dessen Produktkenntnisse zu wünschen übrig lassen. Oder die Sekretärin, die nicht wusste, wie man Spesenabrechnungen verbucht. Oder den jungen Betriebswirtschaftler, der noch keine Ahnung davon hatte, wie ein praxistauglicher Bericht auszusehen hat. All dies sind Beispiele für Defizite im Bereich bestimmter Fertigkeiten oder Kenntnisse. In all diesen Fällen ist Abhilfe möglich. Entweder durch einfache Schulung, etwa in der Anwendung eines Computerprogramms. Oder auf etwas delikatere Weise, indem man dem Mitarbeiter zu einer neuen Einstellung zu sich und seiner Umwelt verhilft. Jedenfalls kann und sollte man hier schulen und trainieren.

Die zweite Frage, die sich gute Manager zunächst stellen, lautet folgendermaßen: Ist das Leistungsdefizit etwa vom Vorgesetzten selbst verursacht, weil er falsch motiviert? Jeder Mitarbeiter ist bekanntlich verschieden. Wenn der Vorgesetzte dies ignoriert, kann schlechte Leistung sehr wohl durch ihn bedingt sein – etwa wenn er nicht wettbewerbsorientierte Mitarbeiter über Wettbewerbe zu motivieren versucht oder wenn er einen schüchternen Menschen öffentlich auszeichnet. Entsprechend liegt die Lösung in solchen Fällen beim Manager selber. Wenn es ihm gelingt, den richtigen Hebel zu finden, vermag er unter Umständen eine wahre Leistungsexplosion auszulösen.

John F., Chef einer Versicherungsagentur, benötigte einen öffentlichen Fehltritt, um dies zu begreifen. Sein tüchtigster Mann war Mark D., mehrfacher Gewinner des Preises für den besten Versicherungsvertreter des Jahres. Mark hatte bereits angedeutet, dass er die dämliche Medaille, die mit dem Preis verbunden war, hasse. Wenn man ihn auszeichnen wolle, meinte er, solle man sich gefälligst etwas Besseres einfallen lassen als noch so eine alberne Plakette, die anschließend beim Rest in einer Schublade verschwinde. John hatte das wohl gehört, glaubte es aber besser zu wissen. Jeder Verkäufer mag diese Dinger, sagte er sich.

Beim Preisverleihungsbankett bat er also wieder einmal Mark zu sich auf die Bühne, um ihm als Gewinner stolz die Plakette zu überreichen. Mark warf einen kurzen Blick darauf, wandte sich dann dem Publikum zu, machte eine obszöne Geste und trat ab, Stein und Bein schwörend, dass er die Firma gestrichen satt habe. Das Bankett geriet zum Desaster.

John F. beriet sich in der Folge mit einigen von Marks Kolleginnen und Kollegen, um herauszufinden, was da zu machen sei. Dabei stellte er fest, dass Mark auf Geschäftsfahrten, beim Essen oder zu anderen Gelegenheiten, wenn Privates zur Sprache kam, offenbar immer von seinen zwei Töchtern schwärmte. Er und seine Frau hatten eine Zeit lang geglaubt, keine Kinder bekommen zu können, daher waren ihm die beiden ganz besonders teuer. Mark pflegte in allen Einzelheiten zu berichten, was sie so machten und zu ihm sagten. Er war ein außerordentlich stolzer Vater. Sie waren sein Leben.

Daraufhin rief John Marks Frau an und erklärte ihr die Situation. Und die hatte eine Idee. Sie nahm die beiden Töchter mit in ein Fotostudio, ließ ein hübsches Portrait von ihnen anfertigen und in einen schönen Rahmen fassen. In diesen Rahmen wurde dann Marks Medaille eingesetzt.

Zwei Wochen später veranstaltete John eine kleine Feier. Vor allen Kollegen sowie den Ehrengästen, Marks Frau und den beiden Kindern, packte John das Portrait aus und überreichte es Mark. Der war zu Tränen gerührt – derselbe Mark, der noch vor kurzem den ganzen Saal brüskiert hatte.

Dies hätte kaum funktioniert, hätte Mark den Eindruck gehabt, John sei nicht wirklich etwas an ihm gelegen. Glücklicherweise aber hatte sich im Laufe der Jahre ein Vertrauensverhältnis zwischen den beiden gebildet. Was noch gefehlt hatte, war auf Johns Seite ein volles Verständnis dessen, was Mark wirklich wichtig war. Die Hinweise von Marks Kollegen halfen John, diese Lücke zu schließen. Von nun an würde er Marks individuelle Motivationsstruktur mehr respektieren und einbeziehen.

Jeder Manager kann aus Johns Erfahrung lernen. Wenn ein Mitarbeiter Leistungsschwächen zeigt, kann es durchaus sein, dass sein Vorgesetzter nicht begriffen hat, wie er ihn anfassen muss. Mit dem richtigen »Hebel« lässt sich das Problem in einem solchen Fall vielleicht ganz leicht beheben. Unter Umständen also ist das Leistungsdefizit einfach ein Defizit der Mitarbeiterführung. Sie sollten diese Möglichkeit auf jeden Fall prüfen, bevor Sie zu anderen Mitteln greifen.

Wenn Sie jedoch die beiden Grundfragen mit einem Nein beantworten können – »Nein, das Leistungsdefizit hat nichts mit fehlenden Fertigkeiten zu tun«; »Nein, es handelt sich auch nicht um ein Problem der Mitarbeitermotivierung« –, dann ist mit großer Wahrscheinlichkeit mangelndes Talent im Spiel. Dem Mitarbeiter fehlt einfach die nötige spezifische Begabung, um in seiner Rolle zu guten Ergebnissen zu kommen. In diesem Fall nützt Training wenig. Da Begabung ja dauerhaften und grundlegenden Charakter hat, ist es höchst unwahrscheinlich, dass sich jemand ein spezifisches Talent hinreichend aneignen kann. Der Mensch ist, was er ist; insofern wird ein solcher Mitarbeiter dort, wo ihm das Talent fehlt, immer gehandikapt bleiben.

Dies hört sich pessimistisch an, ist tatsächlich aber der Normalfall. Schließlich ist niemand vollkommen. Kein Mensch besitzt alle Talente, die er eigentlich braucht, um in einer bestimmten Rolle zu brillieren.

Der Unterschied zwischen einem Untalent und einer Schwäche

Wie man sich denken kann, sehen gute Manager unsere natürliche menschliche Unvollkommenheit angenehm pragmatisch. Zunächst treffen sie eine wichtige Unterscheidung – jene zwischen Schwäche und Untalent. Ein »Untalent« steht sozusagen für mentales Brachland. Es zeigt sich daran, dass jemand mit einer bestimmten Aufgabe immerfort seine Schwierigkeiten hat. Es zeigt sich daran, dass jemand nie den »Kick« verspürt. Es zeigt sich daran, dass eine Sache nie richtig begriffen wird. Isoliert gesehen sind Untalente völlig harmlos. Jemand kann sich vielleicht schlecht Namen merken, ist nicht besonders einfühlsam oder kann nicht strategisch denken. Das hat nicht viel zu sagen. Jeder Mensch hat viel mehr Untalente (bzw. Talentdefizite) als Talente. Die meisten davon sind gänzlich ohne Bedeutung. Man sollte sie in diesem Fall einfach ignorieren.

Allerdings kann sich ein Untalent auch in eine Schwäche verwandeln. Dies ist dann der Fall, wenn es erfolgskritisch ist. Nehmen wir einige Beispiele. Für einen Kellner ist es wichtig, sich Namen merken zu können; ein diesbezügliches Untalent mutiert deshalb zur Schwäche, weil die Stammgäste gerne namentlich angesprochen werden wollen. Für den Vertriebsmitarbeiter ist Einfühlungsvermögen sehr wichtig; ein Talentdefizit in diesem Bereich wird zur Schwäche, weil der Kunde sich verstanden wissen will. Beim Topmanager wiederum ist strategisches Denken verlangt; ein Untalent auf diesem Sektor wäre schlecht, weil es für ein Unternehmen elementar wichtig ist zu wissen, wie es hinter dem Horizont aussieht. Erfolgsrelevante Schwächen sollte man also tunlichst *nicht* ignorieren.

Gute Manager beherzigen das. Sobald sie entdecken, dass hinter dem Leistungsdefizit eine Schwäche steckt, ziehen sie Konsequenzen. Es gibt prinzipiell eigentlich nur drei Möglichkeiten, dem Kandidaten trotzdem zum Erfolg zu verhelfen: *a) Entwicklung eines Hilfssystems; b) Ausfindigmachen eines komplementären Partners; c) Verlagerung des Tätigkeitsgebiets*. Gute Vorgesetzte zeichnen sich dadurch aus, dass sie sich über diese Optionen rasch ein Bild machen und sich für den besten Weg entscheiden.

Entwicklung eines Hilfssystems

Etwa 147 Millionen Amerikaner leiden an einer Sehschwäche. Vor 700 Jahren wäre Kurzsichtigkeit, Weitsichtigkeit oder Astigmatismus ein enormes Handikap gewesen. In dem Maße aber, wie es auf dem Bereich der Optik wissenschaftlich voranging, vermochte man Fehlsichtigkeit mit entsprechenden Linsen immer besser zu kompensieren. Diese Linsen setzte man schließlich in Rahmen, um sie als Brillen oder in anderer Form mit sich führen zu können. Mit dieser einzigartigen Erfindung war Sehschwäche auf einen Schlag zu einem irrelevanten Unvermögen geworden. Millionen von Amerikanern haben nach wie vor Augenprobleme, doch dank des Hilfssystems Brille oder Kontaktlinsen ist dies im Normalfall völlig ohne Bedeutung.

Das eleganteste »Heilmittel« für eine belastende Schwäche ist gleichfalls ein Hilfssystem. Wenn ein Mitarbeiter sich Namen schlecht merken kann, hilft ein entsprechender Organizer. Wenn jemand eine mangelhafte Orthografie hat, sollten Sie sicherstellen, dass er vor dem Ausdrucken oder Versenden eines Dokuments grundsätzlich die automatische Rechtschreibprüfung einschaltet. Mandy M., die Leiterin der Werbeabteilung, berichtet von einer tüchtigen Kundenberaterin, die ihre Glaubwürdigkeit ständig dadurch untergrub, dass sie in saloppen Overalls erschien. Also schleppte Mandy sie in ein Modegeschäft, um sicherzustellen, dass diese Mitarbeiterin über mindestens ein vorzeigbares Kostüm verfügte und es auch benutzte. Jeff B., der Vertriebsleiter der Computersoftwarefirma, beschreibt, wie einer seiner Vertreter wegen häuslicher Schwierigkeiten in Leistungsprobleme geriet. Seine Frau war zunehmend erbost darüber, dass er auf der privaten Telefonleitung so viele geschäftliche Anrufe erhielt. Jeff ließ ihm einfach eine zweite Leitung einrichten und bat ihn, sich ein Zimmer seines Hauses explizit als Büro zu reservieren, dazu Bürostunden festzulegen, in denen er erreichbar sein würde, und im Übrigen die Telefonklingel auszuschalten.

Marie S., Leiterin einer Versicherungsagentur, hatte einen außerordentlich tüchtigen Vertreter, der allerdings nicht nur über ein enormes Ego verfügte, sondern auch noch für schlechte Stimmung sorgte, wann immer er im Büro erschien. Sie ließ in seinem Büro eine neue Tür einbauen, sodass man nun vom Flur direkt zu ihm gelangen konnte. Gleichzeitig aber ließ sie an seiner Tür in klassischen Goldlettern den Namen des Mitarbeiters anbringen. Damit hatte sie zwei Fliegen mit einer Klappe geschlagen: Sie verringerte seinen negativen Einfluss auf die Kollegen und bediente gleichzeitig seinen Geltungsdrang.

Diese Lösung mag etwas überzogen scheinen, doch im Grunde tun alle diese Manager exakt das Gleiche: Sie hebeln die Schwäche eines Mitarbeiters aus, damit mehr Zeit bleibt, um sich auf seine Stärken zu konzentrieren. Bei stärkeorientierten Strategien gilt generell, dass es sowohl nützlicher als auch angenehmer ist, ein Hilfssystem zu entwickeln, statt zu versuchen, die Schwäche zu beseitigen.

Mitunter kann ein Hilfssystem auch noch einem ganz anderen Zweck dienen. Eine große Hotelkette hatte sich verpflichtet, eine bestimmte Quote geistig Behinderter zu beschäftigen, da man der Auffassung war, auch solchen Menschen einfache, doch sinnvolle Tätigkeiten bieten zu können. Freilich kollidierte dieser Altruismus zunächst mit der realen Welt. Der fürs operative Geschäft zuständige Geschäftsführer des Unternehmens berichtet von einer solchen Mitarbeiterin, Janice, die mit der Aufgabe betraut war, Hähnchen zu entpacken, den Grill zu bestücken und sie dann herauszunehmen, sobald das entsprechende akustische Signal ertönte. Janice hatte keinerlei Probleme mit dem Arbeitsablauf als solchem, doch konnte sie nicht zählen. Man durfte aber höchstens sechs Hähnchen gleichzeitig in den Grill packen. Janice überfüllte ihn manchmal, sodass die Hähnchen an den Kontaktstellen nicht richtig durchgebraten wurden – eine nicht ungefährliche Sache.

Für das Unternehmen wäre es ein Leichtes gewesen, Janice aufgrund ihrer Zählschwäche zu entlassen. Doch man ließ sich stattdessen ein einfaches Hilfssystem einfallen, um die Schwäche zu neutralisieren: Man bat den Hähnchenlieferanten, das Geflügel in Sechserpackungen anzuliefern. Auf diese Weise brauchte die Mitarbeiterin lediglich die Packung zu öffnen und den Inhalt komplett in den Grill zu laden – zählen wäre nicht mehr nötig. Der Lieferant weigerte sich allerdings, der Bitte nachzukommen, weil dies seinerseits mit zu viel Aufwand verbunden sei.

Das Unternehmen reagierte prompt. Es kündigte den Lieferanten und besorgte sich die Hähnchen von einem Wettbewerber, für den die Sechserpacks kein Problem waren. Inzwischen schert sich niemand mehr darum, dass Janice nicht zählen kann. Ihre Schwäche ist kein Handicap mehr; sie wurde zum »Untalent« neutralisiert.

Ausfindigmachen eines komplementären Partners

Jahr für Jahr pilgern Zehntausende von Nachwuchsführungskräften zu Managementseminaren, die ihnen – getreu der Devise, Topmanager (Leader) würden gemacht, nicht geboren – die höheren Weihen versprechen. Dort lernen sie die verschiedenen Eigenschaften und Fähigkeiten respektive »Kompetenzen« kennen, die den Spitzenmanager und Unternehmensführer idealerweise ausmachen. Anhand des Feedbacks von Kollegen und Untergebenen gilt es dann das persönliche »Führungsprofil« mit seinen Höhen und Tiefen zu ermitteln. Nach diesem Lernen und Analysieren beginnt aber erst die harte Arbeit. Jeder Teilnehmer ist gehalten, einen Plan zu entwerfen, um seine Profiltiefen zu beseitigen und der Modellführungskraft möglichst nahe zu kommen, sozusagen »komplett« zu werden.

Dieser letzte Schritt ist nach Auffassung erstklassiger Manager ein unseliges Missverständnis. Sie sind durchaus auch der Meinung, dass Führungskräfte alle jobrelevanten Rollen kennen und beherrschen müssen, und sie sehen auch nichts Verkehrtes darin, dass der Manager gleichsam in den Spiegel schaut, um zu erfahren, wie er von Kollegen und Untergebenen wahrgenommen wird. Doch jenen letzten Schritt – die Entwicklung eines Plans, der den Manager »komplettiert« – halten sie für beklagenswert naiv. Denn wer den Kurs als schlechter Redner beginnt, wird ihn auch als schlechter Redner verlassen. Wer Auseinandersetzungen nicht mag, wird immer versuchen, einem Kampf aus dem Wege zu gehen. Wer unpraktisch veranlagt ist, wird immer seine Probleme damit haben, seine Ideen in die Praxis zu übersetzen. Ein Schulungskurs kann zwar helfen, besser zu verstehen, warum bestimmte Talente wichtig sind und wie sie funktionieren. Aber erwerben kann man sie sich dadurch beim besten Willen nicht.

Daran ist jedoch überhaupt nichts Negatives. Selbst die bedeutendsten Wirtschaftsführer Amerikas haben mit derlei Defiziten ganz selbstverständlich gelebt. Das Letzte, was sie auf ihrem Erfolgsweg interessierte, war ihr unvollständiges »Profil«. Manche waren sich ihrer Schwächen durchaus bewusst, doch keiner wäre je auf die Idee gekommen, daraus Stärken machen zu wollen. Sie begriffen instinktiv, wie sinnlos so etwas wäre. Also besannen sie sich eines Tricks – und suchten sich einen passenden Partner.

Walt Disney brauchte nicht lange zu suchen – er hatte seinen kongenialen Bruder Roy. William Hewlett fand David Packard (dank der freundlichen Unterstützung ihres gemeinsamen Stanford-Professors). Bill Gates und Paul Allen lernten sich im Computerclub ihrer High School kennen. Nicht ein einziger dieser großen Wirtschaftsbosse war im obigen Sinne »komplett«. Sie mögen wohl ein breites Fachwissen gehabt haben, doch in puncto Begabung waren sie alle nur in ein oder zwei Kernbereichen wirklich brillant, in vielen anderen hingegen absolutes Mittelmaß. Die jeweiligen Partnerschaften waren deshalb so wirkungsvoll, weil die Partner sich kongenial ergänzten: Wo der eine seine Schwächen hatte, kompensierte der andere dies mit seinen Stärken. »Komplett« waren die Partnerschaften, nicht die beteiligten Individuen.

Die Lektion von diesen Topstars ist klar: Wer Erfolg haben will, sollte zusehen, dass er aus dem, was er ist, Kapital schlägt – und nicht versuchen, etwas aus sich zu machen, was ihm nicht gegeben ist. Wer also in ein oder zwei wichtigen Bereichen Schwächen hat, sollte sich einen Partner suchen, der genau in diesen Bereichen seine Stärken besitzt. Wenn zwei solche Zahnräder gut ineinandergreifen, kann sich jeder voll auf seine Stärken konzentrieren.

Diese Strategie lässt sich auf praktisch jede Rolle und jedes Tätigkeitsgebiet übertragen. Da nur in den wenigsten Fällen jemand seine Rolle voll ausfüllt, wird der gute Vorgesetzte immer bestrebt sein, die Schwächen des einen Mitarbeiters durch die Stärken des anderen zu kompensieren.

Betrachten wir einige Beispiele. Jan B. hatte eine äußerst kreative Mitarbeiterin namens Diane in seinem Team. Diane schien gänzlich unfähig zu sein, ihre Spesenabrechnung rechtzeitig einzureichen. Doch anstatt ihr hier ständig in den Ohren liegen zu müssen, ersann Jan ein anderes Mittel. Er trug ihr auf, nach jeder Rückkehr von einer Reise ihre sämtlichen Belege sofort und gänzlich unsortiert in einen Umschlag zu stecken und diesen ihrem Kollegen Larry zu übergeben. »Larry macht das schon«, sagte er zu ihr. Larry ist indes beileibe keine Hilfskraft, sondern Werbeprofi wie Diane. Da er aber in dem kleinen Team der Bestorganisierte ist, macht er die Spesenabrechnungen für die Kollegen. Das mag eine unkonventionelle Lösung sein. Auf jeden Fall setzt sie wechselseitiges Vertrauen und gegenseitigen Respekt voraus. Jan jedenfalls findet, dass dies eine hervorragende Möglichkeit ist, zwei Fliegen mit einer Klappe zu schlagen: Larrys Talent zu nutzen und Dianes Schwäche zu neutralisieren.

Jeff B. ist ein anderes Beispiel. Er ist ein offener, emotionaler und konzeptuell-strategisch veranlagter Mensch, aber leider auch ein miserabler Planer. »Taktisches hat mir noch nie gelegen«, gesteht er. »Am

Boden bin ich super, kann im direkten Kontakt hervorragend Vertrauen aufbauen. Genauso wohl fühle ich mich sozusagen in luftigen Höhen, kann prima mit Strukturen arbeiten und Szenarien entwerfen. Dazwischen aber bin ich eine glatte Null. Genau da aber ist Tony stark. Wenn wir ein Projekt besprechen, sieht er alles ganz anders als ich. Während ich mit ›Was wenn ...?‹ oder ›Warum nicht ...?‹ argumentiere, fangen seine Fragen eher mit ›Wie viel‹ oder ›Wann‹ an, oder er sagt: ›Beweis es!‹. Würde ich mit meinen halbgaren Ideen in Sitzungen auftauchen, könnte ich jedes Mal mein blaues Wunder erleben. Wenn wir uns aber gemeinsam mit einer Idee beschäftigen, stecken wir sie alle in die Tasche. Es ist noch kein einziges Mal schief gegangen. Wie ich zu Tony immer sage: Einzeln sind wir nicht viel, aber zusammen funktioniert unser Gehirn.«

Wenn man sich mit großen Managern unterhält, wird man mit Beispielen dieser Art regelrecht überschüttet. Mit der Zeit kommen einem diese Partnerschaften völlig selbstverständlich vor. Man findet es logisch, dass sich der kreative Theoretiker mit seinen zwei linken Händen mit seinem cleveren und geschäftstüchtigen Gegenpart zusammenschloss. Natürlich musste der schlecht organisierte Verkäufer den übergenauen Büromenschen für den idealen Partner halten. Und dass der forsche Hochflieger in dem bodenständigen Praktiker einen Mentor fand, wundert auch nicht. Man könnte das alles für zwangsläufig halten.

Doch der Eindruck trügt. Solche Partnerschaften erklären sich keineswegs von selbst. Ganz im Gegenteil. Jeder dieser Fälle ist eine Anomalie. Jede Partnerschaft ist in Wahrheit ein überraschend seltenes Beispiel dafür, wie es Managern gelang, das System zu überlisten und aus individuell-unvollkommenen Mitarbeitern das Optimum herauszuholen. Gute Manager sprechen freilich so selbstverständlich von derlei Partnerschaften, dass man ganz vergisst, wie schwierig sie tatsächlich herzustellen sind.

Warum Unternehmen Partnerschaften oft blockieren

Eine gesunde Partnerschaft basiert auf einer entscheidenden Voraussetzung: Beide Partner wissen um ihre Unvollkommenheit. Ist dies nicht der Fall – besteht etwa Angst, Schwächen zuzugeben; oder das

Bedürfnis, sie mit Gewalt zu beseitigen; oder eine Abneigung, Hilfe einzuholen –, so wird der Drang nach einer produktiven Partnerschaft bei beiden Kandidaten nicht sehr groß sein. Jeder hält sich zurück, hat Angst, sich bloßzustellen, und begegnet jedem potenziellen Partner mit Misstrauen.

Seltsamerweise wird in den meisten Unternehmen ein solches Verhalten auch noch gefördert. Stellenbeschreibungen umfassen selbst für die einfachsten Funktionen zwei bis drei Seiten – wohl in der Absicht, nur ja keine der Tätigkeiten, denen der ideale Stelleninhaber genügen sollte, auszulassen. Falls der Stelleninhaber dann doch im einen oder anderen Punkt Schwächen zeigt, sollen Training und Entwicklungspläne für Abhilfe sorgen. Allenthalben geht das Wort vom zu erweiternden »Fähigkeitenspektrum« um.

Seinen vielleicht gängigsten Ausdruck findet das Phänomen der »Partnerschaftsverhinderung« jedoch in der weit verbreiteten Auffassung von »Team« und »Teamwork«. Immer wieder wird der Satz »Die Mannschaft ist der Star« kolportiert. Dies scheint nach allgemeinem Verständnis zu implizieren, dass gute Teams in erster Linie auf Zusammenarbeit und wechselseitiger Unterstützung basieren. Das Ich spielt keine Rolle. Das Ganze ist offenbar mehr wert als seine einzelnen Elemente.

Auf den ersten Blick mag man daran nichts Negatives finden. Viele Unternehmen haben sogar ein Credo daraus gemacht und begonnen, eigenverantwortliche Teams einzurichten, deren Mitglieder sich nach dem Rotationsprinzip in unterschiedlichen Rollen betätigen. Dementsprechend werden sie umso besser bezahlt, je mehr Funktionen sie wahrnehmen können. Außerdem wird von den Mitgliedern erwartet, dass sie nicht nach individuellen Zielen streben, sondern sich ganz in den Dienst des Teams stellen.

In Wahrheit aber ist diese gängige Sicht der Teamarbeit irreführend und gefährlich. Die guten Manager sind keineswegs der Auffassung, dass Kameraderie die tragende Säule eines produktiven Teams sei und dass Teammitglieder alle Funktionen gleichermaßen gut wahrnehmen können sollten. Für sie zeichnet sich ein gutes Team vielmehr dadurch aus, dass die einzelnen Mitglieder genau wissen, welche Rolle ihnen am besten liegt. In dieser Funktion werden sie dann auch überwiegend eingesetzt.

Das Grundprinzip besagt hier, dass hervorragende Teams *hervorragende individuelle Leistungen* benötigen. Folglich kommt es für den Manager hauptsächlich darauf an, sicherzustellen, dass die einzelnen Mitglieder die richtige Rolle zugewiesen bekommen. Erst in zweiter Linie geht es darum, die Stärken und Schwächen der Teammitglieder so auszubalancieren, dass die Schwächen wechselseitig kompensiert werden. Danach erst – und keinesfalls früher – kommen allgemeinere Aspekte wie Kameradschafts- beziehungsweise Teamgeist ins Spiel. Natürlich kann es für den Einzelnen mitunter notwendig werden, in eine andere Rolle zu schlüpfen, um auszuhelfen. Doch ein solches Einspringen ist in einem guten Team die Ausnahme, nicht seine Existenzgrundlage schlechthin.

Jim K. ist Oberst bei der Armee – einer Organisation also, bei der man es durchaus verstehen könnte, wenn Flexibilität und Kameradschaft höher bewertet würden als individuelle Topleistung. Er beschreibt Teambildung so:

»Wenn ich einen Zug zusammenstelle, will ich von jedem der Rekruten erst einmal wissen, was ihn am meisten interessiert und was er am liebsten macht. Der eine nennt vielleicht Scharfschießen, einen anderen interessiert die Funkerei, wieder einen anderen die Sprengstoffe. Und so weiter. Ich frage also jeden Einzelnen und mache mir meine Notizen. Bei der Gruppenbildung versuche ich dem dann Rechnung zu tragen. Natürlich bekommt man das nicht in Reinform hin. Und ebenso klar ist, dass jeder alles können muss – im Ernstfall kann man ja einen Mann verlieren, und dann muss jeder einspringen können. Trotzdem muss man auf jeden Fall so beginnen, dass die Rollen nach Neigung verteilt werden. Sonst sieht es für den Zug im Ernstfall schlecht aus.«

Während nach gängiger Auffassung individuelle Spezialisierung die Antithese von Teamarbeit ist, ist sie für gute Manager das Grundprinzip.

Wenn die richtige Positionierung des Einzelnen also dermaßen wichtig ist, kommt ein gutes Team ohne Ichs nicht aus. Es braucht sogar viele starke, deutlich erkennbare Ichs – sozusagen Stars in der Mannschaft. Es braucht Individuen, die sich selber gut genug kennen, um die richtigen Rollen für sich zu wählen und sich darin wohl zu fühlen. Ein Teammitglied, das seine Stärken und Schwächen zu wenig kennt, belastet mit seiner schlechten Leistung und seinem latenten Bedürfnis nach Rollentausch das gesamte Team. Selbstbewusste Individuen hingegen – starke Ichs – sind die Bausteine, die ein gutes Team braucht.

Suche nach einer alternativen Rolle

Es gibt freilich Fälle, in denen nichts richtig hilft. Man schult, macht Partner ausfindig, schafft Organizer an, bringt ein Rechtschreibprogramm zum Einsatz, baut das Büro um. Doch es funktioniert nicht.

In einer solchen Situation bleibt wenig Wahl – für den Mitarbeiter muss eine andere Tätigkeit gefunden werden. Die Rolle passt nicht zu ihm. Mitunter lässt sich eine schlechte Beziehung eben tatsächlich nur dadurch heilen, dass man sie beendet. Ähnlich ist es im Arbeitsleben: Schlechte Leistungen lassen sich mitunter nur dadurch beheben, dass man den Mitarbeiter entweder kündigt oder versetzt.

Wann dieser Punkt erreicht ist, lässt sich nicht mit völliger Gewissheit bestimmen. Doch die besten Manager geben folgenden praktikablen Tipp:

Schwächen neutralisieren muss man immer, bei jedem Mitarbeiter. Wenn Sie jedoch feststellen, dass Sie bei einem Mitarbeiter *überwiegend* damit beschäftigt sind, Schwächen in den Griff zu bekommen, handelt es sich sehr wahrscheinlich um einen »Casting-Fehler« – das heißt, Sie haben die Stelle falsch besetzt. In diesem Fall gilt es den Grundfehler zu korrigieren, nicht den Mitarbeiter.

6. Schlüssel Nr. 4: Auf die richtige Abstimmung kommt es an

Der blinde Aufstieg

Früher oder später sieht sich jeder Manager von seinen Mitarbeitern vor die Frage gestellt: »Wie geht es für mich weiter? Welche Möglichkeiten habe ich?« Der Mitarbeiter möchte sich entwickeln. Er will natürlich auch mehr verdienen, mehr Ansehen erlangen. Vielleicht langweilt er sich auch, fühlt sich unterfordert oder verdient mehr Verantwortung. Wie auch immer die Gründe, der Mitarbeiter möchte sich weiterentwickeln und erwartet von Ihnen Hilfe.

Welche Reaktion ist die richtige? Ihn befördern? Ihn an die Personalabteilung verweisen? Oder ihm sagen, dass Sie nicht mehr tun können als ein gutes Wort für ihn einzulegen?

Die eine richtige Antwort gibt es nicht. Jede der genannten Optionen ist denkbar, je nach Situation. Doch jenseits der richtigen *Antwort* gibt es sehr wohl den richtigen *Ansatz* – nämlich *dem jeweiligen Mitarbeiter zu helfen, für sich die optimale Anforderung zu finden.* Es geht also darum, dass der Einzelne Tätigkeiten findet, die ihm möglichst gut liegen. Die Kombination von Stärken (d. h. Fertigkeiten, Kenntnissen *und* Talenten), die jedem eigen ist, sollte den spezifischen Anforderungen der beruflichen Aufgabe möglichst gut entsprechen.

Für den einen Mitarbeiter kann dies Beförderung in eine Leitungsfunktion bedeuten, für einen anderen Abschied vom Unternehmen, für wieder einen anderen Weiterentwicklung in der gegenwärtigen Funktion, für noch einen anderen Rückkehr in seine frühere Funktion. Die Antwort ist individuell verschieden, und nicht immer mag sie der Mitarbeiter gerne hören. Doch auch in diesem Fall bleibt der gute

Manager seinem Ziel treu: Unabhängig von den persönlichen Wünschen des Untergebenen ist es die Pflicht des Vorgesetzten, dem Mitarbeiter eine Aufgabe oder Funktion zuzuweisen, die ihm die besten Erfolgschancen eröffnet.

Das hört sich einfach an. Doch in der Praxis hat das Ganze seine Tücken. Dies liegt vor allem daran, dass es nach gängiger Auffassung auf die Frage nach dem Ziel der Reise nur eine Antwort gibt: »Aufwärts«.

Die berufliche Karriere verläuft demnach in einer festen Bahn: Man beginnt als einfacher Mitarbeiter. Nachdem man sich das nötige Sachwissen angeeignet hat, wird man in eine etwas gehobenere, anspruchsvollere Mitarbeiterposition befördert. Danach bekommt man eine Vorgesetztenrolle. Bringt man hier gute Leistungen, klettert man mit etwas Glück und guten Beziehungen immer höher, bis man irgendwann kaum mehr weiß, was all die einfachen Mitarbeiter da unten eigentlich so machen.

Bereits 1969 warnte uns Laurence Peter in seinem Buch *Das Peter-Prinzip*, dass dieses rigorose Beförderungswesen zwangsläufig Scheitern produziere (Zitat: »Beförderung bis auf die Stufe der Inkompetenz«). Das hat damals gestimmt und stimmt immer noch. Leider ist es uns in der Zwischenzeit nicht gelungen, an den Verhältnissen viel zu ändern. Wir sind noch immer der Meinung, gute Leistungen würden am besten honoriert, indem wir den Mitarbeiter aus seiner Erfolgsrolle herausbefördern. Noch immer sind Gehalt, Zulagen und Titel fest an eine bestimmte Sprosse der Karriereleiter gebunden: Je höher die Sprosse, desto besser mithin die Bezahlung, desto höher die Zulagen und Vergünstigungen, desto beeindruckender die Stellenbezeichnung. Auf diese Weise signalisieren wir den Mitarbeitern ständig, vorwärts sei gleich aufwärts. »Nur nicht allzu lange in einem Job verbleiben«, lautet die Botschaft, »denn das macht sich im Lebenslauf überhaupt nicht gut. Bleib dran, drängle dich vor, streng dich an, die nächste Stufe zu erklimmen. Nur so kommst du voran. Nur so bringst du es zu Ansehen.«

So wohlgemeint diese Signale auch sein mögen, manövrieren sie den einzelnen Mitarbeiter doch in eine äußerst prekäre Situation. Ansehen, so weiß er, kann er sich nur verschaffen, wenn es ihm gelingt, nach oben zu kommen. Doch während er klettert, merkt er, dass hinter ihm

Sprosse für Sprosse durchsägt wird. Es gibt keinen Weg zurück – außer durch einen Sturz. Also klettert er mühevoll weiter, so weit es eben geht, blind für alles andere, und früher oder später ist es dann eben die entscheidende Sprosse zu viel. Früher oder später gerät er in die falsche Position – und ist darin gefangen. Zurück kann und will er nicht mehr; nach oben geht es nicht mehr. Er verharrt verzweifelt auf seiner Sprosse, bis ihm das Unternehmen schließlich den Stoß versetzt.

Eine Sprosse zu viel

Marc C. hat den Stoß erlebt, den Fall, das Aus. Eines Tages fand er sich entgeistert auf Washingtons Pennsylvania Avenue wieder, vor dem Weißen Haus, und versuchte zu begreifen, was da geschehen war.

Noch zwei Jahre zuvor hatte er ständig aus dem Koffer gelebt. Als Chefkorrespondent einer europäischen Fernsehstation war er in der einen Woche in Zaire, um über den Sturz eines Diktators zu berichten, und in der nächsten Woche schon in Tschetschenien, um die Welt über die Gräuel des Krieges und den Rückzug der Aufständischen zu informieren. Wo immer Marc auftauchte, war er der bewunderte Meister. Er hatte es einfach drauf. Er hatte immer eine Erklärung parat, verlor auch im größten Durcheinander nicht den Überblick. Wenn Marktplätze beschossen oder Zivilisten von Heckenschützen niedergestreckt wurden, war Marc zur Stelle und berichtete klar und verständlich von den Ereignissen und ihren Hintergründen. Die Zuschauer daheim schätzten den souveränen und kompetenten Beobachter vor Ort. Man vertraute ihm. Niemand war überrascht, als er den Posten in Jerusalem bekam.

Auf der Karriereleiter der Auslandskorrespondenten ist Washington die oberste Sprosse. Der Job dort hat das meiste Prestige, ist am besten bezahlt und – sehr wichtig – mit der meisten Präsenz beziehungsweise Sendezeit verbunden. Ein Traumjob also. Doch direkt dahinter kommt schon Jerusalem. Jerusalem ist interessanter als etwa Brüssel und wichtiger als Moskau, seit der Kalte Krieg vorbei ist. Jerusalem ist einer der wenigen Brennpunkte, an denen lokale Konflikte globale Bedeutung besitzen. Auch Jerusalem also ist für jeden Auslandskorrespondenten ein Traum.

In Jerusalem gab Marc seinen Talenten den letzten Schliff. Israel ist ein kleines Land, daher konnte Marc mit seinen Live-Berichten ständig präsent sein. Wenn israelische Siedler gegen die letzten Friedensvereinbarungen protestierten, war Marc unter ihnen, marschierte mit und brüllte aus der lärmenden Menge heraus seinen Bericht ins Mikrofon. Wenn palästinensische Jugendliche gegen das israelische Militär Steine warfen, stand Marc in einer der schmalen Seitengassen und kommentierte die Vorgänge in klaren und einfachen Worten. Im überhitzten politischen Klima des Mittleren Ostens verkörperte er die kühle und besonnene Stimme der Vernunft.

Ein Jahr später boten ihm seine Vorgesetzten den absoluten Topjob an: Washington. Und damit noch mehr Geld, mehr Ansehen, mehr Sichtbarkeit. Marc war in Jerusalem eigentlich vollkommen zufrieden gewesen – doch ein solches Angebot konnte er nicht ablehnen. Es war die Krönung eines erfolgreichen Korrespondentenlebens. Also packte er, wenn auch etwas widerwillig, seine Koffer, um noch einmal einen Neuanfang zu machen. Natürlich sollte der Topjob seiner Karriere noch das Glanzlicht aufsetzen. Doch dann ging alles sehr rasch bergab.

Sieht man von dem einen oder anderen kleinen Skandälchen ab, passiert in Washington nicht allzu viel – jedenfalls war es in Marcs Zeit so. Ein Präsidentenveto hier, ein Filibuster dort, doch kaum jemand in Europa versteht das und noch weniger Menschen interessiert es. Trocken und langweilig geht es zu; gewiss alles wichtig, aber ziemlich uninteressant. Der Chef des Washingtoner Büros braucht also ein gewisses dramaturgisches Geschick, um dem zähen politischen Geschäft Helden und Bösewichter abgewinnen und von glänzenden Siegen und vernichtenden Niederlagen berichten zu können. Kurzum: Er muss dem faden Brei kräftig Würze untermischen.

Marc war dafür leider der völlig falsche Mann. Er war unübertrefflich, wenn es darum ging, echte Dramen in einen politischen Kontext einzubetten. Aber die Politik dramatisch darzustellen war seine Sache nicht. Mit Mörserangriffen kannte er sich aus; doch in einer Stadt, in der der Bericht zur Lage der Nation ein Topereignis ist, wusste er sich kaum zu helfen. Seine Geschichten fanden kein Interesse. Seine Berichte wirkten fad. Er kam einfach nicht zurecht.

Drüben in Europa kehrte ihm das Publikum immer mehr den Rücken. Seine Vorgesetzten wussten zwar nicht so recht, woran es lag, doch der Leistungsunterschied zu früher war spürbar. Eine Weile unterstützten sie ihn noch – der Mann hatte ja schließlich Verdienste –, doch dann zogen sie die Notbremse. Man berief ihn ab. Innerhalb eines halben Jahres war aus dem Star von Jerusalem der Reinfall von Washington geworden.

Marcs Rolle mag exotisch anmuten, doch ungewöhnlich ist sein Schicksal keineswegs. In seinem Wunsch, voranzukommen und seinen Vorgesetzten zu gefallen, kletterte er brav die Karriereleiter hinauf, bis es schließlich die entscheidende Sprosse zu viel war. Leider kommt dies ständig vor. Um mehr Geld, einen schöneren Titel und höheres Ansehen zu bekommen, müssen aus Lehrern partout Schulbürokraten werden; Manager der mittleren Ebenen werden ins Topmanagement gehievt; Krankenschwestern müssen ins Pflegemanagement aufrücken; Handwerker müssen zu Managern anderer Handwerker werden; Reporter müssen zu Bürochefs mutieren. In den meisten Unternehmen ist Marcs Schicksal die absolute Regel.

Laurence Peter hatte Recht. Die meisten Beschäftigten werden in der Tat bis zur Inkompetenz befördert. Unser System will es so.

Es gibt Alternativen

Dieses System hat gewaltige Mängel, denn es beruht auf drei falschen Annahmen.

Erstens ist es ein Trugschluss zu glauben, jede folgende Leitersprosse sei nur eine etwas komplexere Version der vorhergehenden. Demnach könne jemand, der auf einer Stufe hervorragende Leistungen erbringt, mit etwas Schulung auch eine Stufe höher ganz gut bestehen. Fähige Manager halten das für baren Unsinn. Ihnen ist klar, dass nicht jede Sprosse zwangsläufig zur nächsten führt.

Zweitens schafft das konventionelle Laufbahndenken unvermeidlich Konflikte. Solange nämlich Ansehen nur relativ weit oben angesiedelt ist, ist jeder Mitarbeiter – selbst bei guter Kenntnis der eigenen Fähigkeiten – versucht, die Tour mitzumachen. Jede Stufe ist ein Wettbewerb, und da es weniger Positionen als Bewerber gibt, ist die Zahl der Verlierer zwangsläufig viel größer als die der Gewinner. Gute Manager mögen dieses Spiel nicht. Sie haben eine bessere Idee: Warum den Konflikt nicht aus der Welt schaffen, indem man Ansehen breiter streut? Warum nicht alternative Laufbahnen einrichten, indem man jeder gut ausgefüllten Rolle ein entsprechendes Ansehen verschafft? Warum nicht jeder Rolle ihre »Helden« zugestehen?

Der dritte und gravierendste Mangel des Systems liegt darin, dass vielfältige Erfahrungen als positiv gewertet werden. Dies hat bei den Beschäftigten eine Jagd nach verwertbaren Fertigkeiten und Erfahrungen zur Folge. Wer solche Trophäen stolz in seinem Lebenslauf präsentieren kann, fühlt sich für die nächste Sprosse der Karriereleiter gewappnet und wartet entweder bescheiden ab, bis der Ruf erschallt, oder wirbt ordentlich in eigener Sache. In diesem Szenario ist der Mitarbeiter der Bittsteller und der Vorgesetzte der Türsteher, der den Erwählten Eintritt gewährt und die Masse fern hält. Die Eintrittskarte geht an jene Kandidaten mit den meisten Qualifikationen und den weitreichendsten Erfahrungen; sie werden zu Höherem berufen. Großen Managern ist dieses ganze Szenario ein Dorn im Auge. Sie halten nichts von der Jagd nach verwertbaren Fertigkeiten und Erfahrungen als Karrieremotor. Sie haben eine ganz andere Triebkraft im Blick. Ihnen geht es um eine *ganz neue Art von Laufbahn.*

Eine Sprosse muss nicht unbedingt zur nächsten führen

Warum nehmen wir eigentlich immer noch an, der Erfolg auf einer bestimmten Sprosse garantiere den Erfolg auf der nächsten? Vermutlich unterscheiden wir nicht hinreichend zwischen Erlernbarem und nicht Erlernbarem, das heißt zwischen Fertigkeiten, Kenntnissen und Begabungen. Ansonsten würden wir kaum annehmen, aus einem guten Verkäufer auch einen guten Manager und aus einem soliden Manager der unteren oder mittleren Ebene einen strategisch-visionären Kopf machen zu können.

Wie oben mehrfach ausgeführt, wissen wir inzwischen, dass für jede Rolle respektive Tätigkeit ganz spezifische Talente erforderlich sind, wenn gute Ergebnisse erzielt werden sollen. Diese Talente jedoch sind – im Unterschied zu angelernten Fertigkeiten, Fähigkeiten und Kenntnissen – extrem schwer zu vermitteln und zu erwerben. Stellt man diese zentrale Einsicht in Rechnung, lassen sich viele herkömmliche Laufbahnmuster nicht mehr halten. Die natürlichen Fähigkeiten (also Talente), die der Verkäufer einerseits und der Manager andererseits braucht, schließen sich zwar nicht gegenseitig aus, sind aber unvergleichbar. Wer auf dem einen Gebiet gut ist, muss es daher auf dem anderen noch lange nicht sein. Gleiches gilt für den »Manager« einerseits und die »Führungskraft« (den Topmanager oder »Leader«) andererseits. Und Gleiches gilt auch für alle sonstigen Rollen – selbst wenn sie sich auf den ersten Blick sehr zu ähneln scheinen.

Nehmen wir zum Beispiel die übliche Laufbahn im Sektor Informationstechnologie. Die meisten Beschäftigten des IT-Bereiches fangen als Programmierer an und landen irgendwann in der Rolle des Systemanalytikers, sind dann also mit der Entwicklung integrierter Systeme befasst. Vom Programmierer zum Systemanalytiker – dies bezeichnet die beiden untersten Sprossen der Karriereleiter in der IT-Branche. Angesichts der oberflächlichen Ähnlichkeiten mag man dies für eine sinnvolle Strukturierung halten.

Tatsächlich aber sind die beiden Funktionen sehr verschieden. Gute Programmierer besitzen ein spezifisches kognitives Talent namens »Problemlösung«. Anders ausgedrückt: Der gute Programmierer braucht *sämtliche Einzelteile* des Puzzles. Ist dies der Fall, kann er beginnen, das perfekte Ganze herzustellen. Genau hierin liegt sein spezifisches Talent. Auf der Alltagsebene heißt dies, dass Programmierer etwa gerne Kreuzworträtsel oder Denksportaufgaben lösen (wir erinnern uns an die Aufgaben in Kapitel 3). Beruflich gesehen heißt es, dass sie sehr gut in der Lage sind, Tausende von Codezeilen in eine optimale Anordnung zu bringen.

Für einen Systemanalytiker mag es zwar ganz schön sein, diese Begabung zu besitzen, aber besonders erfolgsrelevant für seinen Job ist sie nicht. Sein hervorstechendes kognitives Talent ist demgegenüber die Kunst der Formulierung und Formalisierung. Gute Systemanalytiker mögen Situationen, die durch *unvollständige Informationen* geprägt sind. Gerade wenn die wichtigsten Fakten fehlen, macht es ihnen den größten Spaß. Denn dann können sie Szenarien durchspielen, Hypothesen bilden, Theorien testen. Auf ihren Beruf übertragen heißt das: Es liegt ihnen, komplexe Systeme zu entwickeln und diese dann gründlich zu prüfen, um Fehler zu eliminieren. Hat das System eine Schwäche, spielen sie so lange Alternativen durch, bis eine saubere Lösung gefunden ist und man genau weiß, was wo und warum geändert werden muss.

Die Talente »Problemlösung« und »Formalisierung« schließen sich keineswegs gegenseitig aus. Ein Mitarbeiter kann durchaus beide besitzen. Doch umgekehrt gilt auch: Der gute Problemlöser ist nicht *zwangsläufig* auch ein guter Formulierer und Formalisierer. Folglich ist die konventionelle Laufbahn unsinnig. Genauso gut könnte man zum Würfel greifen, wenn es um die Besetzung des Jobs des Systemanalytikers geht. Das Ergebnis wäre auch nicht schlechter.

Bei Beförderungen kommt es also offenkundig auf etwas ganz anderes an: Man muss zunächst die Rolle gut kennen, die es zu besetzen gilt – muss genau wissen, welche motivationalen, kognitiven und beziehungsmäßigen Talente erfolgskritisch sind. Auch nach guter Prüfung der Rolle und des Kandidaten kann es immer noch vorkommen, dass man den Mitarbeiter in die falsche Position befördert, denn jeder Mensch ist hoch komplex. Kein Manager trifft den Nagel immer auf den Kopf. Zumindest aber haben Sie sich in diesem Fall bemüht, Rollenanforderungen und individuelle Begabungen optimal aufeinander abzustimmen.

Hätten sich Marcs Vorgesetzte auch nur ansatzweise die Mühe gemacht, dies zu durchdenken, dann wäre ihnen vermutlich von selbst aufgefallen, wie inkompatibel hier Job und Person waren. Gefragt war ein Berichterstatter, der trockene Fakten publikumswirksam präsentieren kann; Marc indes ist jemand, der lieber konsolidiert und Ruhe ins Chaos bringt.

Jede Rolle braucht Vorbilder

Auch wenn Sie sich bemühen, Mitarbeiter und Funktion sorgfältig zur Deckung zu bringen, reicht das noch nicht aus. Denn Ihrer Sichtweise steht mit großer Wahrscheinlichkeit der Wunsch des Mitarbeiters nach Beförderung entgegen – er will »nach oben«. Man kann ihm das nicht verdenken. Alle Signale, die er vom Unternehmen erhält, laufen ja auf die Gleichung »höher gleich besser« hinaus. Mehr Geld, ein hoffähigerer Titel, attraktivere Vergünstigungen, ein größeres Büro mit erstklassigem Inventar – all dies winkt dem Glücklichen, der die nächste Sprosse der Karriereleiter erklimmt.

Diese Verlockungen sind eine äußerst schädliche Einrichtung. Nicht nur verführen sie den Mitarbeiter dazu, von einer Erfolgsstufe in die Mittelmäßigkeit »abzusteigen«, sondern sie schaffen zudem einen Engpass – Legionen von Beschäftigten versuchen, sich einen der wenigen Plätze an der Sonne zu sichern. Konflikte und Enttäuschungen sind auf diese Weise vorprogrammiert. Es liegt also auf der Hand, dass wir einen Weg finden müssen, um den Ehrgeiz der Beschäftigten in sinnvollere, produktivere Kanäle zu lenken.

Es gibt ihn. Er lautet: *Aufwertung der einzelnen Funktionen und Tätigkeiten.* Es geht darum, jede einzelne Position als geachtet zu etablieren und ganz konkret Vorbilder zu schaffen. Zwar werden manche Mitarbeiter nach wie vor die herkömmliche Karriereleiter bevorzugen, falls sie etwa über Management-/Organisationstalent oder strategisches Führungstalent verfügen, und insofern ist das auch vollkommen in Ordnung. Doch wenn die Anreize stimmen, werden viele Mitarbeiter ihre Energien durchaus darauf verwenden, sich in ihrem aktuellen Job weiterzuentwickeln. Guten Managern schwebt mithin ein Unternehmen vor, in dem es vielfältige Möglichkeiten gibt, sich Ansehen/Sozialprestige zu erwerben – ein Unternehmen, in dem etwa auch der Spitzensekretärin ein hoher Titel zusteht, in dem exzellente Reinigungskräfte doppelt so viel verdienen wir ihr Vorgesetzter und ein jeder, der seinen Job gut erledigt, Anerkennung erfährt und offizielles Ansehen genießt.

Wenn dies für Sie allzu utopisch klingt, sollten Sie sich belehren lassen. Die erfolgreichsten Manager auf diesem Globus arbeiten schon lange mit derlei Methoden. Wir wollen sie hier kurz vorstellen.

Leistungsstufen

Wie lange braucht es eigentlich, um auf einem bestimmten Gebiet erstklassige Leistungen zu erbringen? In einer Studie mit dem Titel *Development of Talent Project* (Projekt Talententwicklung) ging Dr. Benjamin Bloom von der Northwestern University der Entwicklung hervorragender Künstler, Pianisten, Schachspieler, Tennisspieler, Schwimmer, Mathematiker und Neurologen nach. Dabei stellte er fest, dass es unabhängig von der Branche zehn bis 18 Jahre dauert, um auf einem Gebiet Topleistungen zu erbringen und Meisterschaft zu erreichen. Ganz konkret: Zwischen der ersten Klavierstunde bis zum Gewinn des Van-Cliburn-, Tschaikowsky- oder Chopin-Wettbewerbs dauert es im Durchschnitt 17,14 Jahre. Man mag sich über den Wert solcher Zahlen streiten, doch der entscheidende Punkt ist: Wiewohl von Branche zu Branche und Person zu Person unterschiedlich, dauert es auf jeden Fall Jahre, um Spitzenniveau zu erreichen. Dies gilt für Lehrer, Krankenpfleger, Verkäufer und Ingenieure ebenso wie für Piloten, Kellner oder Neurochirurgen. Und bereits Hippokrates, der Philosoph und Begründer der modernen Medizin, wusste: »Das Leben ist kurz. Die Kunst ist lang.«

Wenn ein Unternehmen in den verschiedenen Rollen zumindest einige Mitarbeiter will, die zu Spitzenleistungen fähig sind, *muss* es Wege finden, dafür zu sorgen, dass diese Leute sich fachlich weiterentwickeln. Die rollenspezifische Festlegung von Leistungsstufen kann hier sehr helfen.

Im Anwaltsberuf verfährt man (in den USA zumindest) schon lange so. Der frisch examinierte Jungjurist wählt sich sein Fachgebiet aus – etwa Gesellschaftsrecht, Strafrecht oder Steuerrecht – und tritt als Juniormitarbeiter in eine Anwaltskanzlei ein. Nach vier bis fünf Jahren bekommt er vollen Status und in der Folge irgendwann leitende Funktion. Auch in leitender Funktion praktiziert er nach wie vor in seinem Spezialgebiet, allerdings inzwischen auf höherem Niveau. Nach vielleicht fünf weiteren Jahren kommt dann nicht selten das Angebot, Mitgesellschafter zu werden. Auch hier geht es zunächst in einer Juniorfunktion los. Später wird man Vollsozius und irgendwann vielleicht einer der Chefs der Firma. Als Seniorpartner genießt man natürlich hohes Ansehen und verdient viel Geld, arbeitet aber nach wie vor in seinem Spezialgebiet. Freilich stehen einem nun die schwierigen und komplexen Fälle zu, und man darf sich die interessantesten und lukrativsten Mandate aussuchen. Der Hauptunterschied zum Einsteiger besteht darin, dass der Anwalt nun zu den Topexperten auf seinem Gebiet zählt.

Anwaltskanzleien gelten im Allgemeinen nicht gerade als hyperprogressive Organisationen, doch in puncto Leistungsstufen sind sie vorbildlich. Wiewohl dem Juristen grundsätzlich auch der konventionelle Karriereweg offensteht – etwa indem er ins juristische Management geht oder als juristischer Generalist in einem Unternehmen arbeitet –, bietet dieser fachliche Werdegang eben auch die Möglichkeit, sich auf eine alternative, doch nicht weniger geachtete Karriereschiene zu begeben. Der Anwalt hat so die Chance, sich zum Experten zu entwickeln; gleichzeitig weiß er immer, wo er leistungsmäßig gerade steht.

Doch nicht nur in der Juristerei hat man die Vorzüge von Leistungsstufen entdeckt. Im Profisport gibt es eine Vielzahl von Klassen und Ligen, bis hin zur Nationalmannschaft. Auch in der Musik bemisst sich der individuelle Fortschritt nicht daran, wann der Geiger endlich Dirigent wird, sondern an der Wegstrecke von der dritten Geige im Durchschnittsensemble bis zum Konzertmeister etwa bei den Wiener Philharmonikern.

Allgemein ausgedrückt: Wo immer individuelle Leistung bewertet und geschätzt wird, findet man Leistungsklassen. Und umgekehrt gilt: Wo sie fehlen, ist dies ein offener oder versteckter Hinweis darauf, dass es auf Spitzenleistung in der jeweiligen Rolle nicht ankommt. So gesehen muss man feststellen, dass die Unternehmen bei den meisten Tätigkeiten von Leistung offenbar nicht viel halten.

Wie wir schon mehrfach gesehen haben, rebellieren gute Manager gegen diese Situation. Sie sind der Meinung, dass jede gut ausgefüllte Aufgabe wertvoll ist und stets Virtuosität verlangt. Auch bei noch so niedrig anmutenden Tätigkeiten kommt es ihnen folglich darauf an, sinnvolle Kriterien festzulegen, an denen der engagierte Mitarbeiter sein eigenes Leistungsniveau wie auch seinen Leistungsfortschritt ablesen kann. Schauen wir uns einige Beispiele an:

- AT&T bietet seinen Kunden Hotline-Unterstützung. Die Verantwortlichen beschlossen, die Help-Desk-Arbeitsplätze nach der Komplexität der Kundenfragen zu organisieren. Auf Stufe 1 geht es um so simple Dinge wie »Wie schalte ich meinen Computer ein?«. Auf Stufe 2 wird es etwas schwieriger, und auf Stufe 3 gilt es Paniksituationen der Sorte »Was soll ich nur machen? Unser Intranet ist total abgestürzt!« zu meistern. Diese drei klar unterscheidbaren Ebenen haben sich nicht nur als die effizienteste Möglichkeit der Strukturierung der Betriebsabläufe erwiesen (jede Stufe hat ihr eigenes Tempo, Anrufvolumen usw.); sie bieten jenen Mitarbeitern, die nicht ins Management, sondern gute Fachspezialisten werden wollen, auch eine echte Karrierechance.

- Phillips Petroleum bietet den Mitarbeitern eine hoch angesehene Ingenieurslaufbahn. Stufe für Stufe kann der Techniker auf diese Weise bis auf Direktorenniveau klettern – eine Position, die mithin den fähigsten Ingenieuren die verdiente Anerkennung beschert.
- Mitte der achtziger Jahre hatte Gallup von Allied Breweries den Auftrag, ein Leistungsmesssystem für Barkeeper zu entwickeln. Wie wir herausfanden, zeichnen sich gute Mitarbeiter unter anderem dadurch aus, dass sie sich nicht nur die Namen der Stammgäste, sondern auch deren Lieblingsgetränk merken können. Wir entwickelten daraufhin ein Programm namens »Hunderterclub«. Wer die Kenntnis von hundert Gästenamen nebst zugehörigem Getränk nachweisen konnte, bekam eine Anstecknadel und einen Geldpreis. Die Leistungsklassen reichten bis hin zum »Fünfhunderterclub«, bei dem natürlich wertvollere Preise und Prämien winkten.

  Als wir mit dem Hunderterclub begannen, glaubten nur wenige Manager, dass es je möglich sein würde, den Fünfhunderterclub zu besetzen. 1990 aber wurde bereits der Dreitausenderclub eröffnet; erstes Mitglied war Janice K., Barkeeperin in einem Pub in Nordengland. Es ist wahr: Sie kannte die Namen von 3 000 Stammgästen *und* ihr Lieblingsgetränk. So gesehen war Janice damals die beste Barkeeperin der Welt.

  Woran sich erkennen lässt: Man braucht etwas nur zu messen und Belohnungen damit zu verbinden, dann strengen sich die Leute ganz von selber an.

Dies sind nur einige wenige Beispiele von Vorgesetzten, die ihre Untergebenen über verschiedene Leistungsklassen an Spitzenleistungen heranführen. Derlei Leistungsdifferenzierungen sind für den Manager äußerst wertvoll. Denn auf die haarige Frage nach der Entwicklungsperspektive des Mitarbeiters hat er nun neben der gängigen Karriereleiter noch eine fachspezifische, gleichfalls mit Ansehen verbundene Alternative zur Hand.

Breite Gehaltsstruktur

Leistungsstufen sind mit Sicherheit ein gutes Hilfsmittel, um Mitarbeiter auf Spitzenleistung auszurichten. Dies nützt aber wenig, solange alle *finanziellen* Signale auf Aufstieg ausgerichtet sind.

Natürlich sind wir alle mehr oder weniger geldorientiert und lassen uns von Geld motivieren. Zugegeben, nicht jeder giert danach, doch eine Geldaversion ist bekanntlich selten. Angesichts dieser Realitäten würden sich die Mitarbeiter mit Sicherheit lieber auf eine alternative Laufbahn einlassen, wenn dabei auch mehr Gehalt winkte.

Rein theoretisch gesehen würde das »ideale« Gehaltssystem dem Unternehmen erlauben, die Mitarbeiter streng in Relation zu ihrer Fachkompetenz in der jeweiligen Rolle zu entlohnen – je besser die Leistung, desto besser die Bezahlung. In der Praxis wird dies freilich durch die Tatsache kompliziert, dass manche Funktionen einfach wichtiger sind als andere. Alles in allem ist ein Pilot wertvoller als ein Flugbegleiter; ein Schulrektor ist höher zu gewichten als ein Lehrer; ein Restaurantleiter höher als ein Kellner. Jeder taugliche Vergütungsplan muss diese Wertunterschiede berücksichtigen.

Damit ist es aber noch nicht getan, denn es gilt noch einen weiteren, das Problem zusätzlich verschärfenden Punkt zu berücksichtigen: Exzellent besetzte Rollen sind faktisch mehr wert als höherrangige Positionen, deren Inhaber nur durchschnittliche Leistungen erbringen. Beispielsweise dürfte ein hervorragender Flugbegleiter wertvoller sein als ein durchschnittlicher Pilot. Das Gleiche gilt für einen erstklassigen Lehrer im Verhältnis zu einem Schulleiter, der neu ins Amt kommt. Und ein Spitzenkellner ist wohl höher zu bewerten als ein mittelmäßiger Restaurantleiter. Die wirklich gute Gehaltsstruktur muss also so ausbalanciert sein, dass sie auch diesen Überlappungen Rechnung trägt.

Die Lösung heißt »Breitbandstruktur« (*broadbanding*) – und ist so einfach wie wirkungsvoll. Für jede Tätigkeit legt man einen breiten

Gehaltskorridor (mit relativ wenigen Stufen) fest, wobei es darauf ankommt, dass das obere Ende der Gehaltsspanne einer Position jeweils den unteren Bereich des Gehaltskorridors der nächsthöheren Position überlappt.

Bei Merrill Lynch beispielsweise liegt die Obergrenze des Gehaltskorridors für Finanzberater bei über 500 000 Dollar im Jahr. Im Gegensatz dazu liegt der Einstiegssatz des Filialleiters bei lediglich 150 000 Dollar. Dies bedeutet, dass ein erfolgreicher Finanzberater eine 70-prozentige Einkommenseinbuße hinnehmen muss, falls er in eine Leitungsfunktion wechseln will. Allerdings geht die Gehaltsobergrenze für Manager in die Millionen. Wer sich in dieser Rolle bewährt, kann also trotz der anfänglichen Einbuße langfristig erheblich profitieren.

Ganz ähnlich verfährt die Walt Disney Company. Eine erstklassige Serviererin in einem gehobenen Restaurant kann jährlich über 60 000 Dollar verdienen. Der Einstiegssatz für Manager liegt hingegen bei 25 000 Dollar. Doch auch hier sind die Aussichten günstig, falls man sich bewährt und die verschiedenen Vorgesetztenebenen durchläuft: die Gesamtvergütung kann 60 000 Dollar schließlich weit übersteigen. Zunächst aber müsste die Umsteigerin eine Reduzierung ihrer Bezüge um die Hälfte hinnehmen.

Selbst traditionelle, hierarchische Organisationen beginnen mit der Breitbandstruktur zu experimentieren. Martin P., Polizeichef der Hauptstadt eines US-Bundesstaats im Mittleren Westen, beschreibt die herkömmliche Polizeilaufbahn vom normalen Streifenpolizisten (Police Officer) über den Sergeant (die direkte Vorgesetztenposition an vorderster Front), den Captain (Polizeihauptmann; die Position des Lieutenant hat er vor ein paar Jahren gestrichen) und den stellvertretenden Polizeichef zum Polizeichef. »Früher«, erklärt er, »hatte man nur die Chance auf mehr Geld, wenn man es ins Polizeimanagement schaffte, also Sergeant wurde. Inzwischen aber überlappen sich alle unsere Besoldungsgruppen. Nun kann auch der hervorragende Streifenpolizist mehr verdienen, ohne dass er erst zum Sergeanten befördert werden muss. Faktisch verdienen die besten Officer sogar mehr als ihr Captain.«

Oberflächlich betrachtet wirkt das Breitbandsystem leicht desorientierend. Mitarbeiter an vorderster Front, die zwei- oder dreimal so viel verdienen wie ihr Vorgesetzter? Ist das nicht verkehrte Welt? Bei näherer Betrachtung merkt man indes rasch, dass dieses System tatsächlich Hand und Fuß hat.

Erstens sorgen die *breiten Gehaltskorridore* dafür, dass Spitzenleistungen in den einzelnen Rollen auch angemessen honoriert werden. Wie die Leistungsstufen, so findet man auch die breite Gehaltsstruktur immer dort, wo individuelle Leistung geschätzt wird. Im Profisport zum Beispiel verdient der Topstar auf seiner Position ein Vielfaches dessen, was der Durchschnittsspieler bekommt. Und bei den Schauspielern, Musikern, bildenden Künstlern, Sängern und Schriftstellern ist es nicht anders. In all diesen Berufen sorgt mithin die breite Verdienstspanne mit dafür, dass der Einzelne sich anstrengt und versucht, das Maximum aus sich herauszuholen. Erfolgreiche Manager raten, diese Logik auf alle Rollen und Positionen anzuwenden.

Zweitens sorgt die *Überlappung* der Gehaltsspannen dafür, dass nicht alle wie gebannt nach oben schauen und nichts als Beförderung im Kopf haben. Die Alternative zwingt den Mitarbeiter, sich kritisch zu fragen, ob es denn unbedingt nach oben gehen muss. Fehlt der Gehaltsspielraum, wird der Mitarbeiter immer geneigt sein, diese Frage abzutun, weil weiter oben eben mehr Geld winkt. So aber muss der Einzelne *inhaltlich* entscheiden, was er will, muss also Anforderungen und eigene Stärken gegeneinander abwägen. Die Entscheidung fällt so auf jeden Fall besser und ehrlicher aus. Denn die Fähigkeiten spielen nun eine mindestens genauso große Rolle wie die Finanzen.

Es gibt Unternehmen, die diesen Ansatz wahrlich ausreizen. Bei Stryker, einem Medizingerätehersteller mit einem Jahresumsatz von zwei Milliarden Dollar, reicht die Gehaltsspanne der Vertriebsmitarbeiter von 40 000 Dollar für den Einsteiger bis zu 250 000 Dollar für den Besten der Besten. Entscheidet sich der Topstar für eine Managementaufgabe, muss er zunächst einen 60-prozentigen Einkommensverlust hinnehmen – das Einstiegssalär für einen neuen Gebietsmanager liegt bei nicht einmal ganz 100 000 Dollar im Jahr. Interessant ist aber vor allem, dass auch das Spitzengehalt für Manager – etwa 200 000 Dollar in toto – unter dem Spitzenverdienst des Topverkäufers liegt. Der beste Gebietsleiter ist dem besten Verkäufer also finanziell immer unterlegen. Stellt sich die Frage: Wie kommt Stryker zu dieser Gehaltspolitik? Nun, Gründe gibt es genug: Man schätzt die Spitzenverkäufer sehr; man will ihnen Anreize bieten, so lange wie möglich in Kundenkontakt zu bleiben; man will sicherstellen, dass der Vertriebsmitarbeiter es sich gut überlegt, bevor er die Managementschiene wählt. Wie auch immer motiviert – das System hat sich als sehr erfolgreich erwiesen. Stryker hat sowohl den besten Vertrieb als auch das beste Management der Branche, wie der 20-prozentige Umsatz- und Gewinnzuwachs, den das Unternehmen seit 20 Jahren alljährlich erwirtschaftet, deutlich belegt.

Eine breite Gehaltsstruktur ist somit eine äußerst wichtige Waffe im Arsenal guter Manager. Sie gibt ihrer Überzeugung, dass jede spitzenmäßig besetzte Rolle ihre angemessene Honorierung finden muss, erst die nötige Durchschlagskraft. Und wer das Stryker-Beispiel als überzogen ansieht, sollte eines bedenken: Bei den Gallup-Interviews hat sich ganz klar gezeigt, dass gute Manager jederzeit bereit sind, Mitarbeiter einzustellen, von denen sie wissen, dass sie in Kürze schon eine ganze Menge mehr Geld verdienen werden als sie selber. Berührungsängste oder Neid gibt es da nicht.

Revoltieren mit Köpfchen

Für tüchtige Manager heißt es, in einer feindlichen Umwelt überleben, denn die meisten Unternehmen zollen Topleistungen in den verschiedenen Rollen zu wenig Wertschätzung. Es gibt weder alternative Karriereschienen, noch lässt man den Vorgesetzten Spielraum genug zur Einrichtung von Leistungsklassen und Einführung breiter Gehaltskorridore. Wer unter so beschränkten Verhältnissen agieren muss, stellt sich die Frage: Was tun?

Brian J. kann es Ihnen sagen. Sein Rat: Revoltieren – still und leise, aber kreativ. Brian ist für die Werbegrafiker eines großen Medienunternehmens verantwortlich. In seiner Firma gibt es eine komplizierte Hierarchie mit über dreißig Gehaltsgruppen, jeweils mit genau festgelegten Zusatzleistungen und Vergünstigungen. Zu den zentralen Regeln des ausgeklügelten Systems gehört, dass nur Manager (das heißt Mitarbeiter mit Personalverantwortung) in eine Director-Position gelangen können. Und eine weitere Regel besagt, dass nur Direktoren etwa Aktienoptionen oder Erste-Klasse-Reisen zustehen.

»Ich kam mir vor wie zwischen Baum und Borke«, meint Brian. »Einerseits wollte ich meinen Spitzenleuten zeigen, wie wertvoll sie mir sind, doch Vorschriften sind halt Vorschriften. Ein Director-Titel war nicht drin, solange sie nicht im Management waren. Für Letzteres aber waren sie mir viel zu schade, denn sie haben ja ganz andere Talente. Doch mir fiel ein Trick ein: Ich bat sie, sich als Mentoren für Nachwuchsgrafiker zur Verfügung zu stellen. Personalmanagement würde dabei nicht nötig sein; sie sollten einfach nur ihr Fachwissen weitergeben. Dann ging ich in die Personalabteilung und versuchte denen klarzumachen, dass ich das Recht haben müsse, die Betreffenden in Director-Positionen zu befördern, da, so argumentierte ich, zwischen Mentor und Manager kein nennenswerter Unterschied bestehe. Die Sache war nicht ganz einfach, aber schließlich bekam ich grünes Licht.«

Garth P. erzählte eine ähnliche Geschichte. Er leitet den Bereich Angewandte Technologie eines Luftfahrtunternehmens. In seiner Produktionsanlage beschäftigt er Hunderte von Technikspezialisten.

»Mein bester Ingenieur war Michael B. Da wir ein ziemlich rigides System haben, mussten wir ihn jedes Mal, wenn wir ihm was Gutes tun wollten, die Leiter rauf befördern. Im Zuge der Beförderungen musste der begeisterte Techniker allerdings immer mehr Managementaufgaben übernehmen. Die aber lagen ihm überhaupt nicht. Also beschlossen wir gemeinsam, eine neue Position zu schaffen: die eines Chefingenieurs. Für Michael eine optimale Sache. Er konnte sich so als allgegenwärtiges Genie betätigen, war nur an den anspruchsvollsten Projekten beteiligt und im Übrigen absolute Entscheidungsinstanz bei allen technischen Fragen und Problemen. Gleichzeitig war er auf diese Weise seine ungeliebte Managerrolle los. Mit dem Einverständnis der Personalabteilung bekam der neue Job auch noch Vice-President-Status. Ich kann mich nicht entsinnen, einen Mitarbeiter je glücklicher gesehen zu haben.«

Laura T., leitende Angestellte in einem texanischen Unternehmen der Petrochemie, hatte es mit einem ähnlichen Problem zu tun, löste es aber auf etwas andere Weise:

»Ich habe viele Leute, die vorankommen wollen und auch Anerkennung verdienen, doch da das Geschäft momentan nicht ganz so prima läuft, gibt es kaum neue Stellen. Folglich bleibt mir nur die Möglichkeit, meinen Spitzenkräften Sonderprojekte zuzuweisen. Das sind Ad-hoc-Einrichtungen mit einem konkreten Ziel und einem festen Zeitrahmen. Ist das Ziel erreicht, wird das Projektteam wieder aufgelöst. Ich komme mit dieser Methode ziemlich gut klar, denn ich kann damit zwei Fliegen mit einer Klappe schlagen: Meine talentierten Leute können sich beweisen und weiterentwickeln; gleichzeitig kann ich sie auf diese Weise für hervorragende Arbeit auszeichnen. Mit der Personalabteilung habe ich vereinbart, dass jedes erfolgreiche Teammitglied einen Bonus in Form eines Geschenkgutscheins für ein Wochenende in Dallas bekommt. Das mag sich nach nicht viel anhören, ist aber für ein traditionelles Unternehmen unserer Branche eine ganze Menge. Darin zeigt sich nämlich eine ganz neue Denkweise.«

Jeder dieser Vorgesetzten sorgt also auf seine/ihre Weise dafür, dass sich den Mitarbeitern neue, alternative Pfade eröffnen, auf denen sie sich entwickeln *und* auch zu Ansehen gelangen können. In all den genannten Fällen waren die Rahmenbedingungen schwierig und hemmend. Doch diese Manager ließen sich davon nicht entmutigen, sondern ersannen innovative Methoden, um ihre guten Kräfte angemessen belohnen zu können, ohne sie aus ihren erfolgreichen Funktionen herausbefördern zu müssen. Sie alle sind mithin dem Ziel verpflichtet, in jeder einzelnen Position Spitzenleistung zu fördern und Vorbilder zu schaffen.

Drei Geschichten und eine neue Laufbahn

Das unsichere Geschäftsklima, das die heutige Zeit prägt, hat zweifellos auch einen Wandel in den Arbeitgeber-Arbeitnehmer-Beziehungen bewirkt. Die Arbeitgeber vermögen angesichts der erforderlichen Flexibilität keine lebenslange Beschäftigung mehr zu garantieren, sondern allenfalls noch lebenslange »Beschäftigungsfähigkeit« nach der Devise: »Wir ermöglichen dir verwertbare Erfahrungen, damit du für andere Unternehmen interessant bist, sollten wir einmal zu Personalabbau gezwungen sein.« Verglichen mit der Situation vor 20 Jahren ist dies gewiss eine gravierende Veränderung. Trotzdem ist der Wandel ein oberflächlicher geblieben, behaupten die besten und erfolgreichsten Manager dieser Welt. Substanziell habe sich nämlich nur sehr wenig geändert. Denn die Kernannahme des alten Laufbahndenkens blieb unberührt – und ist nach wie vor falsch.

Diese Kernannahme besagt: Die Energie für eine Laufbahn sollte sich aus dem Bedürfnis des Mitarbeiters speisen, besser zu werden; der Mitarbeiter habe sich gefälligst um möglichst viele interessante Erfahrungen zu bemühen. Allzu langes Verweilen in einer Position sei demzufolge schlecht. Nur der Job-Hopper, der alle paar Jahre seine Tätigkeit wechselt, könne auf lange Sicht bestehen und einen hinreichend attraktiven Lebenslauf vorweisen. Unter den Bedingungen lebenslanger Beschäftigung winkten den Mitarbeitern mit dem beeindruckendsten Lebenslauf intern die größten Beförderungschancen. In der modernen Welt, so heißt es, sei eine solche Basis nunmehr die Garantie dafür, anderweitig rasch und gut unterzukommen. Der Ort des Geschehens hat sich demnach zwar verlagert, doch die Botschaft ist dieselbe: Vielseitigkeit macht einen Mitarbeiter interessant. Demzufolge ist die Schlussfolgerung nach gängiger Sichtweise nur logisch: Eine Laufbahn lässt sich am besten als konzentrierte und kontinuierliche Suche nach interessanten und verwertbaren Erfahrungen verstehen.

Gute Manager sehen das völlig anders. Vielfältige Erfahrungen mögen zwar nützlich sein, sind aber für eine gesunde berufliche Entwicklung überhaupt nicht entscheidend – allenfalls ein Accessoire, keineswegs die treibende Kraft. Die wahre Energiequelle einer gesunden Karriere liegt ganz woanders, mahnen sie. Wenn man ihnen gut und lange genug zuhört, beginnt man zu begreifen, was sie damit meinen. Sie erzählen von Menschen, die einen Schritt taten, dann in den Spiegel sahen und auf diese Weise etwas über sich erfuhren. Nicht immer freilich geschah der Blick in den Spiegel freiwillig oder spontan. Mitunter war Anleitung nötig, mitunter auch tatkräftige Unterstützung, damit der Mitarbeiter sich selbst richtig zu erkennen vermochte. Die Ergebnisse dieses Blicks in den Spiegel – dieser Introspektion – waren recht unterschiedlich. Manchmal fand sich der Mitarbeiter auf seinem Weg bestätigt. Doch es gibt auch Geschichten wie die drei folgenden, bei denen der Mitarbeiter merkt, dass er den falschen Weg beschritten hat und umkehren muss. Doch so unterschiedlich die Details – eigentlich ist es immer ein und dieselbe Geschichte.

Deren Kernbotschaft lautet: *Triebkraft und Leitstern einer gesunden Laufbahn ist die Selbsterkenntnis.* Die Energie für eine gesunde (sprich: individuell adäquate) berufliche Entwicklung rührt aus der Entdeckung der Talente, die man bereits besitzt, und nicht aus der Anhäufung marktgängiger Erfahrungen. Selbsterkenntnis ist ein langer, nie abschließbarer Prozess. Dennoch ist diese Suche nach einem vollen Verständnis der eigenen Talente und »Talentlücken« die primäre Energiequelle einer gesunden beruflichen Entwicklung. Gute Manager wissen das.

1. Die Geschichte des »Dr. No«

George H. war der Vice President einer großen Bauträgergesellschaft. Er hatte sich als Projektmanager sukzessive in diese Chefposition emporgearbeitet und war nun als Mittvierziger Stellvertreter des kreativen, visionären und risikofreudigen Howard P. Die Rolle lag George prächtig. Howard war der Träumer, dem kein Plan zu schwierig und kein Projekt zu teuer war. George war derjenige, der ihn auf dem Boden der Tatsachen hielt und auf mögliche Probleme und Fallen aufmerksam machte, die Howards Pläne eventuell gefährlich werden konnten. George war der Bedenkenträger par excellence. Man nannte ihn schließlich nur noch »Dr. No«.

Doch Dr. No war geachtet, ja bewundert. Er war solide und mutig und detailorientiert. Alle wussten, dass mit einem Plan nichts mehr schief gehen konnte, wenn er Dr. Nos Sperrfeuer passiert hatte. Er war insofern ein höchst wertvoller »zweiter Mann«.

Dann aber schied Howard aus, und Dr. No wurde in die Spitzenposition befördert. Es ging nicht lange gut. Bald schon hatte er den Kredit seiner Kollegen völlig verspielt. Und zwar einfach deshalb, weil sein spezifisches Talent darin bestand, aus großen Dingen viele kleine zu machen. Genau deswegen war er ja in der Lage gewesen, aus Howards verrückten Ideen etwas Vernünftiges zu machen, indem er sie in kleine Portionen – überschaubare Projekte – zerlegte. Diese Projekte ließen sich dann einer Machbarkeitsanalyse unterwerfen – Risikoprüfung, Kosten-Nutzen-Analyse und so fort. Ohne das entsprechende Rohmaterial aber lag diese Begabung nun brach. George brauchte neben sich den Träumer mit seinen überspannten Ideen. Doch der war leider weg.

Natürlich gab es andere in der Firma, die Dr. No nun mit kühnen Ideen versorgten. Daran lag es nicht. Doch es fehlte ihnen das Gewicht. Dr. No war schnell bei der Hand und strich alles gnadenlos zusammen, machte kleine Projekte mit möglichst noch kleinerem Risiko daraus. Von den ursprünglichen Ideen blieb auf diese Weise nicht mehr viel übrig. Es lohnte sich kaum noch, sie umzusetzen. Schon nach einem halben Jahr gab es kein Projekt mehr, dem Dr. No nicht die Luftzufuhr abgeschnitten hätte.

Dr. No war sich durchaus im Klaren darüber, was er tat – doch er konnte einfach nicht anders. Wenn er sich die schiere Größe des Risikos nur vorstellte – so viele Variablen, alle jenseits seiner Kontrolle! –, begann er bereits zu schwitzen. Und je genauer er sich das Projekt ansah, desto unwohler wurde ihm. So erging es ihm jedes Mal – und jedes Mal ein bisschen schlimmer. Die Arbeit bereitete ihm regelrecht körperliche Schmerzen. Die Panikattacken häuften sich.

Doch Panikgefühle können mitunter auch für Klarheit sorgen. Nach ein paar Monaten begriff Dr. No, was alle anderen schon lange wussten: Er würde *nie* in der Lage sein, den Laden zum Laufen zu bringen. Die Talente, die ihn zu einem exzellenten Partner des Visionärs gemacht hatten, würden die Organisation förmlich strangulieren. Wenn es nur nach ihm ginge, hätten große Ideen nie eine Chance.

Dr. No nahm daher freiwillig seinen Hut. Er gründete ein eigenes Bauunternehmen, das es ihm ermöglicht, viele kleine Ideen zu entwickeln und umzusetzen. Er kann nun wieder freier atmen.

2. Eine Kontaktgeschichte

Mary G. hat starke und feste Finger, dazu kräftige Unterarme. Wenn sie aufrecht über einem steht, scheinen ihre Schultern den ganzen Raum zu füllen, und wenn sie dann nach hinten greift, um ihr Haar zu ordnen, kommen wohlgerundete Ellbogen ins Bild. Was wirklich in diesen Armen steckt, merkt man aber erst, wenn sie richtig loslegt. Es ist ein gutes Gefühl.

Mary ist eine geborene Masseurin. »Fremde Körper faszinieren mich. Wenn jemand vor mir liegt, kommt es mir vor, als sei seine Haut durchsichtig. Ich kann förmlich die Muskelstränge sehen, am Hals, an den Schultern, an den Beinen, kann genau erkennen, wo sie verspannt und verknotet sind. Ich kann fast die Nerven sehen. Ich spüre einfach, welche Technik verlangt ist, ob der Muskel richtig durchgeknetet und die Blutzirkulation angeregt werden muss oder ob jemand mit Shiatsu besser bedient ist. Shiatsu ist eine Technik, bei der über Druckpunkte die Nervenenden angeregt werden, sodass das ganze Nervensystem aktiviert wird. Jeder Patient ist eben anders.«

Drei Jahre nach Beendigung ihrer Ausbildung war Mary bereits die begehrteste Physiotherapeutin in einer exklusiven Gesundheitseinrichtung in Arizona. Wer ganz schmerzlos einmal richtig aufgelockert und »geöffnet« werden wollte, ließ sich bei Mary einen Termin geben.

Schon bald beschloss ihr Arbeitgeber, sie zu befördern und ihr das Therapeutenmanagement zu übertragen. Dies bedeutete für sie mehr Geld, mehr Sicherheit, bessere Sozialleistungen und weniger eigene Massagetermine. Doch sie war nicht glücklich damit.

»Ich habe das Persönliche, ja Intime meiner Arbeit vermisst. Als Physiotherapeutin befinde ich mich oft eine ganze Stunde lang zu zweit mit jemandem im selben Raum, schweigend, und ich schaue praktisch durch die Haut hindurch in den Anderen hinein, sehe den Schmerz und kann ihn lindern. Irgendwie wachsen mir die Leute dabei ans Herz. Ich mag das Gefühl, jemandem den Druck und die Verspannung wegnehmen zu können. Die Leute sehen hinterher ganz anders aus. Die Haut ist heller, die Augen leuchten. Und ich weiß, dass es anhalten wird. Es ist ein tolles Gefühl für mich – und ich denke, auch für sie.«

Mary wollte dieses Gefühl wiederhaben. Also kündigte sie ihre Stelle und ging nach Los Angeles, um dort ihre eigene Praxis aufzumachen. Ihr Terminkalender ist prall gefüllt. Und Mary hat endlich wieder ihren Kontakt, jeden Tag.

3. Mandys Designergeschichte

Mandy kennen wir bereits aus Kapitel 5. Sie arbeitet in der Werbebranche und ist Leiterin einer Grafikdesign-Abteilung, die anhand von Logos und ähnlichen Symbolen die Markenidentität von Produkten entwickelt. Sie erzählte uns folgende Geschichte:

»Ich bekam eine Kundenberaterin namens Janet ›vererbt‹. Ein Kundenberater hat im Grunde zwei Aufgaben – erstens den Kundenkontakt; er muss also Konzepte entwickeln und herausfinden, was der Kunde genau braucht. Zweitens muss er als Manager intern dafür sorgen, dass die Grafikdesigner den Kundenwunsch richtig umsetzen. Janet war sehr ehrgeizig, sehr talentiert, doch in beiden Rollen brillierte sie nicht besonders. Sie war nicht schlecht, aber eben auch keine Wucht. Andererseits aber war sie jemand, der mehr drauf hatte und sich mit Mittelmäßigkeit eigentlich nicht zufrieden geben durfte.

Sie merkte rasch, dass ich mit ihr nicht so ganz zufrieden war, und ging psychisch auf Tauchstation. Sie sagte es mir nicht direkt, doch von einer guten Kollegin bekam ich ›gesteckt‹, dass es ihr eigentlich am liebsten wäre, gekündigt zu werden und eine Zeit lang von Sozialhilfe zu leben. Es ärgerte mich gewaltig, dass sie so herum- und an mir vorbeilavierte. Aber den Gefallen mit der Kündigung wollte ich ihr keinesfalls tun. Ich wollte, dass sie ehrlich zu sich war. Sie sollte begreifen, dass Ehrlichkeit sich letztlich auszahlt.

Also wartete ich zunächst ab, um sie aus der Reserve zu locken. Nach etwa vier Monaten kamen wir dann auch miteinander ins Gespräch. Wir besprachen ihre Leistungen, ihre Stärken, ihre Schwächen, ihre Präferenzen und Abneigungen und so weiter. Ich machte ihr klar, dass es nicht an ihr persönlich liegen müsse, wenn sie in ihrer momentanen Rolle nicht sonderlich zurechtkam, und dass wir gemeinsam nach einer Lösung suchen sollten.

Eines Tages kam mir die Idee, dass der Job der Grafikdesignerin auch für sie selber eigentlich genau das Richtige wäre. Die Arbeit interessierte sie, sie war sehr kreativ veranlagt und arbeitete gern selbstständig. Sie dachte eine Weile über meinen Vorschlag nach und befand ihn schließlich für gut. Sie schrieb sich an der New York University ein, machte ihren Abschluss und arbeitet inzwischen in einer großen Werbeagentur. Sehr erfolgreich übrigens.

Janet war also nicht unbegabt, sondern hatte einfach nur den falschen Job. Und da sie diese Laufbahn einmal eingeschlagen hatte, wollte sie sich den Fehler nicht eingestehen. Dank meiner Hilfe hat sie es gemerkt.«

Auf Basis der Selbsterkenntnis als treibender Kraft zeichnen die fähigen Manager folgendes Bild einer »gesunden«, stimmigen beruflichen Laufbahn: Orientiert etwa am Studienschwerpunkt oder am Rat der Familie, vielleicht auch einer inneren Stimme folgend, wählt der Kandidat fürs Arbeitsleben seine erste Stelle aus. Dies ist ein Sprung ins kalte Wasser, denn natürlich ist er sich in seiner ersten Funktion noch völlig unsicher. Noch kennt er seine Leistungsfähigkeit nicht und ist sich weder seiner Begabungen noch seiner Nichtbegabungen so recht bewusst. Nachdem ein gewisses Leistungsniveau erreicht ist, bieten sich prinzipiell zwei Optionen: Entweder man probiert es einmal in anderen Aufgabengebieten, oder aber man versucht sich in seiner Anfangsposition weiterzuentwickeln. So oder so ist es nun Aufgabe des Mitarbeiters, gleichsam in den Spiegel zu schauen und sich Rechenschaft abzulegen: »Macht mir meine Aufgabe Spaß? Habe ich in meinem Job rasch Fuß gefasst? Bin ich gut in dieser Rolle? Gibt sie mir Kraft und Bestätigung?« Der Mitarbeiter sollte an diesem Punkt also versuchen, herauszufinden, ob die momentane Tätigkeit den eigenen Begabungen entspricht.

Angenommen, der Mitarbeiter hat im Verkauf begonnen und ist dann ins Marketing gewechselt. In diesem Fall sollte er sich etwa folgende Fragen stellen: Gefällt es mir, weiter vom Kunden weg zu sein? Komme ich mit den Strukturen und Konzepten, die den Bereich Marketing prägen, gut zurecht? Oder mag ich den direkten Kundenkontakt eigentlich doch lieber? Brauche ich das Gefühl, selber – ganz allein – einen Abschluss zustande gebracht zu haben? Oder ein anderes Beispiel: Jemand hat als Stewardess begonnen und ist dann ins Ausbildungswesen übergewechselt. Sie sollten sich die Frage stellen: Macht es mir Spaß, jungen Flugbegleiterinnen etwas beizubringen, sie in ihrer Entwicklung zu fördern? Oder brauche ich eigentlich selber das Flair und die Herausforderung des Jobs an Bord, weil es mir einfach Spaß macht, müden oder angespannten Fluggästen einen netten Flug zu verschaffen?

Wer in den Spiegel schaut, lernt. Jeder berufliche Schritt bringt einem so ein bisschen mehr Aufschluss über sich und die vorhandenen beziehungsweise fehlenden Talente. Dies führt dann zum nächsten Schritt – und so fort. Anders ausgedrückt: Die berufliche Laufbahn ist nicht mehr eine blinde Jagd nach verwertbaren Erfahrungen, kein ächzendes Strampeln auf der Leiter. Sie besteht vielmehr aus einer Reihe von zunehmend feiner abgestimmten Entscheidungen, da immer mehr jene Aufgaben und jene Position ins Zentrum rücken, die mit den individuellen Stärken – den Fertigkeiten, Kenntnissen und Begabungen – optimal vereinbar sind.

Insgeheim spürt wohl jeder Mensch, dass Selbsterkenntnis für eine gute berufliche Entwicklung ganz unabdingbar ist. Der Unterschied liegt darin, *wie* gute Manager dieses Instrument einsetzen.

Erstens nämlich stellen sie die Selbsterkenntnis bewusst ins Zentrum. Jeder Mitarbeiter wird also angehalten, dieses Ziel aktiv zu verfolgen. Mike C., Manager bei einem Kurierdienst, beschreibt, wie das geht – wie man das theoretische Konzept Selbsterkenntnis in eine einfache praktische Anforderung übersetzt:

»Wenn jemand neu bei uns anfängt, mache ich ihm zunächst einmal klar, dass eines der Hauptziele unserer Zusammenarbeit darin besteht, herauszufinden, wer er wirklich ist. Ich bitte ihn, in den Spiegel zu schauen. Wenn er mich verdutzt ansieht und nicht weiß, wie das geht, empfehle ich ihm den ›Sonntagabendtest‹. Viele kennen das, den Anflug von Depression am Sonntagabend. Wenn es ihm glücklicherweise *nicht* so geht, wenn er sich also auf die folgende Arbeitswoche freut, sollte er sich fragen, warum das so ist – was genau er an seiner Tätigkeit so sehr mag, dass er sich auf sie freut. Das sollte er auf jeden Fall herausfinden und sich am besten aufschreiben, damit er es bei künftigen beruflichen Entscheidungen nicht vergisst.

Wenn ihm aber die sonntagabendliche Melancholie nur allzu bekannt ist, braucht das keineswegs sein eigener Fehler oder ein persönlicher Mangel zu sein. Trotzdem muss er sich auch in diesem Fall die Frage nach dem Warum stellen. Was genau vermisst er in seiner derzeitigen Rolle? Auch die Antwort auf diese Frage gilt es sich gut zu merken und künftig zu berücksichtigen.«

Manager wie Mike C. wollen damit keineswegs sagen, dass vielfältige Erfahrungen nichts wert seien, nur genügen sie eben nicht. Wenn man nach der Rolle sucht, die wirklich zu einem passt, reicht es eben nicht aus, dass man nach Fertigkeiten und Erfahrungen jagt und dabei vergisst, in den Spiegel zu schauen, also über sich zu reflektieren. Auch körperliche Fitness lässt sich ja nicht dadurch erzeugen, dass man sich mit Vitaminen und Diätpillen vollstopft, auf Bewegung aber verzichtet.

Zweitens betonen diese vorbildlichen Vorgesetzten immer wieder, dass es bei der Selbsterkenntnis keineswegs um die Beseitigung von Begabungsdefiziten geht, nicht um die »Ermittlung und Schließung von Qualifikationslücken«, wie es in vielen Personalabteilungen euphemistisch heißt. Eingedenk der Erkenntnis, dass man nicht versuchen sollte, »hinzuzufügen, was die Natur nicht vorgesehen hat«, zielt Selbsterkenntnis auf die volle Nutzung dessen, was man hat. Es geht folglich darum, die eigene Laufbahn in die eigenen Hände zu nehmen, zunehmend bessere Entscheidungen zu treffen und nach und nach Aufgaben zu wählen, die optimal zu den natürlichen individuellen Begabungen passen.

Der Manager und die »neue Laufbahn«

Wie aber kann der Manager helfen? Beim neuen Laufbahnkonzept ist ja der Mitarbeiter der »Star«. Er ist gefordert, seine Entwicklung in die eigenen Hände zu nehmen. Es ist seine Verantwortung, in den Spiegel zu schauen und entsprechende Konsequenzen zu ziehen. Was bleibt dann aber für den Manager und Vorgesetzten noch zu tun? Er ist ja nun nicht mehr der »Türsteher«, der die Attraktivsten, Fähigsten und Erfahrensten auswählt. Worin liegt also seine Rolle?

Man könnte in der Tat versucht sein zu sagen, die Rolle des Managers verliere an Bedeutung – alles ist ja nun »mitarbeiterzentriert«, und lebenslange Beschäftigung existiert praktisch gar nicht mehr. Ist der Vorgesetzte angesichts dessen nicht besser beraten, sich und seine Leute auf das Heute statt das Morgen auszurichten? Die Zukunft, könnte man argumentieren, sei Angelegenheit des Mitarbeiters. Außerdem sei für den, der zu viel in seine Mitarbeiter investiert, nunmehr ein erhebliches Enttäuschungsrisiko im Spiel. Angesichts des heutigen Veränderungstempos könne es ja leicht sein, dass man die sorgsam aufgebauten Leute plötzlich kündigen muss.

Doch diese Sichtweise verfängt bei den besten Managern nicht. Sie wissen genau, dass sie in diesem neuen Szenario einige ganz wichtige Aufgaben wahrzunehmen haben: indem sie *das Spielfeld einebnen und verbreitern*; indem sie *als Spiegelhalter fungieren*; und indem sie *für ein Sicherheitsnetz sorgen*.

Erstklassige Manager sorgen für ein breites »Spielfeld«

Genau diesem Zweck dient die Schaffung neuer Vorbilder, die Entwicklung von Leistungsklassen und die Einführung einer breiten Gehaltsstruktur. Damit soll ein Umfeld geschaffen werden, in dem Verdienstmöglichkeiten und Ansehen unternehmensweit breit gestreut sind. Da der Mitarbeiter nun weiß, dass er diese beiden Ziele auf den verschiedensten Wegen erreichen kann, spielen sie bei seinen Karriereplänen und Entwicklungsüberlegungen nicht mehr die entscheidende Rolle. Anders ausgedrückt: Er kann seine Entscheidungen nun ganz an seiner aktuellen Einschätzung der eigenen Stärken und Schwächen ausrichten. Gegen gelegentliche Fehltritte ist er dadurch zwar nicht gefeit, doch stellt dieser Ansatz auf jeden Fall eher sicher, dass er sich nicht nur auf Aufgaben konzentriert, in denen er aktuell sehr gut ist, sondern dass er ausgewogen vorgeht und auch eventuelle andere Tätigkeiten in den Blick bekommt, die ihm dauerhafte Befriedigung verschaffen können und für ihn langfristig vielleicht das Richtige sind.

Auf diesem breiten, »nivellierten« – nicht mehr primär vertikal ausgerichteten – Aktionsfeld kann es zu Gesprächen kommen, die man unter normalen Umständen nicht für möglich halten würde. Nehmen wir beispielsweise Jeff K., den Vertriebsmanager eines Softwareunternehmens, und seine erstaunliche Aussage gegenüber seinem Vorgesetzten. Jeff erzählte uns:

»Ich mag meinen Job. Ich bin darin der Beste des ganzen Unternehmens. Finanziell geht es mir ebenfalls prächtig. Außerdem kann ich mehr Einfluss ausüben, als ich das je für möglich gehalten hätte. Deshalb habe ich kürzlich zu meinem Boss gesagt – wirklich, im Ernst: ›Wenn Sie mir einen Gefallen tun wollen, dann sorgen Sie dafür, dass ich nie mehr befördert werde. Wenn Sie das schaffen, können Sie mich für den Rest meines Lebens zu Ihrem Inventar zählen.‹«

Erstklassige Manager betätigen sich als Spiegelhalter

Gute Vorgesetzte sind gute »Spiegelhalter«. Anders gesagt: Sie sorgen für hervorragendes Leistungsfeedback. Dies sollte man aber nicht mit den jährlichen Leistungsbeurteilungsprozeduren mit ihrem Papierwust und ihrer Verbesserungsmanie verwechseln. Auch mit der leeren Auszeichnung zum »Mitarbeiter des Monats« hat das nichts zu tun. Das Feedback der großen Manager ist ganz anderer Art.

Laura T., die leitende Angestellte in einer Petrochemiefirma, ist ein Beispiel. Sie erzählt von einem Programm namens Excel, innerhalb dessen sie sich mit jedem ihrer 22 Untergebenen einmal im Quartal zu einem Gedankenaustausch unter vier Augen trifft. »Dabei gehen wir kurz die letzten drei Monate zusammen durch, doch dann geht's ans Eigentliche – die nächsten drei Monate. Wir besprechen Pläne, Ziele und Messkriterien. Daneben interessiert mich, was der jeweilige Mitarbeiter besonders gerne macht, und davon ausgehend versuchen wir die Dinge dann so zu strukturieren, dass diese Tätigkeiten möglichst stark betont werden.«

Martin P., der Polizeichef, geht zwar nicht ganz so systematisch vor, führt aber die gleiche Art von Gesprächen. »Mir sind 16 Mitarbeiter unterstellt. Mit jedem von ihnen unterhalte ich mich etwa 20 Minuten wöchentlich über seine Leistung, die Projekte, an denen er gerade arbeitet, seine eigene Entwicklung und Verbesserung sowie das, was ich dazu beitragen kann. Solche Gespräche finden laufend statt. Letzten Monat zum Beispiel war ich mit einem meiner Jungs zusammen auf einer Tagung. Bei der Tagung selber kam nicht allzu viel heraus, wohl aber bei unseren Unterhaltungen während des Flugs, auf der Fahrt im Mietwagen, beim gemeinsamen Abendessen und beim Getränk an der Hotelbar.«

Jeff H. hat es sich zur Gewohnheit gemacht, seine Vertriebsleute ein- oder zweimal im Quartal einfach beim Kundenbesuch zu begleiten. »Ich versuche mich dabei völlig herauszuhalten und nicht als Retter vom Dienst aufzutreten. Ich reise einfach mit, höre mir ihre Probleme an, beobachte sie im Umgang mit dem Kunden. Ich muss meine Leute direkt in Aktion sehen. Daheim im Büro werte ich das dann aus. Anschließend unterhalten wir uns über Pläne und Ziele und suchen zusammen nach dem besten Weg des Vorankommens. Meine Funktion liegt nicht im Korrigieren und Abstellen, sondern darin, jeden Einzelnen auf seinen Stil aufmerksam zu machen und ihm Klarheit darüber zu verschaffen, was mit diesem Stil realistischerweise möglich ist und was nicht.«

Andere große Manager greifen zu anderen Techniken, etwa multiperspektivisch angelegten »360-Grad«-Feedbacksystemen, psychologischen Profilen, Mitarbeiterbefragungen oder Kundenbefragungen. Doch wie immer ihr persönlicher Stil oder ihre Instrumente, im Grunde versuchen sie alle das Gleiche: dem Mitarbeiter den Spiegel vorzuhalten, damit er immer besser wahrnimmt, wer er ist, wie er arbeitet und welche Fußspuren er in der Welt hinterlässt.

Wiewohl also jeder Vorgesetzte seinen individuellen Feedbackstil besitzt, erbrachte die Auswertung der Gallup-Studie dennoch folgende Gemeinsamkeiten:

Erstens legen gute Manager auf *regelmäßiges Feedback* Wert. Die Häufigkeit mag zwar je nach Präferenz oder Bedürfnissen des Mitarbeiters variieren. Doch ob es sich um 20-Minuten-Gespräche einmal im Monat oder um ein einstündiges Gespräch einmal im Vierteljahr handelte, stets bildet dieses Leistungsfeedback über das ganze Jahr hinweg einen festen Teil der Zusammenarbeit zwischen Manager und Mitarbeiter. Laut den in der Gallup-Studie befragten Führungskräften lässt sich der jährliche Zeitaufwand für Leistungsbesprechungen je Mitarbeiter auf rund vier Stunden beziffern. Ein Vorgesetzter an vorderster Front bemerkte dazu: »Wer hierfür keine vier Stunden im Jahr aufbringen kann, hat entweder zu viele Leute oder den falschen Job.«

Zweitens begann jede Sitzung mit einem *kurzen Rückblick auf die Leistung der vergangenen Monate*. Sinn und Zweck war jedoch nicht die Evaluierung nach dem Muster, dieses abzustellen oder jenes zu verbessern. Hauptziel war vielmehr, dem Mitarbeiter seinen Arbeitsstil en détail vor Augen zu führen und ein Gespräch über die dahinterstehende Talentstruktur zu ermöglichen. Danach aber *richtete sich der Blick sofort nach vorne, orientiert an der Frage, wie der Mitarbeiter seinen Stil möglichst produktiv einsetzen kann.* Mitunter wurde gemeinsam nach dem »Weg des geringsten Widerstandes« für die Zielerreichung gesucht; häufig aber ging es um Partnerschaft, also um die Frage, was der Vorgesetzte einbringen kann, um die Talentlücken des Mitarbeiters zu kompensieren.

Kommen wir noch einmal kurz auf jene Tagungsreise zurück. Auch in Martin P.s Gesprächen mit seinem Mitarbeiter ging es um Partnerschaft. »Dieser Junge ist unglaublich motiviert und zielorientiert, aber strategisch denken kann er nicht – kann einfach nicht so gut abschätzen, welche Hindernisse ihm eventuell in den Weg kommen können.

Da kann ich ihm helfen. Ich kann alternative Szenarien für ihn durchspielen, und anschließend stellen wir zusammen Notpläne auf für den Fall, dass sowas eintritt.«

Jeff H. gibt eine ähnliche Beschreibung. »Eine Mitarbeiterin aus meiner Vertriebsmannschaft kennt alle möglichen Tricks, wie man den Fuß in die Tür bekommt und ein Verkaufsgespräch führt. Wenn es dann aber an den Abschluss und die Preisgestaltung geht, fehlt ihr die Kreativität. Doch da bin ich wiederum ziemlich stark. Bei unseren Gesprächen schildert sie mir daher Situation und Beteiligte, und ich gebe ihr dann einen guten Abschlusstipp: Leasingoption, Rückkaufoption, Großmengenrabatt oder sonstwas.«

Drittens legten die guten Manager Wert auf ein *privates Feedbackgespräch unter vier Augen*. Der Zweck einer solchen Übung liegt ja darin, dem Einzelnen ein besseres Verständnis seiner natürlichen Stärken und deren optimaler Nutzung zu verschaffen. Im Gruppenrahmen geht das nicht.

Dies klingt selbstverständlich, ist es aber nicht. Angesichts der heutigen Teamworkmanie vergessen erstaunlich viele Vorgesetzte, wie wichtig es ist, sich mit seinen Mitarbeitern immer wieder einmal *unter vier Augen* zu unterhalten. Phil Jackson, der erfolgreiche Coach der Chicago Bulls, formuliert es so:

»Ich gehe mit [den Spielern] am liebsten auf individueller Basis um. Das gibt mir einen viel besseren Draht zu ihnen, zumal sich leicht einer vernachlässigt fühlt, weil wir zwangsläufig so viel in der Gruppe zusammen sind. Dadurch, dass ich mich mit den Spielern privat treffe, lerne ich sie auch außerhalb des Sports kennen. Während der Play-off-Runde 1995 zum Beispiel – zur Zeit des Balkankriegs – war Toni Kukoc ziemlich durcheinander, weil seine kroatische Heimatstadt Split, in der seine Eltern leben, von der serbischen Artillerie beschossen wurde. Er bekam tagelang keine Telefonverbindung und musste lange zittern, bis er endlich erfuhr, dass es seiner Familie gut ging. Der Krieg in seiner Heimat ist für Toni eine ziemlich belastende Sache. Hätte ich das nicht gemerkt, hätte meine Beziehung zu ihm sehr gelitten.«

Den Mitarbeiter kennen lernen

Mit Schilderungen wie dieser trägt Phil zu einer Antwort auf die klassische Managerfrage bei: »Sollte man mit seinen Untergebenen engen Umgang pflegen, oder untergräbt ein allzu enges Verhältnis die Autorität?« Die erfolgreichsten Manager sagen ja zum ersten Teil der Frage; jawohl, man sollte ein persönliches Verhältnis aufbauen. Und sie sagen nein zum zweiten Teil; nein, Autoritätsverlust ist damit nicht zwangsläufig verbunden.

Dies heißt natürlich nicht, dass man ein enges, freundschaftliches Verhältnis aufbauen *muss*. Alles hängt vom persönlichen Stil des Vorgesetzten ab. Wer seine Mitarbeiter duzt und sie dennoch auf Kurs halten kann, macht alles richtig. Ist das nicht Ihr Stil, sollten Sie es lassen. Doch wenn es zu Ihrem Stil passt, mit Ihren Leuten hin und wieder essen zu gehen oder einen zu trinken, so ist das völlig in Ordnung, solange eine strikte und objektive Leistungsbeurteilung sichergestellt ist.

Wenn große Manager wie Phil Jackson also betonen, dass sie zu ihren Leuten ein enges Verhältnis pflegen und dass dies keineswegs mit Autoritätsverlust einhergeht, so wollen sie damit sagen, dass es wichtig ist, die Mitarbeiter gut zu kennen. Und »gut kennen« bedeutet mehr als nur ein gutes Verständnis der Stärken und Schwächen des Mitarbeiters, es schließt vielmehr die privaten Lebensumstände mit ein. Einmischung ins Privatleben der Mitarbeiter wird dies zwar nur im Ausnahmefall bedeuten, doch der Vorgesetzte sollte auf jeden Fall über besondere Umstände informiert sein. Und Anteilnahme ist natürlich immer gefragt.

Im Rahmen der Gallup-Studie stellten wir den beteiligten 80 000 Führungskräften diese Frage: »Angenommen, Sie haben einen talentierten Mitarbeiter, der regelmäßig zu spät zur Arbeit erscheint. Wie verhalten Sie sich?« Die Antworten reichten von autoritär bis liberal:

»Ich würde ihn rausschmeißen; Zuspätkommen gibt es bei uns nicht.«

»Ich würde ihn zunächst verwarnen, dann schriftlich abmahnen, dann entlassen.«

»Ich würde die Tür zu seinem Büro abschließen und ihn draußen stehen lassen, falls er in der Folge auch nur zwei Sekunden zu spät kommt.«

»Würde mir nichts ausmachen. Wann jemand kommt, ist mir egal, solange er auch länger bleibt und seine Arbeit ordentlich macht.«

Alle diese Reaktionen sind vertretbar; jede hat ihre Vorzüge. Wirklich gute Vorgesetzte aber reagieren anders. Ihre typische, das Vorgesetzten-Mitarbeiter-Verhältnis sehr gut beleuchtende Antwort lautete:

»Ich würde nach dem Grund fragen.«

Es ist ein bisschen wie beim Busfahrer und seinem Fahrplan. Vielleicht musste der Mitarbeiter ja noch auf das Kindermädchen warten. Vielleicht gab es irgendwo ein Problem. Wichtig ist jedenfalls, die private Situation beziehungsweise die Hintergründe zu kennen. Dies allein bestimmt die Reaktion – und die kann ganz unterschiedlich ausfallen: von einer Verschiebung der Arbeitszeit um ein oder zwei Stunden bis zur Forderung, das Problem zügig in den Griff zu bekommen. Der *erste* Schritt aber besteht, wie gesagt, stets im Bemühen um ein besseres Verständnis des Mitarbeiters und seiner Situation. Deshalb die Frage nach dem Warum.

Phil Jackson schließt seine Ausführungen zum Thema »persönliches Verhältnis« so:

»Sportler sind bekanntlich nicht die gesprächigsten Menschen. Eben deswegen ist es so wichtig, die Augen offen zu halten und vorurteilsfrei hinzuhören.«

Erstklassige Manager sorgen für ein Sicherheitsnetz

Die konventionelle Laufbahn kennt leider kein Pardon. Während der Beschäftigte die Karriereleiter emporklettert, werden die hinter ihm liegenden Sprossen gleichsam durchsägt – Umkehr unmöglich. Wer auf der erklommenen Stufe nicht zurechtkommt, weiß, dass sein Ansehen leidet und sein Arbeitsplatz in Gefahr ist. Da aber »Fehltritte« so hart bestraft werden, sind mutige Karriereschritte eher die Ausnahme. Nach gängiger Auffassung grenzt es an Dummheit, angesichts eines fehlenden Sicherheitsnetzes eine große Veränderung zu wagen, um zum Beispiel ein latentes Talent auszuprobieren oder ein vorhandenes zu verfeinern. Allerorten herrscht Vorsicht, wenig Interesse an Feedback von außen und noch weniger Veränderungsbereitschaft. In einem solchen Laufbahnwesen hat Lernen einfach keinen Platz.

Gute Manager versuchen dies zu ändern und Lernprozesse zu fördern. Auf aktive Selbsterforschung und -erkenntnis kommt es ihnen an. Deshalb haben sie sich hilfsweise ihr eigenes »Karrieresicherheitsnetz« zugelegt: Probezeiten.

Bei Ellen P., der Leiterin des Flugausbildungswesens bei Southwest Airlines, sieht das konkret so aus:

»Für einen Flugbegleiter oder eine Flugbegleiterin ist der Schritt vom Flugzeug in den Schulungsraum sehr groß. Manche wollen Trainer oder Trainerin werden, weil sie es satt haben, immer auf Achse zu sein. Doch die können wir überhaupt nicht gebrauchen, die kommen gar nicht in Frage. Andere haben am Lehrberuf Interesse, haben ein Bedürfnis, die Tradition von Southwest weiterzugeben. Da sieht es schon besser aus. Wenn wir also der Meinung sind, dass jemand das nötige Talent mitbringt und sich aus den richtigen Gründen für den Job interessiert, darf er (beziehungsweise sie) es auf Basis einer sechsmonatigen Probezeit versuchen.

Wir machen allerdings von Anfang an sehr deutlich, dass dies eine Zeit ist, in der wir gemeinsam herausfinden wollen, ob diese Tätigkeit wirklich das Richtige für den Betreffenden ist, und zwar auf Dauer. Die meisten haben ja keine Vorstellung davon, wie schwer der Ausbilderjob ist. Es geht da mitunter zwar auch recht lustig zu, etwa wenn man Witze oder Unterhaltungsspiele zur Aufmunterung der Passagiere probt, aber daneben gilt es, den Auszubildenden natürlich viele trockene Details und Regeln beizubringen. Die Probezeit soll den Interessenten also einen Geschmack von der Sache geben.

In dieser Zeit setzen wir uns einmal pro Monat zusammen und machen Bestandsaufnahme. Wir wollen genau wissen, was ihnen Spaß macht und wo sie nicht so gut zurechtkommen. Zudem lassen wir die Kandidaten von unseren Trainern beobachten und geben ihnen entsprechendes Feedback. Am Ende der sechsmonatigen Probezeit müssen sie dann noch verschiedene theoretische Prüfungen absolvieren.

Die meisten schaffen's, sodass wir inzwischen über einen Stab von wirklich talentierten Trainern verfügen. Doch alle Trainees wussten von Anfang an, dass sie jederzeit wieder zurück an Bord gehen konnten, falls von ihrer oder unserer Seite Zweifel aufkommen würden. Das kam in den letzten Jahren auch ein paar Mal vor, war aber keine Schande, kein Versagen. Die Leute wollten es ausprobieren, wollten wissen, ob sie es können. Sie wagten den Schritt und erkannten dann eben, dass es nichts für sie war.

Auch aus unserer Sicht hat sich das prima bewährt. Die Betreffenden sind nun wieder an Bord und voll auf ihre dortige Aufgabe konzentriert, ohne von vagen Gedanken an eine etwaige Trainertätigkeit abgelenkt zu sein. Für sie ist das Kapitel abgeschlossen. Sie können wieder ganz nach vorne schauen.«

Probezeiten haben allerdings auch ihre Tücken. Man darf sie keinesfalls als Auswahlinstrument missbrauchen. Wie im obigen Beispiel gezeigt, sollte diese Option nur Kandidaten offenstehen, die bereits gezeigt haben, dass sie sowohl ein gewisses Talent als auch hinreichendes Interesse besitzen. Der Manager ist ja nicht dazu da, dem Mitarbeiter das Unternehmen zur Spielwiese zu machen in der Hoffnung, dass der irgendwann vielleicht etwas Schönes für sich findet. Er hat vielmehr dafür zu sorgen, dass bei den Mitarbeitern die Leistung stimmt, und dafür gilt es, Begabung und Funktion optimal miteinander in Einklang zu bringen. Auch wenn sich ein Mitarbeiter noch so gerne in der oder jener Aufgabe versuchen würde – wenn Sie als Chef der Überzeugung sind, dass er das nötige Talent nicht hat, verdient er auch keine Probezeit.

Ferner gilt: Wenn Probezeit, dann zu absolut klaren Bedingungen (wie am obigen Beispiel gezeigt). Klarheit also über die Dauer; Klarheit über die Beurteilungskriterien; Klarheit über die Häufigkeit der Leistungsbesprechungen; Klarheit darüber, was geschieht, falls der Kandidat sich nicht hinreichend eignen sollte. Die Probezeit kann nur ein Erfolg sein, wenn all dies explizit und verbindlich geregelt ist.

Schließlich und vor allem gilt es klarzustellen, dass der Mitarbeiter in seine bisherige Rolle zurückkehren wird, falls *entweder Ihnen oder ihm selbst* die neue Rolle nicht optimal erscheint. Dadurch vermeidet man unschöne Missverständnisse. Die Probezeit ist ja nicht nur zum Nutzen des Mitarbeiters da, sondern auch zum Nutzen des Unternehmens. Gesetzt also den Fall, *er* würde nach der Probezeit gerne in der neuen Rolle verbleiben, doch *Sie* haben Zweifel an seiner Eignung, dann gibt Ihre Beurteilung den Ausschlag. Das wird ihm vielleicht nicht gefallen, aber er muss und kann es akzeptieren.

»Hart, aber herzlich«: Die Kunst der Härte zum richtigen Zeitpunkt

Schlechte Nachrichten übermittelt niemand gern. Das ist auch bei Vorgesetzten nicht anders – ob der Mitarbeiter nun am Ende einer Probezeit steht oder in seiner augenblicklichen Position nicht zurecht kommt. Kündigen ist schwer. In den Gallup-Interviews gestanden viele Führungskräfte – quer durch die Bank –, dass sie vor einem solchen Gespräch stets halb krank zu sein pflegen. Egal, wie man es angeht, egal auch, wie versiert man ist, jemandem den Job wegzunehmen fällt nie leicht.

Wir reden hier natürlich nicht von Situationen, in denen der Mitarbeiter sich etwas zuschulden kommen ließ. Unter juristischen Vorzeichen ist es zwar auch noch ein Drama, aber immerhin liegt der Fall klarer. Es geht hier also um jene leidigen Fälle, in denen der Mitarbeiter einfach die Leistung nicht bringt.

Solche Situationen sind oft alles andere als eindeutig. Als Vorgesetzter müssen Sie vieles berücksichtigen und entscheiden: Wo beginnt das inakzeptable Leistungsniveau? Wie lange lässt man den Mitarbeiter auf diesem Niveau erfolglos stagnieren? Hat man als Vorgesetzter genug Unterstützung gegeben: Training, Motivation, Hilfssysteme, komplementäres »Partnern«? Sollte man einen harten Schnitt machen oder dem Kandidaten eine Bewährungsfrist geben? Wie bringt man ihm die schlimme Nachricht bei?

Manchen Managern machen diese Fragen so zu schaffen, dass sie das Problem ganz von sich wegschieben. Sie wählen den vordergründig leichten Weg, indem sie einen zweiten Mitarbeiter einstellen, der die Leistungslücke ausfüllen soll. Kurzfristig mag dies eine schmerzlose und elegante Lösung sein. Für das Unternehmen aber ist dieses Verfahren langfristig gesehen untragbar.

Andere versuchen das Problem dadurch zu lösen, dass sie zu ihren Mitarbeitern Distanz halten. Auf diese Weise hoffen sie dem Dilemma zu entfliehen, einem guten Freund eine schlechte Nachricht überbringen zu müssen. Dies hat aber – wie Phil Jackson hervorhob – leider auch die Konsequenz, dass man sich der Chance beraubt, seinen Leuten zu Topleistung zu verhelfen.

Die besten Manager lassen sich weder auf das eine noch das andere Ausweichmanöver ein. Sie haben es nicht nötig. Sie verfahren nach dem Grundsatz »hart, aber herzlich«. Dabei handelt es sich allerdings nicht um eine Technik im Sinne eines festen Prozederes, sondern um eine bestimmte Einstellung, die sich durch zweierlei auszeichnet: kompromisslose Konzentration auf Topleistung plus echtes Interesse am Menschen. Dies zwingt gute Manager dazu, schlechte Leistungen früh und direkt anzusprechen. Gleichzeitig erlaubt es ihnen, das zwischenmenschliche Verhältnis zum Mitarbeiter intakt zu halten.

Was heißt »hart, aber herzlich« nun genau? Wir funktioniert das Prinzip?

Die »harte« Komponente ist leicht erklärt. Da gute Manager sich bei der Leistungsbeurteilung stets an Topleistungen orientieren, bedeutet »hart« einfach, dass sie diesbezüglich keine Kompromisse machen. Auf die Frage »Wo beginnt das inakzeptable Leistungsniveau?« lautet ihre Antwort also: »Bei der Durchschnittsleistung, die keinen Aufwärtstrend erkennen lässt.« Und auf die Frage »Wie lange lässt man den Mitarbeiter auf diesem Niveau stagnieren?« gibt es ebenfalls eine knappe Antwort: »Nicht sehr lange.«

Diese kompromisslose Leistungsorientierung lässt auch Harry D., erfolgreicher Chef zweier Autohäuser, erkennen. »Wir haben vor einiger Zeit einen zweiten Fahrzeugvertrieb aufgemacht, viel größer als der erste. Mein Ziel war die Schaffung einer ›totalen Dienstleistungskultur‹, damit der Kunde immer erste Qualität bekommt, ob er nun mit dem Verkauf, der Finanzierungsabteilung oder dem Kundendienst zu tun hat. Es ging mir also um systemübergreifende Integration und eine hundertprozentige Zusammenarbeit zwischen den Abteilungsleitern. Große Pläne, klar. Es hat mich auch ziemlich Schweiß gekostet, das kann ich Ihnen sagen.

Mein größter Fehler war wohl, dass ich meinen Mitarbeiter Simon zum Verkaufsleiter des neuen Ladens machte. Er kam aus der alten, kleineren Niederlassung, war dort Verkaufschef, sehr erfolgreich. Aber die in der neuen Position erforderliche Kooperation war überhaupt nicht sein Ding. Der Kontakt mit den anderen Abteilungsleitern war miserabel. Zu Besprechungen erschien er gleich gar nicht. Die Systemintegration und kundenorientierte Zusammenarbeit zwischen den Abteilungen ließ er links liegen. Nur *seine* Leute und *seine* Zahlen interessierten ihn.

Gleichzeitig hatte ich in der alten Niederlassung dummerweise einen Verkäufer zum Verkaufsleiter befördert, der mit seiner neuen Aufgabe auch nicht richtig klarkam. Auf einen Schlag hatte ich also aus einem Erfolg zwei Misserfolge gemacht.

Ich wusste, dass rasches Handeln angesagt war. Mit Simon hatte ich schon ein paar Mal gesprochen und ihm die Problematik geschildert, aber ohne Erfolg. Nach fünf Monaten holte ich ihn daher zu mir ins Büro und redete Klartext mit ihm, sagte ihm, dass ich ihn wieder ins alte Geschäft zurückversetzen wollte. Ich machte ihm klar, dass es mir im neuen Geschäft um eine umfassende, voll integrierte Dienstleistungskultur ginge und dass er mir dabei keine Hilfe sei. Als Einzelkämpfer passe er nicht in die neue Welt. Drüben, im anderen Geschäft, könne er sich auf seine Dinge konzentrieren, so viel er wolle, nur hier eben nicht. ›Ich schicke Sie zurück‹, sagte ich zu ihm.

Er wurde ziemlich wütend. Sah aus, als er wollte er mir an die Gurgel. ›Sie haben mir ja noch gar nicht die nötige Zeit gegeben. Ich hab' auf jeden Fall doch wohl noch eine Chance verdient.‹ Und so weiter, so geht das immer. Aber ich kenne meine Leute, mitunter besser als sie sich selbst. Ich wusste, dass Simon kein Mannschaftsspieler war. Ich wusste, dass er das, was ich erwartete, nie bringen würde. Besser also, den Schnitt gleich zu machen, statt die Dinge weiter schleifen zu lassen und zu warten, bis er noch mehr von sich investiert haben würde und meine Enttäuschung noch mehr anwuchs.

Inzwischen gefällt es ihm drüben wieder wunderbar, und für den Job hier fand ich einen kooperativen Mann. Mit meiner schönen neuen Welt geht es langsam voran.«

Harry ist bei seinen Mitarbeitern allgemein sehr beliebt. Er hat immer ein offenes Ohr, wenn jemand seine Arbeitszeit verlegen will, einen freien Tag braucht oder zum Nutzen des Kunden einen Verbesserungsvorschlag hat. Doch er ist knallhart, wenn es um Leistung geht. »Die Leistung kann eigentlich nie gut genug sein«, meint er. »Wer das anders sieht, mag es anders sehen, solange er nicht bei mir arbeitet.«

Das »herzliche« Element ist ein wenig subtiler. Es steht einem frühen Angehen von Leistungsmängeln überhaupt nicht im Wege, sondern sorgt dafür, dass dies auf humane Weise geschieht, sodass Bitterkeiten und Groll vermieden werden. Basis des Ganzen ist das

Talentkonzept. Wenn Talent richtig verstanden wird, wenn klar ist, dass jeder Mensch dauerhafte Denk-, Gefühls- und Verhaltensmuster besitzt, kann dies unglaublich befreiend wirken, sobald schwache Leistungen angesprochen werden müssen. Warum? Weil der Vorgesetzte nun *nicht mehr dem Mitarbeiter die Schuld zuschieben muss.*

Nehmen wir einen Manager, der glaubt, mit hinreichend Willenskraft und Entschlossenheit lasse sich praktisch jede Verhaltensänderung erreichen. Dieser Vorgesetzte muss zwangsläufig jedes Leistungsdefizit dem Mitarbeiter ankreiden. Er hat ihn ja wiederholt gewarnt und angehalten, und trotzdem werden die Leistungen nicht besser. Hätte er nur mehr Antrieb, mehr Interesse, mehr Lernbereitschaft, hätte er sich schon längst geändert respektive verbessert – und damit wären die Leistungsmängel ja aus der Welt. Was aber leider nicht der Fall ist. Folglich bemüht sich der Mann nicht genug. Es ist sein Fehler.

Diese verführerische Logik bringt den Manager freilich in eine vertrackte Situation. Da er dem Mitarbeiter ja gesagt hat, was er zu tun habe, dies aber nicht geschah, muss der Mitarbeiter entweder willensschwach, dumm, ungehorsam oder respektlos sein.

Wie aber soll man mit jemandem ein konstruktives Gespräch führen, wenn hinter der Höflichkeitsfassade eine solche Denkweise vorherrscht? Wer einen emotionalen Charakter hat, muss ständig fürchten, die Geduld zu verlieren und seinen Ärger durchbrechen zu sehen. Wer ein mitfühlender und fürsorglicher Vorgesetzter ist, muss fürchten, dass der Mitarbeiter die freundlichen Worte durchschaut und merkt, wie enttäuscht Sie von ihm sind. Welchen Stil Sie auch bevorzugen: Ein Gespräch, bei dem man seine wahren Gefühle verbergen muss, ist unangenehm und stressig, zumal bei so problematischen Gesprächen. Kein Wunder, dass viele Manager am liebsten einen großen Bogen um solche Situationen machen.

Große Manager brauchen ihre wahren Gefühle nicht zu verstecken – dank der Einsicht, dass die individuelle Begabungskonfiguration (vorhandene und fehlende Talente) mit dauerhaften Verhaltensmustern verknüpft ist. Insofern ist klar: Stimmt die Leistung des Mitarbeiters noch immer nicht, nachdem genug getan wurde, um etwaige Talentdefizite zu kompensieren oder zu neutralisieren, gibt es nur eine vernünftige Schlussfolgerung: Funktion und Mitarbeiter stimmen nicht überein. Dies bedeutet aber auch, dass anhaltende Leistungsmängel primär eben *nicht* auf Willensschwäche, Dummheit, Unfolgsamkeit oder Respektlosigkeit zurückzuführen sind. Es handelt sich schlicht um eine Stellenfehlbesetzung.

Wenn man hier also überhaupt von einem Verschulden sprechen kann, dann ist es gleichmäßig verteilt. Vielleicht hätte der Mitarbeiter sich besser kennen müssen. Vielleicht hätte der Vorgesetzte klarer sehen müssen. Vielleicht. Doch es ergibt keinen Sinn, im Nachhinein mit dem Finger zu zeigen. Kein Mensch wird je hundertprozentige Selbstkenntnis erreichen. Kein Vorgesetzter wird je ein vollkommen richtiges Bild von seinen Mitarbeitern haben, selbst wenn er noch so talentorientiert ausgewählt hat. Folglich sind »Casting«-Fehler – suboptimale Stellenbesetzungen – weder ein Grund zum Ärgern noch zur Schuldzuweisung. Solche Fehler kommen einfach vor.

Wenn sie auftreten, betätigen sich gute Manager als »Spiegelhalter«. Sie ermutigen den Mitarbeiter, anhand dieses Fehltritts etwas über sich und seine ganz spezielle Kombination von Talenten und »Talentlücken« zu lernen. Sprachlich-psychologisch mag sich das so darstellen: »Sie merken ja auch selber, dass das einfach nicht ganz das Richtige für Sie ist. Fragen wir uns also zusammen, woran es liegt.« Oder: »Sie brauchen einfach eine Rolle, die besser zu Ihren natürlichen Stärken passt. Was meinen Sie – wie könnte die aussehen?« Dahinter steckt keine forcierte Höflichkeit, nicht das Bedürfnis, etwas zu übertünchen oder abzumildern. Dahinter steckt Wahrheitsliebe.

Dies ist das »herzliche«, fürsorgliche Element dieses Ansatzes. Erfolgreiche Manager bemühen sich um jeden einzelnen ihrer Mitarbeiter. Doch dieses Bemühen verstehen sie in einem ganz bestimmten Sinn: *Dem Mitarbeiter helfen, erfolgreich zu sein.* Es ist ihnen ein echtes Bedürfnis, für jeden Einzelnen Aufgaben zu finden, in denen er möglichst glänzen kann. Und sie wissen, dass dies nur Funktionen sein können, die zu den individuellen Talenten passen.

Daraus folgt: Wenn jemand Mühe hat in seinem Job, ist es äußerst herzlos, ihn weiter strampeln zu lassen. Und umgekehrt gilt: Kündigung kann ein Akt der Fürsorge sein. Dies erklärt nicht nur, warum gute Manager und Vorgesetzte schlechte Leistungen grundsätzlich nicht durchgehen lassen; es erklärt auch, warum sie trotz aller vordergründigen Härte das zwischenmenschliche Verhältnis intakt zu halten vermögen.

Zusammenfassend lässt sich also feststellen: Der Ansatz »hart, aber herzlich« ermöglicht es einem fähigen Manager, zwei sich widersprechende Ziele auf effektive Weise unter einen Hut zu bekommen – das Erfordernis, hohe Leistungsstandards aufrechtzuerhalten, und das Bedürfnis, den Mitarbeiter ernst zu nehmen und ihm so weit wie möglich zu helfen. Dieser Ansatz erlaubt es Mike H., Führungskraft im Bereich IT, in ein und demselben Atemzug zu sagen: »Ich habe noch nie jemanden zu früh entlassen« und »Es ist mir ein echtes Bedürfnis, meinen Leuten zu helfen, erfolgreich zu sein«.

Dies trifft auch auf John F., einen Fertigungsleiter, zu: »Ich habe in meiner Zeit einigen Leute gekündigt. Aber wir sind immer miteinander in Kontakt geblieben. Wenn ich so drüber nachdenke, fällt mir auf, dass die besten Freunde auf meinen zwei Hochzeiten sogar Leute waren, die ich mal entlassen habe.«

Für »hart, aber herzlich« steht auch das verrückte Zitat von Gary L., einem enorm erfolgreichen Unternehmer und sechsmaligen Gewinner eines Wirtschaftspreises (Queens Award for Industry). Er holte eines Abends einen seiner Fabrikmanager ins Büro und eröffnete ihm kurz und bündig: »Kommen Sie, setzen Sie sich. Sie wissen ja, ich mag Sie, aber ich muss Ihnen kündigen. Trotzdem mag ich Sie. Los, gehen Sie sich einen Drink holen, damit wir die Sache ordentlich durchsprechen können.«

Der »Gnadenschuss« des Vorgesetzten

»Hart, aber herzlich« ist also ein hilfreicher Ansatz, mit dem sich delikate Situationen vernünftig und einvernehmlich handhaben lassen. Doch beim Versuch, ihn in Ihren eigenen Führungsstil zu integrieren, sollten Sie nicht vergessen: Jemand davon zu überzeugen, dass der aktuelle Job nicht gut für ihn ist, wird immer eine delikate Angelegenheit bleiben. Der Ansatz macht die Sache leichter, aber nicht leicht.

Harry D., der Autohändler, bringt eine der virulenten Schwierigkeiten exakt auf den Punkt, wenn er sagt: »Aber ich kenne meine Leute; mitunter besser als sie sich selbst.« Beim Ansatz »hart, aber herzlich« ist der Vorgesetzte oft gezwungen, den Mitarbeiter mit Wahrheiten zu konfrontieren, die dieser ungern hören wird. Das macht die Sache schwierig und delikat. Und es erklärt auch, warum der Vorgesetzte seine Leute sehr gut kennen muss, warum er sich regelmäßig mit ihnen zusammensetzen sollte und warum die »Geschäftsgrundlage« klar sein und die Kommunikation stimmen muss.

Manche mögen einwenden, dass man trotzdem nicht das Recht habe zu glauben, man kenne den Mitarbeiter besser als er sich selbst. Gute Manager sind da aber offenkundig anderer Meinung. Auf die Gallup-Frage »Würden Sie sich eher nach dem Wunsch des Mitarbeiters richten, oder würden Sie eher nach dem entscheiden, was gut für ihn ist?«, antworteten die erfolgreichsten Manager stets: »Eher nach dem entscheiden, was gut für ihn ist.«

Dies klingt autoritär und bevormundend, ja anmaßend. Doch Martin P., der Polizeichef, hat ein gewichtiges Argument:

»Ich glaube, dass der Leistungsschwache tief drinnen bereits lange vor dem Vorgesetzten merkt, dass er Probleme hat. Vielleicht findet er nicht die Worte dafür, oder sein Stolz verbietet ihm, mit der Sprache herauszurücken, doch wissen tut er es. Ab einem bestimmten Punkt sucht er dann einfach Hilfe. Unbewusst bringt er sich in Situationen, die seine Schwächen offenbaren. Er bittet gleichsam darum, entlassen zu werden. Wenn man den Eindruck hat, dass das der Fall ist, ist es wirklich das Beste, wenn man ihn von diesem Dilemma erlöst.

Ich hatte einmal einen Streifenbeamten namens Max, der mit konfrontativen Situationen einfach nicht umgehen konnte. Man muss sich einmal vorstellen, wie der Dienst eines Polizisten aussieht: Man hat es mit den schlimmsten Typen zu tun – oder meinetwegen auch mit ganz normalen Menschen, die aber einen schlimmen Tag erwischt haben. Man wird ›angemacht‹, verbal auf jeden Fall, mitunter auch ein bisschen mehr. Und trotzdem muss der Polizist ruhig Blut bewahren.

Aber Max konnte das nicht. Er war schnell frustriert, reagierte wütend und rüde. Immer wieder kam es zu Anzeigen, weil er sich nicht beherrschen konnte. Derlei kleinere Disziplinarsachen werden dann mündlich verhandelt. Es war immer das gleiche Spiel: Ich las die Anzeigen vor; Max wies alles weit von sich. Heftig. Sehr heftig sogar. Ich konnte bei diesen Verhandlungen also genau jene Verhaltensweisen feststellen, über die sich die Bürger beschwerten.

Wir berieten ihn, wie er das Problem in den Griff kriegen konnte, und er bemühte sich redlich. Doch es steckte einfach zu tief in ihm drin. Es kam auf Streife halt immer wieder vor, dass er ausrastete, und genauso hartnäckig leugnete er dann sein Fehlverhalten. Er bat förmlich um die Kündigung. Er *wollte*, dass ich ihn feuerte. Es war für ihn der einzige Weg aus seinem Dilemma.

Ich entließ ihn also. Er war im Grunde ja ganz in Ordnung, aber leider für einen Polizisten nicht geeignet. Über unseren Outplacement-Dienst fand er eine Stelle als Schadenregulierer bei einer hiesigen Versicherungsgesellschaft. Der Job passt viel besser zu seinem Charakter. Wir sind noch immer in Kontakt, recht freundschaftlich, und was noch wichtiger ist: Er kommt sehr gut zurecht.«

Viele der hervorragendsten Manager, die wir interviewten, erzählten ganz ähnliche Geschichten: Der Mitarbeiter wollte seine Situation nicht wahrhaben und reagierte entsprechend verstimmt. Doch Monate oder vielleicht auch erst Jahre später rief er an oder schrieb einen Brief oder ging auf den ehemaligen Vorgesetzten zu, wenn er ihn zufällig irgendwo traf, und sagte sinngemäß: »Danke. Wissen Sie, ich hab's damals einfach nicht gesehen. Aber die Kündigung war das Beste, was mir passieren konnte.«

Es gibt freilich auch andere Fälle. Manche Mitarbeiter bleiben auf ewig verbittert. Dennoch ist der Ansatz »hart, aber herzlich« eine Chance für Vorgesetzte wie Mitarbeiter, diese delikate Situation auf menschliche und würdevolle Weise zu handhaben – ohne einen Scherbenhaufen anzurichten.

7. Die vier Schlüssel im Gebrauch – eine praktische Anleitung

Jeder gute Manager hat seinen persönlichen Stil. Doch das Ziel ist immer dasselbe: das Talent eines jeden Mitarbeiters in Leistung zu übersetzen. Dazu braucht es die »vier Schlüssel«: *Talentorientierte Mitarbeiterauswahl; richtige Zielsetzung; Konzentration auf die Stärken; Ermitteln der optimalen Funktion.* Sie weisen ganz konkret den Weg zum Ziel.

In den vorausgehenden vier Kapiteln haben wir diese Schlüssel eingehend erläutert – wie sie funktionieren und warum jeder einzelne von ihnen gebraucht wird, will man Begabung erfolgreich in Leistung übersetzen. In diesem Kapitel nun wollen wir beschreiben, wie *Sie persönlich* mit diesen Schlüsseln umgehen können. Dabei muss klar sein, dass es sich nicht um eine Schritt-für-Schritt-Methode handelt – keine strukturierte Abfolge von Maßnahmen, die Ihren eigenen Stil verdrängt. Jeder der Schlüssel stellt vielmehr eine bestimmte Denkweise dar, hilft altbekannte Herausforderungen in einem neuen Licht zu betrachten. Wie in der Einleitung bereits erwähnt, geht es uns vor allem darum, Ihnen zu helfen, aus Ihrem *persönlichen* Stil optimalen Nutzen zu ziehen, indem wir Ihnen zeigen, wie die Besten und Erfolgreichsten Ihrer Kollegen die Dinge sehen und handhaben. Es geht also um Befruchtung, nicht darum, Ihren eigenen Stil durch irgendeine am Modell der »Stars« orientierte Standardversion zu ersetzen.

Dies heißt natürlich auch, dass Sie nicht sklavisch an alle diese Ansätze gebunden sind. Machen Sie sich einfach selber ein Bild. Die geschilderten Methoden sind gleichsam ein Destillat, gewonnen aus den Ideen Tausender verschiedener Führungskräfte. Niemand verkörpert sie alle. Deshalb unser Tipp: Wählen Sie selbst aus; prüfen Sie; verbessern und optimieren Sie. Bringen Sie alles in eine Form, die zu Ihnen passt.

Die Kunst, beim Vorstellungsgespräch talentfündig zu werden

1. Das Talentinterview braucht seinen eigenen Platz

Die Mitarbeiterrekrutierung ist oft ein schwieriges Geschäft. Der Bewerber braucht eine Reihe von Informationen – über Sie als Vorgesetzten, das Unternehmen, seine potenzielle Tätigkeit und die Einzelheiten der Vergütung. Sie wiederum müssen seinen Hintergrund prüfen und gegebenenfalls ein Angebot machen. Der Bewerber reagiert vielleicht mit einem Gegenangebot. Sie müssen es prüfen und Ihrerseits reagieren. Auf diese Weise wird verhandelt, bis beide Seiten zufrieden gestellt sind. Dieser Prozess ist wichtig, doch mit dem Talentinterview hat er nichts zu tun.

Das Talentinterview sollte völlig eigenständig sein. Es verfolgt nur einen einzigen Zweck: festzustellen, ob die jeweiligen Denk-, Gefühls- und Verhaltensmuster des Kandidaten zum angestrebten Job passen. Diese Aufgabe ist schwierig genug; noch mehr sollte man keinesfalls in dieses Gespräch hineinpacken. Setzen Sie hierfür also einen speziellen Termin an und sagen Sie auch dem Bewerber, worum es dabei geht – nämlich herauszufinden, wo seine Begabungen liegen. Der Kandidat muss wissen, dass es sich um ein ganz besonderes Gespräch handelt – strukturierter und fokussierter als sonst; kein Smalltalk; konkrete Fragen.

2. Stellen Sie ein paar offene Fragen und hören Sie gut zu

Am besten lässt sich Begabung entdecken, wenn man dafür sorgt, dass der Bewerber sich anhand seiner Reaktionen offenbart. In gewissem Sinn sollte das Talentinterview ein (verbaler) Spiegel dessen sein, was ihn bei der angestrebten Tätigkeit verhaltensmäßig erwartet. Bei der Arbeit wird er täglich einer Vielzahl von Situationen ausgesetzt sein, auf die er so oder so reagieren kann. Seine Leistung hängt davon ab, wie er *in der Regel* reagiert.

Konkret bedeutet dies, dass Sie mit *offenen* Fragen arbeiten sollten, um viele Reaktions- und Verhaltensweisen zu ermöglichen. Dabei dürfen Sie keinesfalls signalisieren, was Sie für die »richtige« Richtung halten. Also keine Fragen der folgenden Art: »Wie stark sollten die Mitarbeiter Ihrer Ansicht nach kontrolliert werden?« oder »Was macht Ihnen am Verkaufen den meisten Spaß?«

Die Richtung, die der Kandidat *spontan* einschlägt, sagt Ihnen nämlich am allermeisten über sein künftiges Verhalten.

Nachdem Sie eine Frage gestellt haben, schweigen Sie am besten. Falls der Bewerber nähere Erläuterungen wünscht, gehen Sie nicht darauf ein, sondern betonen, dass Sie mehr an *seiner* Meinung interessiert sind, dass es auf *seine* Interpretation ankommt. Er soll Ihre Fragen so beantworten, wie *sein* Filter – seine Wahrnehmung – es ihm gebietet. Ziel ist ja, über *ihn* etwas zu erfahren.

Ganz wichtig: Nehmen Sie das, was er sagt, für bare Münze, auch wenn Sie die Antwort nicht besonders mögen. Wenn Sie beispielsweise fragen, wie wichtig es für ihn ist, der Beste zu sein, und er antwortet: »Na ja, ich bin schon gern der Beste, aber in der Regel genügt es mir, so gut zu sein, wie ich eben sein kann« – dann nehmen Sie es so, wie er es sagt! Und wenn Sie wissen wollen, was ihn am Verkaufen besonders reizt, und er erzählt Ihnen, dass er möglichst schnell ins Management aufrücken will, dann glauben Sie ihm – denn es hat seine Bedeutung. Und das Gleiche gilt, wenn Sie nach dem Reiz des Lehrerjobs fragen und in seiner Antwort die Kinder mit keinem Wort erwähnt werden. Nehmen Sie die spontane Reaktion also ernst – denn es steckt viel Wahrheit darin. Freie Antworten auf offene Fragen sind äußerst aufschlussreich. Es kommt nicht darauf an, was Sie hören wollen; es kommt darauf an, was Sie hören.

3. Je präziser die Antwort, desto besser

Das Verhalten der Vergangenheit ist ein guter Indikator für künftiges Verhalten. Erwiesenermaßen wertvoll sind Fragen des Typs »Können Sie mir sagen, wann Sie schon mal ... [dies oder jenes gemacht haben]?«

Doch Vorsicht ist geboten. Erstens sollten Sie immer ein konkretes Beispiel im Auge haben. Und »konkret« heißt hier konkrete Zeit, konkrete Person oder konkretes Ereignis. Dadurch vermeiden Sie, sich von Leuten beeindrucken zu lassen, die alles Mögliche erzählen und als wichtig darstellen, im Grunde aber kaum mehr wissen, wann was genau stattgefunden hat.

Zweitens: Werten Sie nur den allerersten Impuls. Denn die »Indikatorfunktion« gilt nur für *gewohnheitsmäßiges* Verhalten. Zur Aktivierung dieser Verhaltensmuster sollte jedoch bereits ein einziger kurzer Auslöser genügen. Wenn das funktioniert, können Sie sicher sein, dass dieses Verhalten ein dauerhafter Bestandteil der Persönlichkeit des Kandidaten ist.

Angenommen, Sie wollen eine Vertriebs- beziehungsweise Verkaufsposition besetzen und haben beschlossen, das Beziehungstalent »Durchsetzungsvermögen« in Ihr Talentprofil aufzunehmen. Ihre diesbezügliche Prüffrage könnte etwa lauten: »Können Sie mir sagen, wann Sie schon mal Ihre Ideen gegen Widerstand durchgesetzt haben?« Notabene: Sie fragen hiermit nicht nach einer spezifischen Situation, sondern lediglich nach einem möglichen Geschehenszeitpunkt! *An der Antwort aber interessiert Sie genau das Spezifikum*!

Hier sind zwei Reaktionen (aus der riesigen Vielzahl möglicher Antworten):

1. »Ich finde Beharrlichkeit sehr wichtig, vor allem, wenn man wirklich von seinen Ideen überzeugt ist. Bei uns wird diese Art von Offenheit sehr geschätzt. In meinem Team ist es so, dass die anderen regelrecht von mir erwarten, dass ich an einem Vorschlag, der nicht so gut ankommt, solange festhalte, bis jemand einen besseren hat. Es kommt also ständig vor.«
2. »War erst gestern der Fall.«

Welches ist nun die bessere Antwort? Nun, es ist schwer zu sagen, welche »besser« ist. Doch Antwort 2 ist zweifellos die *aufschlussreichere.* Hier rückte der Kandidat sofort mit einem zeitlich konkreten Beispiel (»gestern«) heraus. Daraus sind zwar die Umstände nicht ersichtlich, doch ist das in diesem Zusammenhang nicht von Belang – denn es kommt nicht auf die Details an, sondern auf das unmittelbar in Erscheinung tretende Spezifikum, die charakteristische Reaktion. Obwohl Sie nicht spezifisch gefragt hatten, kam schon bei der ersten Gelegenheit (dem Auslöser »Können Sie mir sagen, wann Sie schon mal ...?«) wie aus der Pistole geschossen eine sehr konkrete, präzise Angabe heraus. Zwar sind noch viele weitere Fragen erforderlich, um sein Talent richtig auszuloten, doch die Antwort ist hier auf jeden Fall ein erster Hinweis darauf, dass dieses Verhalten – Verteidigung der eigenen Vorstellungen auch gegen Widerstand – ein starkes, *wiederkehrendes* Element seines Lebens ist.

In Antwort 1 gab der Kandidat im Gegensatz dazu eine hübsche kleine Erläuterung, warum er Offenheit und Beharrlichkeit wichtig findet, und behauptete dann, dieses Verhalten komme bei ihm ständig vor. Diese Antwort ist an sich ganz in Ordnung, hat aber – da ihr das Unmittelbare und Spezifische fehlt – keine *Aussagekraft.* Bei Antworten dieser Art besteht die Versuchung nachzuhaken: »Können Sie mir das näher beschreiben?« »Können Sie mir sagen, wie das ablief?« Dies hat jedoch die Konsequenz, dass die Beurteilung der Antwort anhand der Qualität des vorgetragenen Beispiels erfolgt – dem Detailumfang, der Erzählqualität, der Frage des Einverstandenseins damit, wie der Kandidat sich in der geschilderten Situation verhielt.

Doch genau hierin liegt eine Kardinalsünde des Talentinterviews. Unabhängig davon, wie viele Details der Kandidat letztlich liefern mag, ist die Wahrscheinlichkeit groß, dass das in Frage stehende Verhalten eben *kein* dauerhaftes, gewohnheitsmäßiges Element seiner Persönlichkeitsstruktur ist, wenn mehrfaches Nachhaken erforderlich war. Also noch einmal: Bei Fragestellungen wie »Können Sie mir sagen, wann Sie schon mal ...?« darf die Antwort keinesfalls nach der Qualität der berichteten Einzelheiten beurteilt werden. Andernfalls bewertet man allerhöchstens die rhetorische Begabung oder das Langzeitgedächtnis des Kandidaten. Doch was Sie wissen wollen, ist ja, ob der oder die Betreffende das gesuchte Talent besitzt.

Es kommt bei der Antwort also auf zweierlei an: Sie muss spezifisch *und* spontan sein.

(Natürlich steht weder bei Antwort 1 noch bei Antwort 2 weiteren Fragen etwas im Wege, wenn Ihrerseits Informationsbedarf besteht. Es muss Ihnen jedoch stets klar sein, dass das fragliche Verhalten kein gewohnheitsmäßiges sein kann, wenn der Kandidat für seine Antwort zwei oder mehr Anläufe braucht – sei das Beispiel dann auch noch so elaboriert.)

Talentindikatoren

Gibt es nun neben den genannten spezifischen Verhaltensbeispielen aus der Vergangenheit noch andere Dinge, auf die zu achten ist? Gibt es also noch andere Indikatoren, die darauf hinweisen, ob der Kandidat die gewünschten Talente tatsächlich besitzt?

Über die Jahre haben wir festgestellt, dass es eine ganze Menge kleiner, spezifischer Begabungshinweise gibt. Beispiele: punktuelle Brillanz in einer Funktion; große Freude bei bestimmten Tätigkeiten; das Gefühl, dass »es läuft«. Von all diesen vielen Indikatoren dürften zwei auch für das Talentinterview sehr nützlich sein. Jeder Mensch ist zwar so komplex, dass es mit keinem Gespräch und keinem Test gelingen kann, sein Talentprofil völlig auszuloten. Doch wenn Sie sich bei Ihren Fragen auf diese beiden Indikatoren konzentrieren, sollte es möglich sein, die vorherrschenden Talente wie bei einem Sofortbild zum Vorschein kommen zu lassen, sodass Sie das Ergebnis gut mit Ihrem Wunschprofil vergleichen können.

a) Rasches Lernen

Die Aneignung einer neuen Aufgabe geschieht in der Regel schrittweise. Manchmal aber wird man das formale Prozedere überhaupt nicht mehr los, so viel man auch übt. Beispielsweise gibt es Leute, die schon jahrelang Präsentationen machen und trotzdem immer noch ihre Mühe haben. Jedes Mal müssen sie sich wieder die drei Grundschritte vor Augen halten, die sie damals im Rhetorikkurs lernten: »Also, zuerst die Einführung – den Leuten sagen, worum es eigentlich geht; dann der Hauptteil; dann noch mal eine kurze Zusammenfassung.«

Bei anderen Tätigkeiten wiederum nimmt man die Systematik schon gar nicht mehr wahr. Es läuft einfach. Nach ein paar Monaten im Außendienst hat der Vertreter zum Beispiel immer mehr das Gefühl, dass alles wie von selbst läuft. Plötzlich kommt es ihm vor, als könne er die Gedanken des potenziellen Kunden lesen; die richtigen Worte fallen ihm instinktiv ein. Oder nehmen wir den Junglehrer. Nachdem er die anfängliche Nervosität abgelegt hat, fallen ihm die Namen der Kinder ganz automatisch ein, und er spaziert die Bankreihen entlang, als hätte er sein Leben lang nichts anderes gemacht.

Wer dieses Gefühl kennt, dem kommt es vor, als seien die anfänglich gelernten methodischen Schritte einfach nur Ausdruck einer bereits vorhandenen mentalen Struktur – und so ist es im Grunde ja auch.

Rasches Lernen ist ein wichtiger Talentindikator. Fragen Sie den Kandidaten, welche Aufgaben er sich in der Vergangenheit besonders schnell aneignen konnte. Erkundigen Sie sich, welche Tätigkeiten ihm leicht fallen. Sie erfahren auf diese Weise einiges über seine Begabungen.

b) Befriedigung

Jeder atmet anderen psychologischen Sauerstoff. Was für den einen Menschen Erfüllung bedeutet, mag für einen anderen die reinste Qual sein.

Gute Buchhalter finden es einfach schön, dass zwei mal zwei immer wieder vier ergibt. Erstklassige Verkäufer beziehen ihre Motivation daraus, aus einem Nein ein Ja zu machen. Hervorragende Flugbegleiter fühlen sich angesichts des müden, gereizten Geschäftsreisenden oder der Radau veranstaltenden Schülergruppe in ihrem Element, weil es ihnen Spaß macht, mit diesen schwierigen Fällen fertig zu werden.

Die Quellen, aus denen der Einzelne Befriedigung bezieht, geben Hinweise auf sein Talent. Fragen Sie den Bewerber also, was ihn persönlich am meisten beglückt; welche Arten von Situationen ihn aufbauen, ihm Kraft geben; was ihn besonders zufrieden macht. Seine Antworten werden Ihnen helfen, besser einzuschätzen, welche Tätigkeiten ihm dauerhaft liegen.

Worauf bei den Antworten zu achten ist

Viele Manager arbeiten mit einer Liste von Lieblingsfragen, auf die sie bei ihren Vorstellungsgesprächen zurückgreifen. Ihre besonders vorbildlichen Kollegen tun das zwar auch, aber mit einem entscheidenden Unterschied: Sie stellen nur solche Fragen, bei denen sie wissen, wie (potenzielle) Spitzenkräfte reagieren. Nach ihrer Auffassung kommt es also weniger auf die Frage selber an, sondern auf die Kenntnis dessen, was man durch sie erfahren kann.

Nehmen wir beispielsweise eine Frage, mit der sich die unterschiedlichen motivationalen Talente von Verkäufern und Lehrern identifizieren lassen: »Was geht in Ihnen vor, wenn jemand das, was Sie sagen, anzweifelt?« Man könnte meinen, Spitzenverkäufer hätten ein paar Zweifel gar nicht so ungern, da es ihnen doch die Chance gäbe, ihr Können so richtig zu zeigen. Überraschenderweise ist dem nicht so. Alle berichten vielmehr übereinstimmend, dass sie so etwas hassen. Es ärgert sie, wenn man ihnen nicht glaubt (auch wenn sie es nach außen hin nicht zu erkennen geben), weil – wie früher schon ausgeführt – sie *sich selbst* verkaufen. Wer ihre Worte anzweifelt, stellt somit zwangsläufig ihre persönliche Integrität in Frage. Anderer Meinung sein als sie; mit ihnen diskutieren; den Vertragsabschluss verweigern – kein Problem. Aber Misstrauen, nein!

Durchschnittliche Verkäufer sind demgegenüber nicht persönlich involviert. Ihnen machen derlei Zweifel folglich auch wenig aus; diese Frage berührt bei ihnen keinen Nerv.

Für Vertriebs- und Verkaufsleiter hat sich dies also als eine sehr gute Frage erwiesen. Was Sie aus der Antwort heraushören wollen, ist die Verärgerung. (Natürlich ist das nicht die einzige Frage, die gute Manager stellen. Wie in einem früheren Kapitel schon erläutert, reagieren sehr schlechte Verkäufer auf Ablehnung ebenfalls verärgert. Es bedarf also zusätzlicher Fragen, um herauszufinden, ob der Kandidat noch andere erfolgsrelevante Talente besitzt, etwa eine natürliche Durchsetzungsfähigkeit oder Spaß daran, bei anderen das Eis zu brechen.)

Bei guten Lehrern hingegen ist es genau umgekehrt. Sie sagen, sie *mögen* es, wenn Zweifel angemeldet werden. Sie leben in solchen Situationen sogar richtig auf, weil sie die »Zweifler« instinktiv als Lernende begreifen; Zweifeln ist also ein Zeichen für einen aktiven, wissensgierigen Geist. Für den guten Lehrer heißt zweifeln also lernen. Und umgekehrt gilt: Durchschnittliche Lehrer mögen Zweifler überhaupt nicht. Ihr vorrangiger Bezugspunkt ist die eigene Kompetenz, nicht der Kopf des Schülers. Folglich sehen sie Zweifel auf Schülerseite als Zweifel an ihrer Kompetenz. Und nichts könnte für sie schlimmer sein.

Dies ist also auch eine sehr gute Frage bei der Lehrerauswahl. Gesucht werden sozusagen Leute, die mit »Mag ich sehr« antworten.

Bei Pflegekräften wiederum funktioniert diese Frage überhaupt nicht. Der Grund ist, dass die guten Kräfte hier ganz unterschiedlich reagieren. Diese Frage besitzt mithin keine Trennkraft. Dies kann allerdings kaum überraschen. Denn die Situationen, in denen Pflegekräfte mit Zweiflern konfrontiert sind, sind selten, und die Reaktion hat dann vermutlich wenig mit ihren speziellen beruflichen Fähigkeiten zu tun.

Wie kommt man nun zu guten Frage-/Reaktions-Kombinationen? Nun, erstens kann man mögliche Fragen an den eigenen Mitarbeitern testen – an den »Topstars« einerseits und dem »Rest« andererseits. Daraus lässt sich ersehen, ob die Gruppe der Guten prinzipiell anders reagiert. Ist dies der Fall, ist die Frage tauglich. Andernfalls – Beispiel Pflegekräfte und »Zweifel«-Frage – sollten Sie sie rasch vergessen.

Zweitens können Sie die Frage allen Neubewerbern vorlegen. Notieren Sie sich, was diese darauf antworten, und führen Sie Buch. Zu einem späteren Zeitpunkt lässt sich dann überprüfen, ob jene Kandidaten, die sich in der Praxis bewähren, tatsächlich auch in gleicher Weise reagiert haben oder nicht.

Dies geht natürlich mit etwas Aufwand einher. Doch wie bei jeder Kunst gilt auch für das Talentinterview: Ohne Schweiß kein Preis.

Das Talentkonzept ist bei allem relevant, was der gute Manager tut oder lässt. Die Talent*auswahl* jedoch ist eine spezifische, eigenständige Tätigkeit und hat ihren Platz im Kontext des Einstellungsverfahrens. Die Aktivitäten im Zusammenhang mit den anderen drei Schlüsseln – richtige Zielvorgabe, Konzentration auf die Stärken, Abstimmung Aufgabe/Talent – lassen sich hingegen nicht ganz so leicht voneinander trennen. Der Aufbau individueller Leistungserwartungen ist natürlich eng damit verknüpft, wie Sie den Betreffenden motivieren, die gesetzten Ziele zu erreichen. Motivation und Ermutigung wiederum sind häufig Teil eines breiteren Gesprächskontextes, in dem es auch darum geht, die optimale Funktion/Tätigkeit herauszufinden. Talent lässt sich daher nur dann erfolgreich in Leistung umsetzen, wenn man diese drei Schlüssel als sein tägliches Handwerkszeug betrachtet – als permanente Herausforderung.

Leistungsmanagement

Die von Gallup befragten vorbildlichen Führungskräfte hatten eine ganze Reihe von Ideen, wie die drei letztgenannten Schlüssel im Alltag produktiv eingesetzt werden können. Die größte Herausforderung liegt freilich in der disziplinierten Umsetzung, das heißt der Anwendung bei jedem einzelnen Mitarbeiter, ungeachtet des täglichen Drucks der »eigentlichen« Aufgaben. Zu diesem Zweck legten sie sich eine »Leistungsmanagementroutine« mit festen Treffen und Gesprächen zu. Sie zwingt dazu, sich bei jedem einzelnen Untergebenen auf die Leistungsfortschritte zu konzentrieren, auch wenn noch so viele anderweitige Anforderungen zeitlich konkurrieren.

Diese Routine war von Manager zu Manager je nach persönlichem Stil durchaus unterschiedlich ausgeprägt. Trotz aller Vielfalt aber ließen sich übergreifend vier Charakteristika herausfiltern; sie zeichnen also das »Leistungsmanagement« aller guten Führungskräfte aus.

Erstens besticht die Routine durch *Einfachheit*. Gute Manager lehnen die komplexen Leistungsbeurteilungssysteme, die von vielen Unternehmen eingeführt wurden, ab. Sie wollen sich nicht mit einem abenteuerlichen Begriffsapparat und Formularwust herumschlagen. Ihnen kommt es auf ein schlichtes, transparentes Format an, das ihnen hilft, sich auf das zu konzentrieren, was so wichtig wie schwierig ist: *Was* sage ich meinem Mitarbeiter, und *wie* sage ich es ihm?

Zweitens verlangt diese Routine eine *häufige Interaktion* zwischen Vorgesetztem und Mitarbeiter. Ein oder zwei Gespräche pro Jahr reichen bei weitem nicht aus, um sich über Leistung, Stil und Ziele des Mitarbeiters vernünftig zu unterhalten. Das Geheimnis einer effektiven Förderung des Mitarbeiters liegt in den Details: seinen spezifischen Anerkennungsbedürfnissen, seinen Beziehungsbedürfnissen, seinen Zielen, seiner Talentstruktur. Ein einziges jährliches Treffen kann dem keinesfalls gerecht werden, denn dabei könnte nicht mehr herauskommen als ein inhaltsleeres Gerede über »Potenziale« und »Verbesserungsmöglichkeiten«. Die Details lassen sich nur in den Griff bekommen, wenn man sich mindestens einmal pro Quartal trifft, unter Umständen auch häufiger. Dadurch ist sichergestellt, dass die Einzelheiten eines Erfolgs oder eines Misserfolgs noch frisch im Gedächtnis sind. Der Mitarbeiter vermag präzise zu schildern, was in einer bestimmten Situation in ihm vorging. Und auch der Vorgesetzte kann sich an die Situation noch erinnern und vermag konkrete Verbesserungsvorschläge zu machen – etwa eine alternative Vorgehensweise oder eine andere Sicht und Einschätzung der Situation. Ein solches Gespräch ist lebendig und lebensnah und führt zu praktikablen Ratschlägen. Hinzu kommt, dass beide, Mitarbeiter wie Manager, motiviert genug sind, sich in den dazwischenliegenden Wochen auf die aktuellen Ereignisse zu konzentrieren, weil ja jeder weiß, dass demnächst über sie zu sprechen sein wird. Häufige Leistungsbesprechungen zwingen also beide Seiten zur Aufmerksamkeit. (Falls Sie sich über den damit verbundenen Zeitaufwand Sorgen machen, dürfen wir daran erinnern, dass die Erfolgreichsten Ihrer Kollegen pro Vierteljahr und Mitarbeiter nicht mehr als eine Stunde auf diese Gespräche verwenden.)

Außerdem machen es häufige Leistungsbesprechungen viel leichter, das stets sensible Thema »Leistungsschwächen« anzugehen. Bei lediglich ein oder zwei Treffen im Jahr hagelt die gesamte Kritik geballt auf den armen Mitarbeiter nieder – und zeitigt deshalb starke Wirkung. Das Opfer geht zwangsläufig in Deckung, sodass es dann an Ihnen liegt, Situationen aus dem Gedächtnis zu kramen, die Ihre Kritik stützen. Trifft man sich hingegen häufiger, können Sie Leistungsschwächen sukzessive und auf diplomatische Weise ansprechen, und in jedem Einzelfall haben Sie aktuelle, aussagefähige Beispiele zur Hand. Die Kritik ist damit nicht nur leichter zu verdauen, sondern auch produktiver.

Drittens ist diese Routine *zukunftsorientiert*. Guten Managern dient der Rückgriff auf die Vergangenheit eigentlich nur dazu, Beobachtungen hinsichtlich des Stils oder der Bedürfnisse des Mitarbeiters an Beispielen zu verdeutlichen. Im Übrigen aber liegt ihnen die Zukunft am Herzen. Sie wollen über das reden, »was möglich ist«, und sich nicht mit unproduktivem Tadel abgeben. Folglich mögen die ersten zehn Minuten des Gesprächs zwar dem Rückblick gehören; in der restlichen Zeit jedoch geht es um Kreatives: »Was wollen Sie sich für die nächsten Monate vornehmen? Wie messen wir die Ergebnisse? Welches ist der effizienteste Weg, um die Ziele zu erreichen? Was kann ich als Vorgesetzter dazu beitragen?« Derlei Gespräche sind wirksamer, fruchtbarer und befriedigender zugleich.

Viertens schließlich verlangt diese Routine vom Mitarbeiter, *seinen eigenen Lern- und Leistungsfortschritt aktiv zu verfolgen.* In vielen Unternehmen ist »Leistungsbeurteilung« etwas, das dem Mitarbeiter »passiert«. Er ist passiv, in Erwartung des Urteils des Vorgesetzten. Wenn er Glück hat, darf er sich zunächst selber beurteilen, bevor ihn das Unternehmen seine eigene Evaluierung wissen lässt. Doch selbst unter diesen Bedingungen reagiert der Mitarbeiter nur, wohl wissend, dass die Selbstbewertung nur den Gegenpol zur Beurteilung des Vorgesetzten darstellt. Die Selbstbeurteilung wird insofern höchstens als Verhandlungsinstrument gesehen, getreu der Devise: »Ich versuch's mal mit einer relativ guten Bewertung, dann können wir uns irgendwo in der Mitte treffen.« Von einer ehrlichen Beurteilung der eigenen Leistung kann da nicht mehr die Rede sein.

Gute Manager lehnen ein solches Vorgehen ab. Ihnen kommt es ja gerade darauf an, dass jeder einzelne Mitarbeiter seine Leistungsentwicklung und seinen Lernfortschritt aktiv und ehrlich verfolgt. Jeder soll über seine Ziele, Erfolge und Entdeckungen selbst Buch führen. Dieses Protokoll ist ureigene persönliche Sache, nicht Gegenstand der Evaluierung oder Kritik des Vorgesetzten. Vielmehr soll es den Mitarbeiter anhalten, Verantwortung für sich und die eigene Leistung zu übernehmen. Es dient gleichsam als Spiegel, stellt eine Möglichkeit dar, sich aus der Distanz zu betrachten. Dieses Protokoll ist ein Dokument der Pläne des Mitarbeiters, Einfluss auf die Welt zu nehmen, und belegt gleichzeitig, ob die Verwirklichung gelang. Es ist mithin ein Mittel, sich Rechenschaft abzulegen.

Natürlich müssen die kurzfristigen Leistungsziele mit dem Vorgesetzten be- und abgesprochen werden. Aber ansonsten ist dieses Protokoll – mit seinen Entdeckungen über sich selbst; den Beschreibungen neuer Fähigkeiten und Fertigkeiten, die man sich erworben hat; den lobenden Worten oder Zeilen, mit denen man vielleicht bedacht wurde –

ein rein persönliches Dokument. Falls ein sehr vertrauensvolles Verhältnis zum Vorgesetzten besteht, mag der Mitarbeiter ja durchaus ein Bedürfnis verspüren, seine Aufzeichnungen offenzulegen – inklusive aller Erfolge, Misserfolge und Vorstellungen von den eigenen Stärken. Doch darauf kommt es letztlich nicht an. Hauptzweck der Übung ist, sich selbst im Blick zu behalten. Das Ziel ist Selbsterkenntnis.

Die neuere Forschung zur Erwachsenenbildung belegt, dass die Kursteilnehmer länger interessiert bleiben und mehr lernen, wenn man von ihnen verlangt, ihren Fortschritt selber in die Hand zu nehmen und zu kontrollieren. Gute Manager wissen das offenbar schon lange und wenden dieses Prinzip bei ihren Mitarbeitern konsequent an.

Diese vier Charakteristika – Einfachheit, häufige Interaktion, Zukunftsorientierung und eigene Fortschrittskontrolle – bilden also die Basis eines erfolgreichen Leistungsmanagements. In der nachfolgenden »Kernroutine« finden Sie einige der Fragen beschrieben, welche von den vorbildlichen Managern vielfach benutzt werden, um die Mitarbeiter kennen zu lernen, eingebettet in eine Art »Standardformat«. Uns kommt es hier allerdings nicht darauf an, Ihnen die genauen Worte in den Mund zu legen oder ein rigides Prozedere an die Hand zu geben – das wäre viel zu künstlich und auch allzu lästig. Sie werden die Fragen und Instrumente ohnehin Ihren persönlichen Begabungen und Erfahrungen anpassen wollen.

Trotzdem dürfte es sehr sinnvoll sein, diese Kernroutine im Prinzip zu befolgen und in den eigenen Stil einzubauen. Denn dies bietet Ihnen eine hervorragende Möglichkeit, den entscheidenden Punkten Rechnung zu tragen: *richtige Zielsetzung; Konzentration auf die Stärken* sowie Sicherstellung, dass jeder Mitarbeiter *die für ihn optimale Aufgabe* bekommt.

Die »Kernroutine«

Das Stärkeninterview

Zu Beginn eines jeden Jahres – respektive ein bis zwei Wochen nach der Neueinstellung – sollten Sie eine Stunde darauf verwenden, mit dem Mitarbeiter die folgenden zehn Fragen zu besprechen:

F1 Was hat Ihnen an Ihren bisherigen Arbeitserfahrungen am besten gefallen? Was hat Sie zu uns gebracht?
(Bei Stammkräften: Was hält Sie bei uns?)
F2 Worin liegen Ihrer Ansicht nach Ihre Stärken? (Fertigkeiten, Wissen/Kenntnisse, Talente)
F3 Wo sehen Sie Ihre Schwächen?
F4 Wie steht es mit Ihren momentanen Zielen? (Messung und Zeitrahmen wichtig!)
F5 In welchen Abständen sollten wir uns zusammensetzen, um Ihre Fortschritte zu besprechen? Sind Sie jemand, der von sich aus mit der Sprache herausrückt, oder sollte ich besser nachfragen?
F6 Haben Sie persönliche Ziele oder Wünsche, die ich kennen sollte?
F7 Was ist das größte Lob, das Sie jemals bekommen haben? Warum ist es das größte?
F8 Hatten Sie schon einmal eine produktive Partnerschaft oder einen guten Mentor?
Warum, glauben Sie, haben diese Beziehungen so gut funktioniert?
F9 Wie sehen Ihre künftigen Entwicklungs- und Karriereziele aus?
Gibt es bestimmte Fähigkeiten/Fertigkeiten, die Sie noch erwerben wollen?
Gibt es konkrete Herausforderungen, die Sie reizen würden?
Wie kann ich Ihnen dabei behilflich sein?
F10 Gibt es sonst noch Punkte, die für eine gute Zusammenarbeit wichtig sind und die Sie gerne ansprechen würden?

Der Hauptzweck dieser Sitzung besteht also darin, die Stärken, Ziele und Bedürfnisse des Mitarbeiters kennen zu lernen – und zwar *aus seiner Sicht*. Was immer er auch sagt, notieren Sie es sich, auch wenn Sie anderer Meinung sein sollten. Um ihm zu voller Leistungsfähigkeit zu verhelfen, müssen Sie ihn unbedingt dort abholen, wo *er* sich befindet oder zu befinden glaubt. Seinen Antworten können Sie genau dies entnehmen. Es kann durchaus sein, dass Sie ihm im Verlaufe des Jahres zu einer anderen Einschätzung verhelfen müssen. Doch das ändert nichts daran, dass Sie zunächst daran interessiert sein müssen, *seine* Welt mit *seinen* Augen zu sehen.

Im Verlaufe des Stärkeninterviews werden Sie auch erfahren, wie häufig er sich mit Ihnen zur Fortschrittsbesprechung treffen will (F5). Terminieren Sie das erste Leistungsplanungsgespräch des Jahres also in der vorgeschlagenen Weise. Nehmen wir hier einmal an, dass der Mitarbeiter »alle drei Monate« vorschlug.

Die Leistungsplanungsgespräche

Als schriftliche Vorbereitung auf diese Gespräche sollte sich der Mitarbeiter jeweils Antworten zu den folgenden drei Fragen notieren:

A. *Welche Maßnahmen haben Sie durchgeführt?* Hier sind die Leistungsdetails der letzten drei Monate gemeint, möglichst unter Einbeziehung von Bewertungsergebnissen und Zeitlinien.
B. *Welche Erkenntnisse haben Sie gewonnen?* Dazu zählen Lerngewinne durch Kurse ebenso wie neue Erkenntnisse im Rahmen der eigenen Arbeit (etwa bei einer Präsentation), durch Anlernmaßnahmen (etwa Begleiten eines erfahrenen Kollegen) oder durch ein Buch. Ermutigen Sie den Mitarbeiter, seinen eigenen Lernprozess weiterhin gut zu verfolgen.
C. *Welche Partnerschaften haben Sie aufgebaut?* Dies meint alle aufgebauten Beziehungen – neue ebenso wie die Stärkung bereits vorhandener, sei es zu Kollegen oder Kunden, beruflich oder privat. Der Mitarbeiter hat hier völlig freie Hand. Wichtig ist nur, dass er die Verantwortung für den Aufbau seines eigenen Kontaktkreises übernimmt, innerhalb wie außerhalb des Unternehmens.

Stellen Sie ihm zu Beginn des Gespräches jeweils diese drei Fragen. Notieren Sie sich die Antworten und bewahren Sie sie auf. Auch der Mitarbeiter sollte sein Antwortblatt aufbewahren. Wenn er will, darf er Ihnen seine schriftlichen Ausarbeitungen gerne aushändigen, doch verlangen sollten Sie es nicht. Nehmen Sie die von ihm gegebenen Anworten nun als Ausgangspunkt, um die Leistung der vorausgegangenen drei Monate kurz mit ihm zu besprechen.

Nach etwa zehn Minuten aber sollte sich das Gespräch auf die Zukunft richten, orientiert an den drei folgenden Fragen:

D. *Worauf liegt Ihr Hauptaugenmerk?* Welches Hauptziel (oder welche Hauptziele) möchte er in den kommenden drei Monaten verfolgen?
E. *Welche neuen Erkenntnisse wollen Sie gewinnen?* Welche konkreten Erkenntnisse hofft er in den nächsten drei Monaten zu gewinnen?

F. *Welche neuen Partnerschaften möchten Sie aufbauen?* Wie plant er seinen Kontaktkreis in den nächsten drei Monaten zu vergrößern?

Falls Begriffe wie »Erkenntnis« oder »Partnerschaft« nicht gut zu Ihrem Stil oder zur Unternehmenskultur passen, formulieren Sie einfach entsprechend um. Stellen Sie aber unbedingt sicher, dass das Gespräch über die anstehenden drei Monate nicht auf reine Leistungszielsetzungen beschränkt bleibt. Achten Sie darauf, dass der Mitarbeiter sich seine Antworten notiert. Sie sollten diese intensiv mit ihm erörtern, gemeinsam abstimmen und die Ergebnisse dann auch zu Ihren Akten nehmen. Diese Antworten stellen nun die konkreten *Erwartungen* dar, die Sie für das nächste Vierteljahr an den Mitarbeiter stellen.

Nach drei Monaten geht es wieder von vorne los. Sie bitten den Mitarbeiter, wieder seine Antworten auf die Fragen A, B und C zu notieren, sich also auf das Leistungsplanungsgespräch Nummer zwei vorzubereiten. Diese drei Fragen gehen Sie auch beim zweiten Treffen mit ihm durch und benutzen sie wiederum als Einstieg in die vergangenheitsorientierte Leistungsbesprechung. Dann geht es aber rasch wieder an die Erörterung der zukunftsbezogenen Fragen D, E und F. Auch hier wieder gilt: Sinnvollerweise notieren sich beide Seiten die Antworten und bewahren sie auf. Versuchen Sie bei der Besprechung seiner Stärken, Problembereiche und Ziele, die Stärken in den Vordergrund zu rücken, indem Sie adäquate Leistungserwartungen definieren, ihm bei der Entwicklung und Optimierung seines individuellen Stiles helfen und mit ihm besprechen, wie Sie ihm Hindernisse aus dem Weg räumen können. In dieser Weise finden auch die übrigen Besprechungen statt, die das Jahr über in regelmäßigen Abständen anstehen.

Am Jahresende werden Sie sich also mindestens vier Mal mit dem Mitarbeiter getroffen haben. Sie haben gemeinsam die Vergangenheit besprochen und den künftigen Fortschritt im Detail geplant. Sie werden seine Eigenheiten nun näher kennen und konnten ihm möglicherweise schon helfen, sich ein schärferes Bild von seinen wahren Stärken und Schwächen zu machen. Es kann durchaus sein, dass sich seine eigenen Ansichten inzwischen verändert haben und er seine Bedürfnisse mittlerweile anders einschätzt. Sie haben ihn durch einige schwierige, mit Sicherheit aber auch durch erfolgreiche Zeiten eng begleitet. Sie waren sich in manchen Punkten vielleicht nicht ganz einig, in den meisten Fällen aber schon. Was immer aber in dieser Zeit geschah – Ihrer Partnerschaft hat es gut getan. Indem Sie sich häufig mit ihm unterhielten, ihm zuhörten, ihm Aufmerksamkeit schenkten, ihm Ratschläge erteilten, im Detail mit ihm die Weiterentwicklung planten, haben Sie beide ein gemeinsames und echtes Interesse an seinem Erfolg entwickelt. Und ganz wichtig: Er hat alles schwarz auf weiß.

Fragen zur Karriereplanung

Irgendwann im Verlaufe der Leistungsplanungsgespräche wird der Mitarbeiter vermutlich über seine Karrieremöglichkeiten reden und wissen wollen, wie Sie darüber denken. Ein sinnvolles Laufbahngespräch braucht allerdings eine solide Basis. In der Regel gehen ihm diverse, zu unterschiedlichen Zeiten geführte Gespräche voran. Wie immer man dies auch angehen mag – und jedes derartige Gespräch hat zwangsläufig seinen ganz eigenen Charakter, je nach Potenzial und Leistung des Mitarbeiters –, gilt es im Laufe der Zeit auf jeden Fall zwei Voraussetzungen zu schaffen: Erstens ist sicherzustellen, dass der Mitarbeiter zunehmend Klarheit über seine Fertigkeiten, Kenntnisse und Talente gewinnt. Hat er die nicht, ist er ein schlechter Partner für die Karriereplanung. Zweitens braucht er eine detaillierte Vorstellung davon, was bei dem angestrebten nächsten Karriereschritt auf ihn zukommt und warum er glaubt, in dieser Position eine gute Figur machen zu können.

Dieses Verständnis muss sich der Mitarbeiter selber erarbeiten! Doch können Sie ihm dabei helfen. Und zwar anhand der folgenden fünf »Karrierefindungsfragen«, mit denen Sie ihn zu unterschiedlichen Zeiten anstoßen und zum Nachdenken anregen können:

F1 Worin würden Sie in der derzeitigen Rolle Ihren Erfolg sehen?
Lässt er sich messen?
Das ist meine Meinung dazu: (Ihr Kommentar)

F2 Was genau macht Sie in Ihrer derzeitigen Rolle eigentlich so erfolgreich?
Was sagt Ihnen das über Ihre Fertigkeiten, Kenntnisse und Begabungen?
Das ist meine Meinung dazu: (Ihr Kommentar)

F3 Was gefällt Ihnen an Ihrer derzeitigen Tätigkeit am besten?
Warum?

F4 Was macht Ihnen bei Ihrer derzeitigen Tätigkeit die größten Probleme; wo kommen Sie nicht so gut zurecht?
Was sagt Ihnen das über Ihre Fertigkeiten, Kenntnisse und Begabungen?
Was können wir tun, um diese Schwäche(n) zu neutralisieren?
Schulung/Training? Tätigkeitsverlagerung? Hilfssystem? »Partnern«?

F5 Was wäre die ideale Aufgabe für Sie?
Stellen Sie sich in dieser Aufgabe vor. Es ist Donnerstag, drei Uhr nachmittags. Was machen Sie gerade?
Warum hätten Sie diese Aufgabe gern?
Das ist meine Meinung dazu: (Ihr Kommentar)

Diese Fragen – übers Jahr verteilt eingestreut – sind die Anstöße, die den Mitarbeiter ganz konkret über seine Leistung und Leistungsfähigkeit nachdenken lassen. Er soll sich klar werden darüber, ob er sich auf seinem derzeitigen Tätigkeitsgebiet weiterentwickeln oder lieber in eine neue Rolle wechseln will. Und falls Letzteres zutrifft, sollte er eine klare Vorstellung davon besitzen, was ihm das in puncto Motivation und Zufriedenheit bringen würde. Diese fünf Fragen müssen nicht automatisch zur richtigen Antwort führen; doch sie helfen dem Mitarbeiter auf jeden Fall, in die richtige Richtung zu denken, und außerdem lernt er so auch Ihre Meinung kennen. Gemeinsam sollte es nicht allzu schwierig sein, in Anbetracht seiner aktuellen Leistung und seines Potenzials zu ganz konkreten Schlüssen zu gelangen. Gemeinsam treffen Sie auf diese Weise bessere Zukunftsentscheidungen.

Schlüssel in den Händen der Mitarbeiter

Kein Manager kann einen Beschäftigten zu einem tüchtigen, produktiven Mitarbeiter *machen*. Er kann ihm nur helfen – als Katalysator. Er kann die »Reaktion« zwischen dem Talent des Mitarbeiters und den Bedürfnissen des Unternehmens und der Kunden beschleunigen. Er kann dem Mitarbeiter helfen, den »Weg des geringsten Widerstandes« zu seinen Zielen zu finden. Er kann ihn bei der Karriereplanung unterstützen. Doch all dies ist nur möglich, wenn der Mitarbeiter selber sich stark engagiert. In der Welt der exzellenten Manager ist der Mitarbeiter der Star. Der Manager selbst ist nur der Helfer oder »Coach«. Doch wie im Sport, erwartet der Coach auch hier eine Menge von seinen Stars.

Diese Erwartungen an den talentierten Mitarbeiter lassen sich wie folgt definieren:

- *Schau in den Spiegel, so oft du kannst.* Nutze jedes Feedbackinstrument, das dir das Unternehmen bietet, um noch besser zu verstehen, wer du bist und wie andere dich sehen.
- *Orientiere dich.* Nimm dir jeden Monat 20 oder 30 Minuten Zeit, um die Ereignisse der letzten Wochen noch einmal vor dem geistigen Auge Revue passieren zu lassen. Was hast du erreicht? Was hast du gelernt? Was hat dir gar nicht gepasst? Was war besonders schön? Was sagt dir all dies über dich und deine Talente?
- *Entdecke und erkenne dich selbst.* Erarbeite dir im Laufe der Zeit ein immer genaueres Bild von dir selbst – deinen Fertigkeiten, Kenntnissen und Begabungen. Nutze dieses verbesserte Verständnis, um dich auf die richtigen Rollen zuzubewegen, ein besserer Partner zu sein und deine Fortbildung und Weiterentwicklung zu optimieren.
- *Baue dir einen guten Kontaktkreis auf.* Versuche im Laufe der Zeit herauszufinden, welche Arten von Beziehungen optimal für dich sind.
- *Verfolge deine Entwicklung.* Führe Buch über deine Lern- und Erkenntnisfortschritte.
- *Versuche positiv zu sein.* Sei dir klar darüber, dass du dein Arbeitsumfeld beeinflusst, ob du es willst oder nicht, sei es zum Guten oder zum Schlechten. Also bitte zum Guten!

Angenommen, Ihr Chef ist nicht der beste Vorgesetzte ...

Gute Manager und Vorgesetzte sind leider noch immer rar. Anders ausgedrückt: Nur wenige Beschäftigte sind mit einem »Superchef« gesegnet – einem, der sowohl Herz hat als auch Anforderungen stellt, der Helfer und gleichwohl Autoritätsperson ist, der den Mitarbeiter versteht, ihn mit all seinen Unvollkommenheiten akzeptiert und einfach ein Händchen für ihn hat.

Der Regelfall ist leider ein anderer. Die meisten Vorgesetzten sind (noch) nicht das, was sie sein sollten. Zwar fehlt es meist nicht am guten Willen (jeder will seine Leute gut behandeln, will, dass sie gute Leistungen bringen), wohl aber an der Umsetzung. Das kann daran liegen, dass der Vorgesetzte lieber Vorschriften macht, als den Mitarbeitern zuzuhören und ihre individuellen Bedürfnisse besser verstehen zu lernen. Oder der Chef will seine Leute im falschen Sinne perfektionieren, indem er ihnen *seine* Arbeitsweise aufdrückt. Oder er hat den Hang, alle so zu behandeln, wie *er* gern behandelt werden würde. Oder er ist vielleicht ein Mensch mit vielen guten Absichten, der aber einfach nicht die Zeit findet, mit all seinen Leuten in der gebotenen Ruhe über ihre Leistung und Entwicklung zu sprechen. Freilich hat durchaus nicht jeder gute Absichten. Vielleicht ist er ein »Menschenfresser«, der aller Welt misstraut, sich mit den Erfolgen der Mitarbeiter brüstet und ihnen zum Ausgleich die Misserfolge in die Schuhe schiebt.

Falls Sie einen Chef der skizzierten Sorte haben, stellt sich die klassische Frage: Was tun? Wie ansetzen, damit man trotzdem vorankommt? Es gibt dafür leider keine Patentlösung. Doch wir können Ihnen einige Tipps geben, wie Sie »Ihren Manager besser managen« können.

A. *Angenommen, Ihr Vorgesetzter hat zu viel zu tun, um sich mit Ihnen über Ihre Leistung und Ihre Ziele zu unterhalten:* Organisieren Sie selber ein Leistungsplanungsgespräch mit ihm. Nehmen Sie ihm den Planungsaufwand ab und sagen Sie ihm, dass Sie das Gespräch gut vorbereiten werden, sodass er seine Zeit optimal nutzen kann. Das heißt konkret: Sie bereiten einen kurzen Überblick über die letzten drei Monate vor, einschließlich der durchgeführten Maßnahmen, der gewonnenen Erkenntnisse und der neu aufgebauten Partnerschaften. Danach geht es, wie gesehen, an die bevorstehenden drei Monate – also den Hauptschwerpunkt, die angestrebten neuen Erkenntnisse und die neuen Beziehungen, die aufgebaut werden sollen. Das alles bereiten Sie vor. Der Vorgesetzte braucht lediglich zum Gespräch zu erscheinen und sich eine Dreiviertelstunde lang Zeit für Sie zu nehmen.

Falls er das Gespräch ablehnt oder wiederholt verschiebt oder falls dabei nichts herauskommt, haben Sie ein Problem. Allerdings nicht deshalb, weil der Chef keine Zeit hat, sondern weil er ein schlechter Vorgesetzter ist. Unter diesen Umständen bleiben Ihnen nicht viele Optionen. Wenn Sie die Arbeit mögen und das Gefühl haben, es lohnt sich, so versuchen Sie, mit ihm und seiner Art zu leben. Die Alternative heißt Jobwechsel. Dazu mehr unter Punkt E.

B. *Angenommen, Ihr Vorgesetzter zwingt Ihnen seinen Arbeitsstil auf:* Das kann daran liegen, dass er zu sehr auf Prozesse/Abläufe fixiert ist. Warten Sie den richtigen Moment ab (vielleicht während des nächsten Leistungsplanungsgesprächs) und erklären Sie ihm, dass Sie Ihre Aufgabe gern mehr an den Zielen als den Methoden orientiert sehen möchten. Fragen Sie, welche Ziele da als Erfolgsmaßstäbe in Frage kämen. Machen Sie klar, dass Sie auch mit Ihrem eigenen Stil in der Lage sind, die von Ihnen erwarteten Ergebnisse zu erbringen. Begehen Sie aber nicht den Fehler, dies so darzustellen, als sei Ihr Arbeitsstil besser als der seine. Machen Sie einfach nur deutlich, dass Ihr Stil für Sie persönlich der geeignetere ist, um die gemeinsam vereinbarten Ziele zu erreichen. Aus diesem Blickwinkel betrachtet ist *sein* Stil, so vernünftig er ihm selber auch erscheinen mag, schlicht irrelevant.

Freilich kann es sein, dass das Problem gar nicht in einer falschen Konzentration auf Methoden und Abläufe (statt Ziele) liegt. Vielleicht stehen einfach Macht- und Durchsetzungsgelüste im Hintergrund. Dann bleiben Ihnen zwei Möglichkeiten: Entweder es gelingt Ihnen, sich anzupassen, ohne dabei die eigene Integrität zu opfern; oder aber Sie müssen sich einen anderen Job suchen.

C. *Angenommen, Ihr Vorgesetzter lobt Sie in falscher Form oder zur falschen Zeit.* Schlagen Sie Alternativen vor. Freilich ist das eine recht delikate Angelegenheit. Sie wollen ja nicht anmaßend erscheinen. Wenn Sie Ihrem Chef also klar machen wollen, dass Sie viel lieber unter vier Augen gelobt werden wollen als coram publico, gilt es wiederum den richtigen Moment abzuwarten. Es empfiehlt sich nicht, ihn etwa bei einer Preisverleihung zu brüskieren – wie Mark D., der Versicherungsvertreter aus Kapitel 5, dies tat, als er von der

Bühne stürmte. Mark gelang es zwar, seinem Chef die Augen zu öffnen, doch dieses Spiel kann auch böse enden. Bringen Sie Ihre Vorschläge lieber zu einem Zeitpunkt an, wenn Sie Ihre gesamte Leistung besprechen – etwa im strukturierten, unemotionalen Rahmen eines Leistungsplanungsgesprächs (dabei kann es gewiss nicht schaden, wenn Sie ihm gleichzeitig für seine im Grunde guten Absichten danken). Dies alles zeigt ihm, dass Sie intensiv über die Sache nachgedacht haben, und gibt ihm eine gute Möglichkeit, Ihre Vorschläge aufzugreifen und umzusetzen.

Falls das Problem eher darin liegt, dass er Ihnen nicht das falsche Lob, sondern gar kein Lob zukommen lässt, müssen Sie leider versuchen, möglichst lange von den eigenen Reserven zu zehren. Wenn Sie sich sehr gut selbst motivieren können, dürften Sie eine ganze Weile ohne Anerkennung durchhalten. Dies ist aber gewiss nicht der Regelfall. Die meisten Menschen fühlen sich unter solchen Umständen bald ausgebrannt. Für sie ist es vermutlich besser, sich nach einem anderen Arbeitsplatz umzusehen.

D. *Angenommen, Ihr Vorgesetzter will ständig wissen, wie es läuft, oder sitzt Ihnen anderweitig ständig im Nacken:* Sagen Sie ihm, dass Sie das nicht hilfreich finden. Auch hier gilt es wieder diplomatisch vorzugehen, um nicht aufmüpfig zu erscheinen oder ihm das Gefühl zu geben, *er* sei der Untergebene. Fragen Sie ihn etwa, ob es vielleicht möglich wäre, die Dinge nicht ganz so häufig miteinander zu besprechen, wie er dies offenbar für wünschenswert hält. Lassen Sie dabei durchblicken, dass dies nichts mit ihm persönlich zu tun hat, sondern dass Ihnen ein bisschen mehr Selbstständigkeit einfach gut täte und Sie wahrscheinlich viel produktiver arbeiten könnten. Die Situation mag zwar heikel sein, doch wenn Sie Ihr Problem klar und sachlich darlegen (»Aus meiner Sicht fände ich eine Besprechung im Zwei-Wochen-Rhythmus viel optimaler«), sollte eine für beide Seiten akzeptable und praktikable Lösung gefunden werden können.

Freilich kann die ständige Kontrolle auch in Misstrauen begründet sein. In diesem Fall hilft Ihnen auch das klarste und sachlichste Vorgehen wenig. Es bleibt somit nur eine Option – Kündigung.

E. *Falls die angesprochenen Probleme jedoch ganz anderer Natur sind – wenn Ihr Vorgesetzter Sie etwa ständig ignoriert, Ihnen misstraut, sich Ihre Erfolge auf die Fahnen schreibt, Ihnen die Fehler und Misserfolge anlastet, Sie nicht genügend respektiert ...* dann tun Sie gut daran, seinem Einflussbereich zu entfliehen. Sie könnten sich seitlich orientieren, also um eine andere Position innerhalb des Unternehmens bemühen, oder auch zum Mittel der Kündigung greifen. Vielleicht entschließen Sie sich, noch ein halbes Jahr durchzuhalten in der Hoffnung, dass er in der Zwischenzeit seine Stelle räumt oder räumen muss. Für diese letztere Strategie mag etwa das gute Salär sprechen, das die Situation wenigstens einigermaßen erträglich macht, oder das Verständnis, das Sie an höherer Vorgesetztenstelle oder in der Personalabteilung gefunden haben. Doch eines muss Ihnen klar sein: Falls der Vorgesetzte so geartet ist, brauchen Sie nicht auf Besserung zu hoffen. Es gibt leider Manager, die diesen Job schlicht nicht verdient haben. Ihr Fehlverhalten beruht folglich nicht auf Missverständnissen oder fehlgelaufenen guten Absichten, sondern ganz einfach auf Talentlosigkeit (und mitunter mag auch eine Neurose im Spiel sein). Da solchen Menschen die nötigen mentalen Voraussetzungen fehlen, werden sie sich nie verändern. Sie werden immer argwöhnen, dominieren, ignorieren, kontrollieren, inspizieren, strangulieren. Sie müssen. Es ist ihre Natur. Weder Sie noch dieses Buch, noch wochenlanges Sensibilisierungstraining können ihnen die Stärken, die Selbstachtung und die Selbstgewissheit geben, die der gute Manager und Vorgesetzte nun einmal braucht.

Wir würden Ihnen gerne sagen: »Machen Sie sich nichts daraus. Schlucken Sie's und bleiben Sie dran. Besinnen Sie sich einfach auf die Stärken Ihres eigenen Talents, dann kommen Sie schon zum Ziel.« Doch das wäre eine Illusion. Eine Weile hält man es in einer derart misslichen Situation wohl aus, zumal wenn man hofft, dass der Vorgesetzte sich durch sein eigenes Verhalten entbehrlich macht. Das Problem ist nur, dass Sie ohne einen guten Manager nicht weit kommen. Denn wie wir in diesem Buch gesehen haben, ist der direkte Vorgesetzte ein sehr wichtiger Partner für jeden, der seine Stärken voll entfalten und in Leistung umsetzen will. Wer die Hypothek eines untauglichen Vorgesetzten mit sich herumschleppt, kann folglich nie ganz zum Ziel kommen. Auch wenn Ihnen der Job an sich großen Spaß macht, kann unter diesen Umständen der Rat nur lauten: Kündigen, und zwar rasch. Sie haben Besseres verdient.

Generalschlüssel

Wir haben festgestellt, dass für den Eintritt in ein Unternehmen häufig dessen Ruf und Prestige maßgebend sind, dass es jedoch vom unmittelbaren Vorgesetzten abhängt, wie lange der Mitarbeiter bleibt und wie produktiv er in dieser Zeit ist. Wir haben ferner gesagt, dass der Vorgesetzte entscheidend daran beteiligt ist, das Talent des Mitarbeiters in Leistung zu übersetzen. Und wir haben daraus gefolgert, dass die Vorgesetzten insofern wichtiger sind als das Unternehmen als Ganzes.

Dies alles ist richtig. Aus Sicht des Mitarbeiters ist der direkte Vorgesetzte in der Tat einflussreicher und von größerer Bedeutung als das Unternehmen. Dessen ungeachtet aber besitzt auch das Unternehmen eine gewaltige Machtposition. Auf sich allein gestellt können fähige Manager wohl partiell und lokal manches bewegen (und gängigen Vorstellungen die Stirn bieten); doch nur eine *unternehmensweite* Offensive kann falsche Konzepte letztlich aus dem Weg räumen.

In den meisten Unternehmen sind die konventionellen Managementkonzepte noch immer tief verwurzelt. Auch wenn viele Führungskräfte der einen oder anderen problematischen Kernthese – jeder hat unbegrenzte Möglichkeiten; der Einzelne muss daran arbeiten, seine Schwächen zu beseitigen; behandle andere so, wie du selbst gern behandelt werden würdest – kritisch gegenüberstehen, bleibt dieser Kanon insgesamt doch in Kraft und prägt die Unternehmenspolitik, die Prozesse und die Kommunikation. Dieses Netzwerk durchdringt das ganze Unternehmen und wirkt sich mithin auch darauf aus, wie die Mitarbeiter rekrutiert, geschult, entlohnt, gemaßregelt und befördert werden. Vereinzelte fortschrittliche Manager können zwar kleine Schritte in die Gegenrichtung unternehmen, doch einen Durchbruch vermögen sie natürlich nicht zu erzielen. Sie stehen zwangsläufig immer wieder vor den Barrieren des konventionellen Denkens, die sich ihnen in Form von Richtlinien, Regeln und Systemen in den Weg stellen. Etwa in Form von Argumenten wie diesen:

»Dieses Gehaltssystem funktioniert hier nicht.«

»Sie dürfen ihn nur befördern, wenn er mindestens drei Jahre Erfahrung hat.«

»Sie behandeln die Leute nicht gleich. Das ist ungerecht.«

»Dies hier ist unser neues Leistungsmanagementsystem. Stellen Sie sicher, dass alle Ihre Mitarbeiter in Bezug auf alle diese ›Kompetenzen‹ gut geschult werden.«

»Eine derartige Stellenbezeichnung ist nicht möglich. Der Mitarbeiter trägt ja keine Personalverantwortung.«

Die konventionelle Sichtweise verbirgt sich hinter einer Mauer von Auswahl-, Schulungs-, Entgelt- und Leistungsmanagementsystemen. Hier hilft nur eines: komplette Abschaffung. Das aber ist nur auf *Unternehmensebene* möglich.

Analog zu den »vier Schlüsseln«, die wir oben kennen gelernt haben, empfehlen sich dem Topmanagement eines Unternehmens die folgenden vier »Generalschlüssel«, mit denen sich die vom konventionellen Denken verriegelten Türen öffnen lassen.

A. Ziele/Ergebnisse ins Zentrum stellen: Die Rolle des Unternehmens besteht darin, Ziele vorzugeben. Aufgabe des Mitarbeiters ist es, mitzuhelfen, dass diese Ziele erreicht werden. Starke Unternehmen sind gute Zielsetzer und überlassen dem Mitarbeiter die spannende Reise dorthin.

- Definieren Sie jede Rolle so weit wie möglich ergebnisorientiert.
- Bringen Sie diese Ergebnisse/Ziele möglichst in eine Bewertungs-, Rang- oder Zählordnung. Messung ist immer ein Leistungsverbesserer und empfiehlt sich daher.
- Aus Kundensicht lauten die vier wichtigsten emotionalen Ziele: Genauigkeit, Verfügbarkeit, Partnerschaft, Beratung. Untersuchen Sie jede einzelne Stelle im Unternehmen daraufhin, was geschehen muss, um diese Ziele zu erreichen. Machen Sie bei der Schulung klar, wie und inwieweit die standardisierten Verfahrensweisen der jeweiligen Rolle zur Erreichung dieser emotionalen Ziele beitragen. Gleichzeitig sollte der Mitarbeiter genau wissen, wo, wie und warum er bei der Zielverfolgung Spielraum hat.

- Machen Sie die Manager für die Antworten der Mitarbeiter auf die in Kapitel 1 vorgestellten zwölf Fragen verantwortlich. Diese Fragen sind ein sehr wichtiges Messkriterium für die angestrebten Ergebnisse. Wir wollen zwar nicht so weit gehen, vorzuschlagen, die Bezahlung der Vorgesetzten an den hierbei erzielten Mitarbeiternoten auszurichten. Die zwölf Fragen sollten aber auf jeden Fall als elementarer Teil des Leistungsbildes angesehen werden.

B. In jeder Rolle Spitzenleistung fördern und wertschätzen: In starken Unternehmen genießt jede exzellent ausgefüllte Rolle Anerkennung. Wer die Kultur eines Unternehmens verstehen will, sollte sich am besten ansehen, welche Vorbilder es hat.

- Nehmen Sie bei möglichst vielen Rollen eine Leistungsdifferenzierung vor. Legen Sie für die einzelnen Leistungsstufen konkrete Kriterien fest. Honorieren/belobigen Sie Fortschritte (etwa mit Medaillen, Anstecknadeln, Urkunden, Diplomen). Nehmen Sie jede einzelne Stufe ernst.
- Legen Sie für möglichst viele Rollen einen breiten Gehaltskorridor fest, verbunden mit konkreten Kriterien für die einzelnen Stufen innerhalb des jeweiligen Korridors. Sorgen Sie dafür, dass verstanden wird, warum sich die Korridore vertikal überlappen und Beförderungen gegebenenfalls mit Gehaltseinbußen verbunden sind.
- »Persönliche Bestleistungen« feiern. Viele Menschen konkurrieren gern mit sich selbst. Entwickeln Sie am besten ein System, das es dem einzelnen Mitarbeiter erlaubt, monatlich oder vierteljährlich seine Fortschritte zu verfolgen. Damit können gleichzeitig »persönliche Bestleistungen« unterstrichen werden. Je mehr solcher Bestleistungen ein Unternehmen zu verzeichnen hat, desto positiver seine Entwicklung.

C. Die »Stars« studieren: Starke Unternehmen lernen von ihren Besten. Die Ermittlung interner »vorbildlicher Vorgehensweisen« zählt zu ihren wichtigsten Ritualen.

- Beginnen Sie bei den wichtigsten Funktionen und versuchen Sie herauszufinden, wie Ihre besten Kräfte ihre Stelle ausfüllen. Stellen Sie für jede Rolle ein Talentprofil zusammen. Dieses bildet in der Folge die Grundlage für Neubesetzungen.

- Überprüfen Sie die Schulungsinhalte und beziehen Sie alles ein, was Sie hinsichtlich der Erzielung von Topleistungen in den einzelnen Rollen an Erkenntnissen gewonnen haben.
- Richten Sie eine unternehmenseigene »Lernfabrik« ein. Deren Hauptfunktion sollte in einem Forum bestehen, auf dem vorgeführt wird, wie die jeweiligen Spitzenkräfte ihre Aufgabe erfüllen und was sie so erfolgreich macht. So weit wie möglich sollte jeder Mitarbeiter in seinem Bereich mit der Denkweise, Vorgehensweise und Gefühlswelt der Besten konfrontiert werden. Daneben kann diese Lernfabrik auch noch manch anderes vermitteln (etwa Richtlinien, Vorschriften und Methodenwissen), doch ihr Hauptzweck sollte in der Präsentation interner »vorbildlicher Praktiken« bestehen. Komplexität und Formalisierungsgrad dieser Einrichtung hängen vollkommen von den spezifischen Bedürfnissen der Organisation ab; wichtig ist nur, dass das Vorbild der Besten auf systematische Weise verbreitet wird.

D. Kommunikation am Beispiel der vorbildlichen Führungskräfte orientieren: Die Sprache beeinflusst das Denken; das Denken beeinflusst das Tun. Es bedarf daher einer Veränderung der Kommunikationsweise, um Verhaltensänderungen zu erzeugen. Starke Unternehmen bemühen sich, Semantik und Kommunikationsverhalten der vorbildlichen Manager zum allgemeinen Standard zu erheben.

- Fördern Sie die Kenntnis und Handhabung der »vier Schlüssel«. Insbesondere gilt es sicherzustellen, dass der Unterschied zwischen Fertigkeiten, Wissen/Kenntnissen und Begabungen verstanden wird. Alle Vorgesetzten und Mitarbeiter sollten begreifen, dass eine exzellent ausgefüllte Rolle Talent verlangt, dass Talent – definiert als *jedes* wiederkehrende Denk-, Gefühls- oder Verhaltensmuster – jedoch ausgesprochen schwer vermittelbar ist.
- Passen Sie die Rekrutierungsverfahren, Stellenbeschreibungen und geforderten Qualifikationen entsprechend an, sodass der zentralen Bedeutung dieser breiteren Talentdefinition Rechnung getragen wird.
- Tragen Sie Sorge, dass der Unterschied zwischen Fertigkeiten, Kenntnissen und Talenten auch in den Schulungsinhalten berücksichtigt wird. Ein gutes Unternehmen weiß zu unterscheiden, was vermittelbar ist und was nicht.

- Streichen Sie das Element »Schwächenbeseitigung« aus dem Schulungsplan. Sorgen Sie lieber dafür, dass Ihre talentiertesten Leute als Ergänzung zu ihren Begabungen neue Fertigkeiten und Kenntnisse erwerben, statt die weniger begabten Mitarbeiter auf Kurse zu schicken, um Schwächen ausmerzen zu lassen.
- Jeder Mitarbeiter sollte genügend Feedback erhalten. »360-Grad«-Feedbacksysteme, Persönlichkeitsprofile und Leistungsbeurteilungssysteme sind sämtlich nützlich, solange sie dazu dienen, die Selbstkenntnis des Mitarbeiters zu verbessern und seine Stärken auszubauen. Diese Instrumente sollten aber keinesfalls negativ eingesetzt werden (sprich: der Schwächenbeseitigung dienen).
- Führen Sie die von den besten Managern benutzte »Leistungsmanagementroutine« ein.

Diese »Generalschlüssel« sind zwar kein Ersatz für gute Manager, wohl aber eine wertvolle Ergänzung und Rahmenbedingung. Andernfalls nämlich regieren die konventionellen Konzepte immer weiter und schaffen ein Klima, das die fähigen Führungskräfte blockiert. Solange die gesamte Unternehmenspolitik, alle Systeme und die allgemeine Kommunikation um diese »alten« Konzepte kreisen, können sich die dünnen Stimmen der Vernunft nicht durchsetzen, sind die guten Führungskräfte sogar gezwungen, ihre innersten Überzeugungen immer wieder in Frage zu stellen. In einem solchen Klima können sich gute Manager nicht entwickeln. Sie haben keine Chance, ihre Intuitionen in die Praxis umzusetzen und ihre Ansätze zu verfeinern. Sie sind zu sehr mit dem Überleben in einer feindlichen Umwelt beschäftigt.

Diese vier »Generalschlüssel« können hier Abhilfe schaffen. Denn sie erzeugen ein Klima, das fähige Manager unterstützt, weil es sie in ihrer Sichtweise bestärkt und sie zur praktischen Umsetzung, zum Experimentieren und Verfeinern ermuntert. In einem *solchen* Klima fühlen sich gute Führungskräfte wohl. Die Mitarbeiterleistung verbessert sich. Das Unternehmen gedeiht. Und der Managementstil von gestern wird alsbald für immer vergessen sein.

Aller Anfang ist schwer

Wenn man exzellente Manager erzählen hört, mutet alles so simpel an. Einfach nach Talent Ausschau halten, die richtigen Zielvorgaben wählen, sich auf die Stärken konzentrieren und im Zuge der Entwicklung des Einzelnen darauf achten, dass seine Funktion optimal zu seinen Talenten passt. Verfahre bei allen Mitarbeitern so, beziehe alle Bereiche ein, und mit dem Unternehmen geht es steil bergauf. So lautet die Botschaft. Fast könnte man meinen, der Erfolg sei unausweichlich.

Doch ganz so einfach ist es natürlich nicht. Es gehört in Wahrheit sogar ziemlich viel dazu, andere gut zu managen und zu führen. Der Vorgesetzte steht im Schnittpunkt vieler Anforderungen. Er muss widerstreitende Interessen ausgleichen – jene des Unternehmens, der Kunden, der Mitarbeiter und dazu noch seine eigenen. Wendet er sich der einen Komponente zu, leiden rasch die anderen. Wenn Sie zum Beispiel intervenieren, um eine Situation zwischen einem groben Kunden und einem verzweifelten Mitarbeiter zu klären, ist es schwierig, die richtigen Worte zu finden, also einerseits den Kunden zu beruhigen und andererseits den Mitarbeiter das Gesicht nicht verlieren zu lassen. Oder stellen Sie sich vor, Sie haben die Verantwortung für ein mit lauter altgedienten Mitarbeitern besetztes Team übernommen, müssen einerseits also erst einmal ihr Vertrauen gewinnen und sie andererseits noch einmal richtig motivieren. Oder Sie haben beispielsweise gerade gemerkt, dass der neue Mitarbeiter, den Sie so sorgfältig ausgesucht haben, das nötige Talent eben doch nicht hat, und stehen nun vor dem Problem, ihm das beizubringen, ohne ihn zu demoralisieren und seine Kollegen in Unruhe zu versetzen. Dies alles zeigt: Es ist kein reines Vergnügen, den Mittelsmann spielen zu müssen.

Mit diesem Buch wollen wir keineswegs den Eindruck erwecken, aus einer schwierigen Rolle eine leichte machen zu können. Aber eine Hilfe will es schon sein. Es soll Ihnen den Blick schärfen für das, was Sie tun, wie Sie es tun und wie Sie es noch besser machen können. Sie finden darin zwar nicht die fertige Lösung für jede Situation, wohl aber die Blaupause für solides Handeln. Und Sie erfahren auch genau, wie Sie vorgehen müssen, um die Basis für ein dauerhaft starkes, produktives Arbeitsumfeld zu bereiten.

Freilich lassen sich über Nacht keine Wunder vollbringen. Das wissen Sie so gut wie wir. Sie werden auch morgen noch viele Leute um sich haben, die in der falschen Position sind. Die Gründe sind klar: Weil leider noch allzu viele Managerkolleginnen und -kollegen alten Denkmustern anhängen. Weil Sie auf sich allein gestellt zwangsläufig nur begrenzte Veränderungsmöglichkeiten besitzen. Weil sich die Dinge überdies nur schrittweise verändern lassen, Mitarbeiter für Mitarbeiter, Gespräch für Gespräch. Wie alle vorzüglichen Führungskräfte, stehen auch Sie am Beginn einer langen Reise.

Eines aber können wir Ihnen versprechen: Diese vier Schlüssel sind ein hervorragender Einstieg!

*

Außerdem gibt es einen starken Helfer und exzellenten Mutmacher: In dem Maße nämlich, wie es gelingt, der konventionellen Denkweise das Wasser abzugraben, führen Sie zwei mächtige Kräfte zusammen: die Bedürfnisse des Unternehmens und die Bedürfnisse des Mitarbeiters. Seit der Entstehung des modernen Wirtschaftsunternehmens vor 150 Jahren sind diese beiden Komponenten enorm schlecht aufeinander abgestimmt. Nun aber beginnen beide langsam zusammenzufinden. Sie, der progressive Manager, stehen heute im Zentrum dieser Entwicklung!

Überall wachsen die Anforderungen, die die Mitarbeiter heute an ihre Arbeit stellen. Angesichts des Verlusts anderer Gemeinschaftsfelder wenden sich die Menschen auf ihrer Suche nach Sinn und Identität verstärkt dem Arbeitsplatz zu. Sie wollen als Individuen anerkannt sein. Sie suchen eine Chance, sich auszudrücken, und wollen dadurch Anerkennung gewinnen. Nur Sie, der fähige Manager und Vorgesetzte, vermögen ein Umfeld zu schaffen, in dem der Einzelne seine Stärken erfahren und nutzbringend einsetzen kann.

Gleichzeitig sind die Unternehmen auf der Suche nach verborgenen Wertreserven. Die menschliche Natur ist eine solche – eine der letzten, doch riesigen Reserven. Die Wirtschaft hat begriffen, dass diese Quelle angezapft werden muss, will man die Wertschöpfung weiter steigern. Der Versuch als solcher ist freilich nicht ganz neu, nur hat man es in der Vergangenheit auf dem falschen Wege versucht, nämlich durch Zähmung und rigides Einpressen – eben so, wie der Mensch auch mit den übrigen Kräften der Natur umzugehen pflegt. Wir wissen heute, dass dies nicht funktionieren kann, und wir wissen auch, warum: weil die menschliche Natur im Unterschied zu den übrigen Naturkräften nicht einheitlich und gleichförmig ist. Ihre Kraft liegt vielmehr in ihrer Idiosynkrasie und Subjektivität, das heißt darin, dass *jede Menschennatur anders ist.* Wenn die Unternehmen dieses Potenzial nutzen wollen, brauchen sie folglich einen adäquaten *Freisetzungs*mechanismus, keinen Eindämmungsmechanismus. Sie als Manager sind hierfür der beste Mechanismus, den man sich vorstellen kann.

Die Zusammenführung dieser beiden Kräfte – das Streben der Unternehmen nach Mehrwert und die Suche des Individuums nach Identität – wird die Unternehmenslandschaft grundlegend verändern. Wir werden neue organisatorische Modelle entstehen sehen, neue Stellenbezeichnungen, neue Gehaltssysteme, neue Laufbahnen, neue Messsysteme – alles basierend auf der neuen Leitformel: »Versuche nicht, etwas hinzuzufügen, das die Natur nicht vorgesehen hat. Versuche lieber, herauszuholen, was in den Menschen steckt.« Manche Führungskräfte werden sich diesen Veränderungskräften in den Weg stellen, doch sie werden scheitern. Das Wertstreben der Unternehmen ist so tief verankert und so wenig zu unterbinden wie die Identitätssuche der Menschen. Der Vormarsch dieser vereinigten Kräfte lässt sich allenfalls im Tempo drosseln. Stoppen lässt er sich nicht.

Doch sie können ihn auch beschleunigen. Sie können der Katalysator sein. Wie, das haben Ihnen die besten Manager dieser Welt vorgemacht.

Anhang

Anhang A: Der Gallup-Weg zum Geschäftserfolg

Durch Analyse der Zusammenhänge zwischen den Kernelementen eines gesunden Unternehmens ist es der Gallup Organization gelungen, ein Modell zu entwickeln, das den Weg vom Beitrag des einzelnen Mitarbeiters bis zum letztendlichen Geschäftserfolg beschreibt – mithin den Prozess der Steigerung des Unternehmenswerts. Bei börsennotierten Unternehmen lässt sich das positive Ergebnis direkt an der Steigerung des Aktienkurses und des Marktwertes ablesen. Nachfolgend finden Sie ein entsprechendes »Prozessdiagramm« abgebildet. Eine kurze Beschreibung der einzelnen Stufen schließt sich an.

Echte Gewinnzuwächse treiben den Aktienkurs nach oben

Der Marktwert eines Unternehmens wird von vielen Faktoren beeinflusst, darunter auch von externen Variablen, die sich der Kontrolle durch das Unternehmen entziehen. Was jedoch die *steuerbaren* Variablen angeht, sind echte Gewinnsteigerungen der bedeutendste Aktienkurstreiber. Zu betonen ist das »echt«, denn es gibt bekanntlich viele Möglichkeiten der kurzfristigen Rentabilitätssteigerung. Dazu zählen leider nicht nur seriöse Maßnahmen (wie etwa die Optimierung der Geschäftsprozesse oder Kostensenkungen), sondern auch weniger seriöse, oft verharmlosend als »kreative Buchführung« bezeichnete Praktiken (etwa Abschreibungen; aggressive/überhöhte einmalige Be-

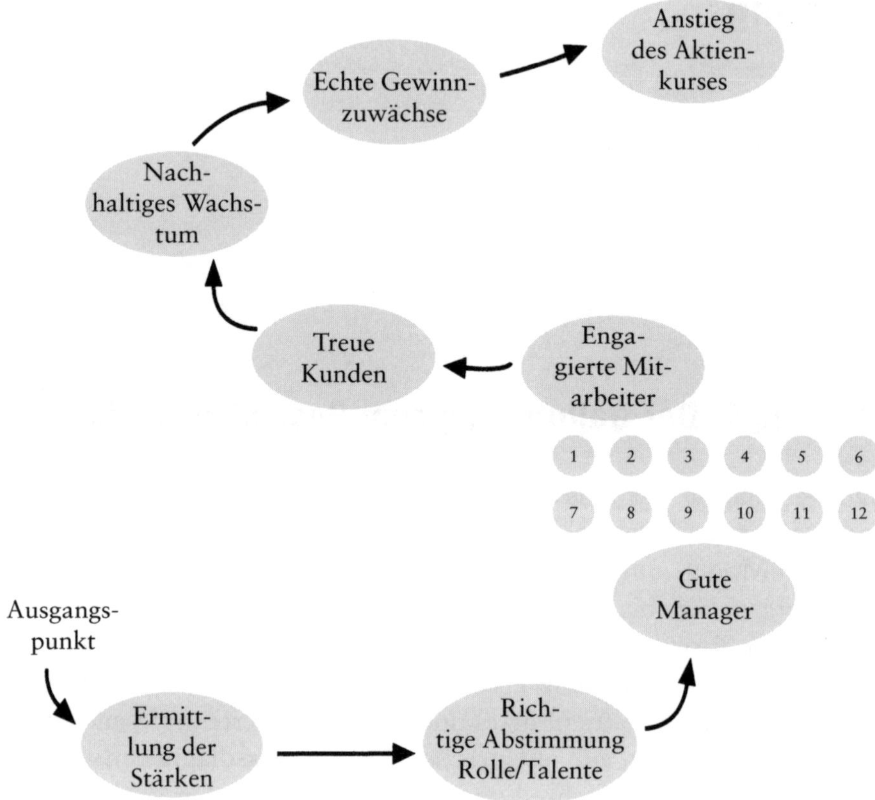

lastungen; Forcierung der Auftragseingänge am Periodenende, um die Ertragslage zu frisieren). Für eine nachhaltige Steigerung des Aktienkurses jedoch bedarf es nachhaltiger Gewinnsteigerungen aus dem *normalen Geschäftsbetrieb*.

Nachhaltiges Wachstum sorgt für echte Gewinnzuwächse

Echte Gewinnzuwächse sind nur durch nachhaltiges Wachstum möglich. Letzteres unterscheidet sich deutlich von »gekauftem« Wachstum. »Kaufen« lässt sich Wachstum auf verschiedene Weisen, etwa durch Einverleibung einer fremden Ertragsquelle, Preissenkungen oder – ein beliebtes Instrument bei schnell wachsenden Gastronomie-

und Einzelhandelsketten – Eröffnung möglichst vieler Ableger in möglichst kurzer Zeit. All diese Methoden ermöglichen willkommene Ertragszuwächse, doch von Nachhaltigkeit kann deswegen noch lange nicht die Rede sein – mitunter wird eine nachhaltige Entwicklung dadurch sogar nachhaltig gestört. Dauerhaftes Wachstum hat folglich mit kurzlebigen Ertragsspitzen nichts zu tun. Es bemisst sich vielmehr an Parametern wie Umsatz pro Geschäft, Umsatz pro Artikel oder Anzahl der pro Kunden in Anspruch genommenen Dienstleistungen. Diese Werte sind ein zuverlässigerer Indikator dafür, ob die Umsatzsituation stabil und damit von Dauer ist.

Treue Kunden sorgen für nachhaltiges Wachstum

Der entscheidende Treiber eines nachhaltigen Wachstums ist eine wachsende Stammkundenbasis. In manchen Branchen kommt es sogar darauf an, dass diese Kunden bereit sind, einen Spitzenpreis zu zahlen. Noch besser ist es freilich, wenn diese loyalen Kunden ihre Zufriedenheit weitergeben, sodass das Unternehmen durch Mund-zu-Mund-Werbung auf elegante und höchst kostengünstige Weise zusätzlichen Zulauf bekommt.

Kunden können durch ein geschicktes Marketing wohl dazu gebracht werden, ein Produkt auszuprobieren. Echte Kundentreue lässt sich jedoch nur über ein überlegenes Produkt und einen erstklassigen Service erreichen. Bei Gallup nennen wir die Marketingebene das »Markenversprechen«, die Produkt- und Servicequalität hingegen die »Markenerfahrung«. Eine wachsende Zahl von Stammkunden ist nur zu realisieren, wenn die Markenerfahrung sich mit dem Markenversprechen deckt oder dieses gar noch übertrifft.

Engagierte Mitarbeiter sorgen für treue Kunden

Von Jack Welch, dem Chef von General Electric, stammt der Satz: »Ein Unternehmen, das wettbewerbsfähig sein will, ... muss es schaffen, aus allen seinen Mitarbeitern engagierte Mitarbeiter zu machen.«

Dies gilt verstärkt im Dienstleistungssektor, wo der vom Unternehmen erzeugte Wert praktisch ausschließlich über die Mitarbeiter zum Kunden fließt. Doch auch für die klassische verarbeitende Industrie lässt sich feststellen, dass Qualitätserzeugnisse ohne engagierte Mitarbeiter nicht herzustellen sind.

Die zwölf Kreise/Ziffern in unserem Diagramm am Anfang dieses Kapitels stehen natürlich für die zwölf Fragen, die wir in Kapitel 1 vorgestellt und erläutert haben. Ein »voll engagierter« Mitarbeiter ist demnach einer, der alle zwölf Fragen stark bejahen kann. Es sei daran erinnert, dass die vier Ergebnis-/Erfolgskriterien, die wir für unsere Meta-Analyse auf Betriebsebene benutzten, wie folgt lauteten: Mitarbeiterbindung, Produktivität, Kundenzufriedenheit und Rentabilität. Das obige Schema illustriert zwar lediglich den Zusammenhang zwischen Mitarbeiterengagement und Kundenzufriedenheit; es lassen sich häufig jedoch auch sehr unmittelbare positive Verbindungen zwischen einer gestiegenen Zahl engagierter Mitarbeiter und dem Unternehmensgewinn feststellen, sei es indirekt (durch höhere Produktivität) oder direkt (durch eine deutlich rückläufige Fluktuation).

Die richtigen Leute in den richtigen Funktionen mit den richtigen Vorgesetzten sind der Motor des Mitarbeiterengagements

Auf die ersten Schritte am Beginn des Weges gilt es größtes Augenmerk zu legen; andernfalls stehen die angestrebten Ziele auf den späteren Stufen – Kundenzufriedenheit, Umsatzsteigerungen, Gewinnzuwächse – vollkommen in Frage. Erstens gilt es also die Stärken jedes einzelnen Mitarbeiters genau auszuloten. In Schritt 2 gilt es für den jeweiligen Mitarbeiter eine Rolle zu finden, die optimal zu diesen Stärken passt. Bleiben diese beiden Bedingungen unerfüllt, lässt sich dies weder auf dem Wege der Mitarbeitermotivation noch durch gutes Coaching ausbügeln. Wie in diesem Buch mehrfach ausgeführt, sind mit »Stärken« vor allem die wiederkehrenden, gewohnheitsmäßigen Denk-, Gefühls- und Verhaltensmuster eines Menschen – sprich: seine Talente – gemeint, weniger die erworbenen Fähigkeiten, Fertigkeiten und Kenntnisse. Wir meinen allerdings, dass sich die Unternehmen bei der Mitarbeiterauswahl leider viel zu sehr auf Letzteres, die Fertigkeiten und Kenntnisse eines Bewerbers, konzentrieren, und eben viel zu wenig auf seine Begabungen. Die Unternehmen scheitern bereits ganz zu Anfang dieses Weges und berauben sich damit aller Chancen – weil sie weder genau wissen, wie viel Talent sie rekrutieren, noch wissen, ob sie es richtig einsetzen.

Sind diese beiden ersten Hürden erfolgreich genommen, befindet man sich an der kritischsten Wegmarke. Es kommt nun darauf an, diese talentierten Mitarbeiter zu engagierten Mitarbeitern zu machen. Dabei bieten sich zunächst recht viele Optionen, etwa höheres Gehalt oder großzügigere Zusatzleistungen. Dies sind in Wahrheit jedoch wenig tragfähige Lösungen. Die einzig wirklich erfolgreiche Möglichkeit besteht vielmehr darin, für fähige Vorgesetzte zu sorgen und ein Klima zu schaffen, in dem die in diesem Buch besprochenen »vier Schlüssel« systematisch Anwendung finden können. Nur in einem solchen Klima kann es gelingen, die besten Leute zu rekrutieren, präzise Leistungserwartungen aufzubauen und die Mitarbeiter zu motivieren und weiterzuentwickeln. Nur so lässt sich das Talent eines jeden Mitarbeiters in kundenorientierte Leistung übersetzen. Nur so wird das Unternehmen stark.

Wer diese Basis nicht zu schaffen versteht, gerät vom Erfolgsweg ab und muss die gesteckten Ziele verfehlen. Konsequenz: Immer mehr fähige Mitarbeiter wandern ab. Die verbleibenden guten Mitarbeiter werden falsch eingesetzt, falsch befördert, falsch eingeschätzt. Angesichts des Mangels an guten Leuten am richtigen Platz sieht sich das Unternehmen schon bald gezwungen, weniger solide Erfolgswege zu beschreiten. Typischerweise äußert sich dies etwa in einer Überstrapazierung des Instruments Marketing, hemmungslosen Firmenakquisitionen oder einer Präferenz für »gekauftes« Wachstum. Doch all dies wird dem Unternehmen angesichts starker Wettbewerber wenig nützen. Und da ihm ja gerade die fähigen Manager, die das Schiff auf Kurs halten könnten, fehlen, ist das Scheitern vorprogrammiert.

Anhang B: Die Meinung der Besten

Wie fähige Manager auf die drei in Kapitel 2 zitierten Fragen (siehe S. 48) antworteten

»Was wäre Ihnen lieber: Ein selbstständiger, aggressiver Mitarbeiter, der einen Jahresumsatz von 1,2 Millionen Dollar macht, oder ein umgänglicher Mannschaftsspieler, der es nur auf die Hälfte bringt? Nennen Sie uns bitte Ihre Gründe.«

Die guten Manager entschieden sich allesamt für den ehrgeizigen Einzelgänger. Sie hielten ihn für den talentierteren, wiewohl schwerer zu führenden Mitarbeiter. Beim Mannschaftsspieler ist es genau umgekehrt: Er wäre zwar leichter zu handhaben, doch weniger begabt für die Funktion. Gute Manager suchen jedoch nicht nach leicht zu handhabenden, sondern nach möglichst talentierten Mitarbeitern. Sie verwenden ihre Energie viel lieber darauf, aus dem Talentierten das Beste herauszuholen, als zweckloserweise zu versuchen, einem weniger tüchtigen Mitarbeiter Talent beizubringen.

»Sie haben einen sehr tüchtigen Mitarbeiter, der aber mit seinen schriftlichen Aufgaben nicht gut klarkommt. Was würden Sie tun, um ihm zu mehr Produktivität zu verhelfen?«

Gute Vorgesetzte würden nach den Gründen suchen. Vielleicht sind es ja nur Anfangsschwierigkeiten. Vielleicht hilft auch gezielte Schulung. Wenn sie jedoch feststellen, dass der Mitarbeiter für die schriftlichen Dinge einfach kein Talent hat, suchen sie nach einer Lösung, die es dem Mitarbeiter ermöglicht, seine »verwaltungstechnische« Schwäche zu umgehen und sich stattdessen auf das zu konzentrieren, was ihn stark macht.

»Sie haben zwei Manager. Der eine ist ein erstklassiges Talent, der andere mittelmäßig. Es sind zwei Stellen zu besetzen – die eine ein leistungsstarker Bereich, die andere ein Bereich mit Problemen. Beide Bereiche haben ihr Potenzial aber noch nicht ausgeschöpft. Wo sollte der gute Manager Ihrer Meinung nach eingesetzt werden? Warum?«

Gute Manager würden den talentierten Kollegen stets im leistungsstärkeren Bereich einsetzen. Der entscheidende Satz in der obigen Fragestellung lautet nämlich: Beide Bereich haben ihr Potenzial noch nicht ausgeschöpft! Gute Führungskräfte orientieren sich strikt an Topleistung. Nur der talentierte Manager hat jedoch eine Chance, dem leistungsstarken Bereich sein wahres Potenzial abzuringen. Hinzu kommt, dass für den begabten Manager die Herausforderung, den starken Bereich auf Topniveau zu heben, auch nicht größer ist als jene, den Problembereich überdurchschnittlich zu machen. Die erstere Aufgabe ist jedoch viel interessanter und zudem viel produktiver. Nachdem sie dem talentierten Kollegen also den leistungsstarken Bereich anvertraut haben, würden gute Verantwortliche allerdings noch einen Schritt weiter gehen und sich vom schlechten Manager überhaupt trennen, um den Problembereich einem tüchtigen Turnaround-Spezialisten in die Hände zu geben.

Von dem umgekehrten Vorgehen raten große Manager dringend ab: Zum einen nämlich vermag, wie erwähnt, der schwächere Kandidat aus dem leistungsstarken Bereich nie das Maximum herauszuholen. Andererseits aber ist es durchaus möglich, dass der stärkere Kandidat sich am Problembereich trotz allem die Zähne ausbeißt. In diesem Fall würden trotz bester Absichten beide scheitern, und die Produktivität wäre halbiert.

Anhang C: Talente – eine Auswahl

Die rollenübergreifend am häufigsten anzutreffenden Begabungen

Im Rahmen unserer Gallup-Forschungen hatten wir Gelegenheit, Topleistungen in hunderterlei Rollen zu untersuchen. Die dafür jeweils erforderlichen Talente sind sehr unterschiedlich. Auf vielfachen Wunsch von Führungskräften haben wir uns jedoch die Mühe gemacht, die am häufigsten vorkommenden Begabungen in einer kleinen Liste zusammenzustellen, verbunden mit einer kurzen Definition.

Diese Anhaltspunkte sollen Ihnen helfen, bei der täglichen Arbeit nach den richtigen Talenten Ausschau zu halten.

Motivationale Talente

Leistungsdrang: Dauerhafter innerer Leistungsantrieb; Leistungsfreude; Ergebnisorientierung als interner Referenzpunkt (eigene Ziele)
Bewegungsdrang: Bedürfnis nach körperlicher Bewegung; motorische Veranlagung
Ausdauer: Fähigkeit zur physischen Dauerleistung
Wettbewerbsdrang: Bedürfnis, sich vergleichend zu messen; externer Referenzpunkt
Geltungsdrang: Bedürfnis, etwas zu bedeuten und zu gelten (etwa durch Selbstständigkeit, herausragende Leistung, Risikobereitschaft, Lob/Anerkennung von anderen); Eigenwille
Kompetenzstreben: Bedürfnis nach Können, Meisterschaft, Fachautorität
Glaubensbedürfnis: Bedürfnis, sein Leben an bestimmten Leitwerten auszurichten
Missionsdrang: Bedürfnis, seine Überzeugungen in Handeln umzusetzen
Dienfreude: Bedürfnis, anderen von Nutzen zu sein
Ethik: Klare handlungsorientierte Auffassung vom Sittlichen, von richtig und falsch
Visionsbedürfnis: Bedürfnis, sich die Zukunft wertorientiert auszumalen

Kognitive Talente

Zielorientierung: Fähigkeit, Ziele zu setzen und sein Handeln konsequent an ihnen auszurichten
Disziplin: Bedürfnis nach Struktur und Ordnung in Leben und Arbeit
Organisationstalent: Fähigkeit zum Orchestrieren, Arrangieren, »Fädenziehen«
Arbeitsorientierung: Bedürfnis nach geistigem Üben und Wiederholen
Gestaltorientierung: Bedürfnis nach Ordnung und Stimmigkeit/Exaktheit

Verantwortungsdenken: Bedürfnis nach persönlicher Verantwortung für die eigene Arbeit
Konzeptdenken: Fähigkeit, die Dinge in einen Sinnkontext zu stellen
Leistungsorientierung: Bedürfnis nach Objektivität und Leistungsmessung
Strategisches Denken: Fähigkeit, zukunftsorientiert zu denken und alternative Szenarien durchzuspielen
Geschäftsdenken: Anwendung des strategischen Denktalents auf finanziell-wirtschaftlicher Ebene
Problemlösungsgabe: Fähigkeit, die Dinge trotz bestehender Wissens- und Informationslücken zu durchdenken und zu Lösungen zu kommen
Formulierungsgabe: Fähigkeit, aus unzusammenhängenden Informationen kohärente Strukturen herauszulesen beziehungsweise zu entwickeln
Zahlenverständnis: Freude am Umgang mit Zahlen; Zahlentalent
Kreativität: Fähigkeit, bestehende Konfigurationen/Denkweisen aufzubrechen, um Neues/Besseres zu entwickeln

Beziehungstalente

»Eisbrecher«-Talent: Bedürfnis, die Zustimmung anderer zu gewinnen; Umwerbetalent
Empathie: Einfühlungsvermögen; Fähigkeit, die Gefühle und Sichtweisen anderer wahrzunehmen
Kontaktfähigkeit: Bedürfnis nach dauerhaften Beziehungen
Multikontaktfähigkeit: Fähigkeit zu Aufbau und Pflege eines ausgedehnten Kontakt- und Beziehungsnetzes
Interpersonaltalent: Fähigkeit der zielgerichteten Nutzung von Beziehungen
Individualisierungsgabe: Sinn für individuelle Unterschiede; Wahrnehmung derselben
»Coach«: Bedürfnis, in andere zu investieren; Fähigkeit, dies als befriedigend zu empfinden
»Stimulator«: Fähigkeit, bei anderen Spannung und Begeisterung zu erzeugen; Motivationstalent
Teamfähigkeit: Bedürfnis nach einem Klima gegenseitiger Unterstützung

Positivität: Bedürfnis/Neigung, das Leben von der schönen Seite her zu sehen
Überzeugungsgabe: Fähigkeit, andere mit logischen Argumenten zu überzeugen
Führungsgabe: Leitwolf- und Kommandiertalent; Fähigkeit, Cheffunktion wahr-, das heißt die Zügel in die Hand zu nehmen
»Antreiber«: Bedürfnis, voranzukommen und andere zum Handeln zu bewegen
Mut: Fähigkeit, Widerstände durch Mobilisierung von Emotionen zu überwinden

Anhang D: Die zwölf Fragen und ihre Entstehungsgeschichte

Wir begannen mit Fokusgruppen, die sich aus Mitarbeitern aus den produktivsten Abteilungen der befragten Unternehmen zusammensetzten und von Gallup-Arbeitspsychologen geleitet wurden. Dabei wurde mit offenen Fragen zum Arbeitsplatz und -umfeld gearbeitet. Die Antworten der Befragten wurden auf Band aufgenommen. Gallup hat in den letzten 25 Jahren Tausende solcher Fokusgruppen organisiert.

Auf Basis der Auswertung der Ergebnisse entwickelten wir umfangreiche Fragebogenerhebungen zu einer Vielzahl von Aspekten der Arbeitserfahrungen von Beschäftigten. Befragt wurden insgesamt über eine Million Personen. Im Anschluss an die Erhebungen wurden die Ergebnisse jeweils auf die involvierten Faktoren hin untersucht. Dabei kristallisierten sich die folgenden fünf Kernfaktoren heraus:

1. *Arbeitsumfeld/Verfahrensweisen/Prozesse:* Hierzu zählen Aspekte des physischen Arbeitsumfelds und der betrieblichen Rahmenbedingungen – etwa Sicherheit, Sauberkeit, Gehalt, Zusatzleistungen, Richtlinien/Vorschriften.
2. *Unmittelbarer Vorgesetzter:* Dieser Faktor bezieht sich auf das gesamte Verhalten des unmittelbaren Vorgesetzten – Aspekte wie Mitarbeiterauswahl, Anerkennung/Lob, Entwicklung, Vertrauen, Verständnis, Disziplin.

3. *Team/Kollegen:* Dies betrifft teamspezifische Themen – Aspekte wie Zusammenarbeit, gemeinsame Ziele, Kommunikation, Vertrauen.
4. *Gesamtunternehmen/Topmanagement:* Dieser Faktor bezieht sich auf die oberste Unternehmensleitung und unternehmensweite Initiativen – etwa die Meinung des Mitarbeiters zum Unternehmensauftrag, zur Unternehmensstrategie oder zur Kompetenz der Unternehmensführung selbst.
5. *Individuelles Engagement/Dienstleistungsorientierung:* Dies betrifft Themen im Zusammenhang mit der Einstellung des Mitarbeiters gegenüber seinem Unternehmen und dessen Kunden – Aspekte wie Stolz, dem Unternehmen anzugehören; Wahrscheinlichkeit der Weiterempfehlung des Unternehmens im Bekanntenkreis; Wahrscheinlichkeit der längerfristigen (gegebenenfalls lebenslangen) Firmenzugehörigkeit; Bedürfnis, die Kunden erstklassig zu bedienen.

Wiewohl noch Unterfaktoren ermittelt werden konnten (etwa »Kommunikation« und »Entwicklung«), lassen sich anhand dieser fünf Hauptfaktoren praktisch alle Datenvarianzen erklären. Von diesen fünf Hauptfaktoren wiederum ist der unmittelbare Vorgesetzte der bei weitem wichtigste. Er erklärt mithin einen unverhältnismäßig hohen Prozentsatz der Datenvarianzen.

Im Anschluss an die Faktoranalyse führten wir noch verschiedene Regressionsanalysen durch mit dem Ziel, die besten, das heißt aussagefähigsten Fragen zu isolieren. Dabei arbeiteten wir mit drei abhängigen Variablen: dem Gesamtzufriedenheitsurteil; den fünf besten Fragen im Zusammenhang mit dem Faktor »individuelles Engagement«; den Leistungswerten/Ergebnissen der Betriebe.

Schließlich kam noch ein weiteres Kriterium zum Einsatz: Die Fragen mussten einfach und leicht zu beantworten sein. Es sollten »brauchbare«, konkret fassbare Fragen sein, keine Gefühlszustandsfragen der Art »Wie zufrieden sind Sie insgesamt mit Ihrem Arbeitsumfeld?« oder »Sind Sie stolz darauf, für Ihr Unternehmen zu arbeiten?«

Nachdem wir auf diese Weise die zwölf wichtigsten Fragen ermittelt hatten, unterwarfen wir sie strengen Validierungsanalysen. Eine derartige Studie war die Meta-Analyse, die wir im nächsten Kapitel vorstellen und eingehend erörtern wollen.

Anhang E: Die Meta-Analyse

Eine kurze Erläuterung der Hypothesen, Methoden und Ergebnisse

Auszug aus »A Meta-analysis and Utility Analysis of the Relationship between Core Employee Opinions and Business Outcomes« (Eine Meta- und Nutzenanalyse des Zusammenhangs zwischen Kern-Mitarbeitermeinungen und zentralen Geschäftszielen/Ergebnisparametern)

Autoren: Dr. James K. Harter, Ame Creglow

Die Kernfragen und ihr Hintergrund

In den letzten 25 Jahren hat sich Gallup systematisch mit den maßgeblichsten Mitarbeitermeinungen zu Managementpraktiken befasst, verbunden mit einer qualitativen und quantitativen Bewertung dieser Einschätzungen. Neben der Entwicklung unzähliger firmen- beziehungsweise klientenspezifischer Fragebögen ging es vor allem auch darum, einen Katalog von Kernfragen (statistisch: Kernitems) zu definieren, welche die organisationsübergreifende Messung wichtiger Mitarbeitermeinungen ermöglichen. Gleichzeitig kam es uns bei diesen Indikatoren auf Einfachheit und Praktikabilität an, um die befragten Unternehmen nicht noch unnötig zu belasten.

Basis dieser Bemühungen waren Tausende so genannter qualitativer Fokusgruppen, die von Gallup branchenübergreifend organisiert und evaluiert wurden, wobei methodisch gesehen die Untersuchung des Geschäftserfolgs und seiner Bedingungen im Zentrum stand. Mit produktiven Arbeitsgruppen und ebensolchen Mitarbeitern befasst sich die Gallup Organization bereits seit über 25 Jahren. Bei der Entwicklung zuverlässiger mitarbeitermeinungsbezogener Messkriterien ging es um jene prinzipiell wichtigen Personalaspekte, die den Führungskräften die Entwicklung konkreter Aktionspläne ermöglichen. Die nachfolgenden 13 Kernitems stellen die Quintessenz aus einer Vielzahl qualitativer und quantitativer Studien dar. Die quantitativen Daten wurden in dieser Meta-Analyse zusammengefasst.

Die 13 Kernitems lauten wie folgt:

1. Gesamtzufriedenheit – Wie würden Sie Ihre Arbeitszufriedenheit auf einer Skala von 1 bis 5 einordnen? (»5« = außerordentlich zufrieden; »1« = überhaupt nicht zufrieden)
2. Ich weiß, was bei der Arbeit von mir erwartet wird.
3. Ich habe die Materialien und die Arbeitsmittel, um meine Arbeit richtig zu machen.
4. Ich habe bei der Arbeit jeden Tag die Gelegenheit, das zu tun, was ich am besten kann.
5. Ich habe in den letzten sieben Tagen für gute Arbeit Anerkennung und Lob bekommen.
6. Mein/e Vorgesetzte/r oder eine andere Person bei der Arbeit interessiert sich für mich als Mensch.
7. Bei der Arbeit gibt es jemanden, der mich in meiner Entwicklung unterstützt und fördert.
8. Bei der Arbeit scheinen meine Meinungen und Vorstellungen zu zählen.
9. Die Ziele und die Unternehmensphilosophie meiner Firma geben mir das Gefühl, dass meine Arbeit wichtig ist.
10. Meine Kollegen streben danach, Arbeit von hoher Qualität zu leisten.
11. Ich habe einen sehr guten Freund innerhalb der Firma.
12. In den letzten sechs Monaten hat jemand in der Firma mit mir über meine Fortschritte gesprochen.
13. Während des letzten Jahres hatte ich bei der Arbeit die Gelegenheit, Neues zu lernen und mich weiterzuentwickeln.

Meta-Analyse

Eine Meta-Analyse ist eine statistische Zusammenfassung der Daten vieler verschiedener Studien. Sie erlaubt insofern die Gewinnung besonders aussagefähiger Informationen, da Mess- und Stichprobenfehler sowie andere Idiosynkrasien, welche die Ergebnisse von Einzeluntersuchungen in ihrer Zuverlässigkeit beeinträchtigen, hier ausgeschaltet sind. Eine Meta-Analyse schließt somit Verzerrungen aus und ermöglicht eine Schätzung der wahren Validität (beziehungsweise der wahren Beziehung) zwischen zwei oder mehr Variablen. Per Meta-Analyse ermittelte statistische Werte ermöglichen dem Forscher in der Regel auch die Untersuchung des Vorhandenseins oder Fehlens so genannter Beziehungs-»Abschwächer« (Moderatoren). Bis dato wurden in den Bereichen Psychologie, Pädagogik, Verhaltenswissenschaft, Medizin und Personalauswahl schon über 1 000 Meta-Analysen durchgeführt, wobei die Forschungsliteratur gerade in den Verhaltens- und Sozialwissenschaften eine Vielzahl von Einzelstudien mit an sich sehr unterschiedlichen und widersprüchlichen Ergebnissen aufweist. Hier kann die Meta-Analyse helfen. Sie erlaubt es, die mittlere Beziehung zwischen Variablen zu schätzen und studienübergreifend Berichtigungen für artefaktiell bedingte Abweichungen vorzunehmen. Die Meta-Analyse bietet mithin ein Instrument, mit dem sich feststellen lässt, ob Validitäten und Beziehungen situationsübergreifend (etwa bezogen auf Unternehmen oder geografische Standorte) »generalisieren« (das heißt verallgemeinerbar sind) oder nicht.

In diesem Artikel ist aus Platzgründen allerdings keine vollständige Erläuterung dieser Methode möglich. Deshalb sei der interessierte Leser auf die folgende weiterführende Literatur verwiesen, sowohl was Hintergrundinformationen als auch was neuere meta-analytische Methoden angeht: Schmidt (1992); Hunter und Schmidt (1990); Lipsey und Wilson (1993); Bangert-Drowns (1986); Schmidt, Hunter, Pearlman und Rothstein-Hirsh (1985).

Hypothesen und Spezifika

Bei dieser Meta-Analyse wurden die folgenden Hypothesen untersucht:

1. Die anhand der 13 Kernitems gemessenen Mitarbeitermeinungen zur Qualität der Managementpraktiken stehen in einem Zusammenhang mit den jeweiligen Betriebsergebnissen. Anders formuliert: Je höher die erzielte Punktzahl, desto besser in der Regel die Ergebniswerte.
2. Die Validität der mit den 13 Kernindikatoren gemessenen Beurteilung der Qualität der Managementpraktiken vonseiten der Mitarbeiter ist verallgemeinerbar, gilt mithin für alle untersuchten Organisationen.

Die Gallup-Datenbank enthält insgesamt 28 (firmenspezifische) Studien, in denen mindestens eines oder mehrere der genannten Kernitems verwendet wurden. Die so gewonnenen Daten wurden anschließend auf Betriebsebene aggregiert und zu den nachfolgend aufgeführten, ebenfalls aggregierten Leistungswerten des jeweiligen Betriebs in Beziehung gesetzt:

- Kundenzufriedenheit/-treue,
- Rentabilität,
- Produktivität,
- Mitarbeiterfluktuation.

Analyseeinheit war also der Betrieb (das heißt die Geschäftseinheit), nicht der einzelne Mitarbeiter.

Anschließend wurden die Pearson-Korrelationen ermittelt, das heißt, es wurde die Beziehung der bei den Mitarbeitermeinungen (Items) je Betrieb gewonnenen Mittelwerte zu jedem der vier allgemeinen Erfolgskriterien geschätzt. Diese Korrelationen wurden auch betriebsübergreifend für das Gesamtunternehmen ermittelt. Danach wurden die für die 13 Kernitems jeweils ermittelten Korrelationskoeffizienten in eine Datenbank eingegeben, um die mittleren Validitäten, die Standardabweichungen bei den Validitäten sowie die Validitätsgeneralisierungswerte je Item/Indikator und Erfolgskriterium zu berechnen.

Hier nun ein kurzer Überblick über die in unserer Meta-Analyse erfassten Studien:

- Der Zusammenhang zwischen betriebsspezifischer Mitarbeitermeinung und Kundenmeinung (das heißt Kundenzufriedenheit) wurde in insgesamt 18 Studien untersucht. Dabei stammten die Kundenzufriedenheitswerte aus unterschiedlichen Sektoren (unter anderem von Patienten, Schülern und »Scheinkäufern«). Die Instrumente zur Ermittlung dieser Kundenmeinungswerte variierten allerdings von Studie zu Studie. Der allgemeine Kundenzufriedenheits-/Kundentreueindex war ein Mittelwert auf Basis der bei den einzelnen Messparametern berücksichtigten Items.

- Rentabilitätsbezogene Messwerte waren aus 14 Studien verfügbar. Rentabilitätskriterium war in der Regel eine umsatzbezogene Gewinnmarge. Bei einigen Unternehmen wurde jedoch der Differenzwert gegenüber dem Vorjahr oder dem Planwert als besseres Gewinnkriterium angesehen, weil damit die relative Leistung der jeweiligen Unternehmenseinheit am genauesten bestimmt werden konnte. Bei mangelnder Vergleichbarkeit der Rentabilitätswerte zwischen den Geschäftseinheiten wurde eine entsprechende Kompensation (»Opportunitätsausgleich«) vorgenommen. Beispielsweise wurde bei einer dieser Differenzvariablen der betriebliche Gewinn durch den Umsatzerlös dividiert und davon dann ein prozentuales Plansoll abgezogen. In allen Fällen jedoch handelte es sich bei den Rentabilitätsvariablen um »Spannen«, bei den Produktivitätsvariablen hingegen um »Produktionsmengen«.
- Produktivitätswerte enthielten 15 Studien. Als betriebliches Produktivitätsmaß fanden entweder Umsatzzahlen, Erlös pro Mitarbeiter/Patient oder ein spezifischer eigener Bewertungsmaßstab Verwendung (im letzteren Falle wurden alle verfügbaren Produktivitätskriterien herangezogen, ergänzt durch eine subjektive managementseitige Ermittlung der produktivsten Unternehmenseinheiten). Häufig handelte es sich dabei um eine dichotome Variable (sehr produktive Betriebe/Geschäftseinheiten = 2; weniger produktive = 1).
- Fluktuationsdaten waren in 15 Studien verfügbar. Dabei handelte es sich um jährliche Prozentwerte der Mitarbeiterfluktuation je Betrieb.

Die Gesamtstudie umfasste 105 680 Beschäftigte und 2 528 Betriebe/Unternehmenseinheiten, die an den Befragungen teilnahmen. Dies entspricht einem Durchschnittswert von 42 Mitarbeitern pro Betrieb und 90 Betrieben pro Unternehmen.

Bei der Aufschlüsselung der (unternehmensspezifischen) Studien nach Branche sowie Art des Betriebes ergibt sich folgendes Bild:

- 28 Prozent aller bei dieser Meta-Analyse berücksichtigten Betriebe gehören Finanzorganisationen an, 21 Prozent stammen aus dem Gesundheitswesen und 18 Prozent aus der Gastronomie. Der Rest verteilt sich auf die Sektoren Unterhaltung, Lebensmittelhandel, Marktforschung, Telekommunikation/Verlage, Medizintechnik, Elektronik, Hotellerie, Staat und Bildung.

- 31 Prozent aller Geschäftseinheiten waren Einzelhandelsbetriebe, bei 28 Prozent handelte es sich um Finanzorganisationen, bei 21 Prozent um Gesundheitseinrichtungen, bei 9 Prozent um Bildungseinrichtungen und bei 11 Prozent um sonstige Betriebe.

Beträchtliche Unterschiede gibt es zwischen den Unternehmen im Hinblick auf die für eine vergleichende Analyse erforderliche Möglichkeit der Aggregierung der Meinungs- und Leistungsdaten. Am günstigsten ist die Situation bei Einzelhandelsunternehmen und Finanzeinrichtungen, da diese Unternehmen in der Regel eine Vielzahl von Betrieben/Einheiten umfassen, in denen mit ähnlichen Messkriterien gearbeitet wird.

Verwendete meta-analytische Methoden

Bei unseren Analysen ging es um gewichtete Mittelwerte der wahren Validität, die Schätzung der Standardabweichung bei den Validitäten sowie die Bereinigung dieser Validitäten um Stichprobenfehler und Messfehler bei den abhängigen Variablen. Bei der einfachsten/rudimentärsten Form der Meta-Analyse werden die Varianzschätzwerte lediglich um die Stichprobenfehler bereinigt. Hunter und Schmidt (1990) empfehlen jedoch außerdem Berichtigungen für Messartefakte, etwa mit Blick auf Messwertebereichsbeschränkungen und Messfehler bei den verwendeten Leistungsvariablen. Entsprechende Definitionen für die genannten Verfahren finden sich weiter unten.

Um die Zuverlässigkeiten (Reliabilitäten) der betrieblichen Leistungswerte bestimmen zu können, wurden Leistungsvariablendaten aus unterschiedlichen Zeiträumen einbezogen. Allerdings lagen nicht für alle berücksichtigten Studien mehrfache Messwerte vor, sodass zur Kompensation diesbezüglicher Messfehler auf meta-analytische Verfahren zur Ermittlung der Artefaktverteilungen (siehe Hunter und Schmidt, 1990, S. 158-197) zurückgegriffen wurde. Grundlage der entwickelten Artefaktverteilungen waren (soweit verfügbar) jährliche Wiederholtest-Zuverlässigkeiten aus unterschiedlichen Studien.

Zum Zeitpunkt der Durchführung der Studie waren für die verwendeten Antwortskalen bezüglich der Standardabweichungen bei den einzelnen Items keine Populationsschätzwerte verfügbar. Daher konnten hinsichtlich etwaiger Messwertebereichsbeschränkungen keine Berichtigungen vorgenommen werden. Gleiches gilt für etwaige Messfehler bei den unabhängigen Variablen (das heißt den 13 Kernitems). Für eine angemessene Berichtigung dieser itemspezifischen Messfehler wären Wiederholtest-Zuverlässigkeiten erforderlich (und zwar basierend auf kurzfristigen Intervallen). Derlei Schätzwerte lagen jedoch zum Zeitpunkt der Durchführung dieser Studie nicht vor. Für die zusammengesetzten Dimensionen (siehe dazu weiter unten) wurden »True-score«-Korrelationsschätzwerte (bezogen also auf den zugrunde liegenden »wahren« Wert) berechnet, unter Verwendung von Cronbach-Alphakoeffizienten als Zuverlässigkeitswerten bei den unabhängigen Variablen.

Wie bereits erwähnt, wurden bei den itemspezifischen Validitäten beziehungsweise den durch Messfehler bei den unabhängigen Variablen bedingten Varianzen keine Berichtigungen vorgenommen, desgleichen nicht hinsichtlich etwaiger Wertebereichsrestriktionen. Die nachfolgenden itemspezifischen Analysen sind daher als konservative Schätzungen zu verstehen, wobei die *geschätzten* (wahren) Varianzen etwas über den *tatsächlichen* (wahren) Varianzen liegen dürften.

In jeder Meta-Analyse können verschiedene Artefakte enthalten sein, zu denen nur bedingt Informationen vorliegen. Falls Messfehler und Wertebereichsbeschränkungen neben Stichprobenfehlern die einzigen relevanten Artefakte sind, wird die artefaktverteilungsbasierte Meta-Analyse in der Regel in drei Stufen durchgeführt:

- Zunächst werden Informationen zu den folgenden vier Verteilungen ermittelt: Verteilung der beobachteten Korrelationen; Verteilung der Reliabilität der unabhängigen Variablen; Verteilung der Reliabilität der abhängigen Variablen; Verteilung des Wertebereichsbeginns. Anschließend werden anhand der einbezogenen Studien (sowie ihrer gesamten Daten) vier Mittelwerte und vier Varianzen ermittelt.
- Zweitens wird die Korrelationsverteilung um Stichprobenfehler bereinigt.
- Drittens wird die stichprobenfehlerbereinigte Korrelationsverteilung noch um Messfehler und Wertebereichsdifferenzen berichtigt (Hunter und Schmidt, 1990, S. 158 f.).

In dieser Untersuchung wurden bei sämtlichen Analysen Berichtigungen von Messfehlern der abhängigen Variablen vorgenommen. Die Meta-Analyse für die einzelnen Items und betrieblichen Leistungsvariablen umfasst ferner eine Schätzung der mittleren stichprobengrößengewichteten Validität und der (ebenfalls nach Stichprobengröße gewichteten) korrelationsübergreifenden Varianz. Außerdem wurde die für die gewichteten Korrelationen auf Basis von Stichprobenfehlern zu prognostizierende Varianz errechnet. Die Formel zur Berechnung der in einfachen Meta-Analysen stichprobenfehlerbedingt zu erwartenden Varianz lautet (basierend auf der oben erwähnten Hunter/Schmidt-Methode):

$$Ó_e^2 = (1 - \bar{r}^2)^2 / \overline{N} - 1)$$

Die Standardabweichungen vom »true score« (dem zugrunde liegenden wahren Wert) wurden ermittelt, indem die stichprobenfehlerbedingte Varianz sowie die Varianz infolge von Messfehlern bei der abhängigen Variablen von der beobachteten Varianz abgezogen wurden. Anschließend wurde mittels der Quadratwurzel dieser Zahl noch eine Berichtigung für den Abschwächungseffekt bei der abhängigen Variablen vorgenommen. Um die erklärte prozentuale Gesamtvarianz zu ermitteln, wurde die stichproben- und messfehlerbedingte Varianz durch die beobachtete Varianz dividiert. In der Literatur besagt eine Faustregel, dass die Validität als generalisierbar gelten kann, wenn mindestens 75 Prozent der studienübergreifenden Validitätsvarianz auf Stichprobenfehler und andere Artefakte zurückzuführen sind. Da in unserer Studie jedoch für zwei Messfehlerartefakte keine Berichtigungen vorgenommen werden konnten, wurde für die organisationsübergreifende Generalisierbarkeit von Validitäten ein Wert von mindestens 70 Prozent angesetzt.

Ergebnisse

Nachfolgend finden Sie eine Zusammenfassung der Meta-Analyse für sämtliche 13 Kernitems, zunächst bezogen auf Kundenzufriedenheits- beziehungsweise Kundentreuekriterien. Bei der Statistik wurden folgende Parameter berücksichtigt: Anzahl der in der Analyse enthaltenen Geschäftseinheiten/Betriebe; Anzahl der Korrelationen; gewichtete mittlere beobachtete Korrelation; beobachtete Standardabweichung; Standardabweichung von der wahren Validität (unter Abzug der Varianzen aufgrund von Stichprobenfehlern und Messfehlern bei den Leistungsvariablen); prozentuale stichprobenfehlerbedingte Varianz; erklärte prozentuale Varianz, 90-Prozent-Glaubwürdigkeitswert (engl. »90 percent credibility value«, also der Punkt, über dem 90 Prozent der wahren Validitäten angesiedelt sind).

Die Ergebnisse zeigen, dass – übergreifend, das heißt auf alle 13 Items/ Indikatoren bezogen – die geschätzten wahren Validitäten in positiver Richtung liegen. Die Bandbreite der Validitätsschätzwerte reicht von einem unteren Wert von 0,057 bis zu einem Spitzenwert von 0,191. Bei einem positiven 90-Prozent-Glaubwürdigkeitswert wurde das jeweilige Item als generalisierbar in dem Sinne angesehen, dass mit großer Wahrscheinlichkeit von einer positiven wahren Validität (in der angenommenen Richtung) ausgegangen werden kann. Items, bei denen die erklärte Varianz über 70 Prozent lag, wurden insoweit als generalisierbar angesehen, als die Validität studienübergreifend stabil blieb. Bei elf der 13 Items waren positive 90-Prozent-Glaubwürdigkeitswerte zu verzeichnen; sechs waren studienübergreifend schwankungsfrei.

Bei Item 13 (»Während des letzten Jahres hatte ich bei der Arbeit die Gelegenheit, Neues zu lernen und mich weiterzuentwickeln«) lässt sich die Validitätenvarianz – studienübergreifend gesehen – interessanterweise zu 148 Prozent auf Stichprobenfehler zurückführen. Dies ist so zu erklären: Zufälligerweise war bei diesem Datensatz die studienübergreifende Variabilität bei den beobachteten Korrelationen niedriger, als dies gemessen an zufälligen Stichprobenfehlern (basierend auf der Gesamtzahl der Betriebe aller Studien) und Messfehlern bei den abhängigen Variablen zu erwarten war. Bei zwei weiteren Items ließ sich die Varianz ebenfalls zu über 100 Prozent allein durch Stichprobenfehler erklären. Auf die praktische Bedeutung der Größenordnung der hier erwähnten Korrelationen wird weiter unten noch näher eingegangen. Bei den offenbar nicht unternehmensübergreifend generalisierbaren Itemvaliditäten sind möglicherweise noch andere Variablen im Spiel, die die Stärke der Beziehung zwischen jeweiliger Mitarbeitermeinung und Kundenzufriedenheit abschwächen. Beispiel: Der

»Abschwächer« beim Item »Meine Meinung zählt« könnte etwa darin bestehen, dass der Vorgesetzte die Meinung des Mitarbeiters nicht nur aufnimmt, sondern sie gleichzeitig in gewissem Maße auch benutzt, um den Kunden zu beeinflussen. Die Items mit den höchsten wahren, allem Anschein nach unternehmensweit generalisierbaren Validitäten sind:

- Ich habe einen sehr guten Freund innerhalb der Firma.
- Ich habe bei der Arbeit jeden Tag die Gelegenheit, das zu tun, was ich am besten kann.
- Ich weiß, was bei der Arbeit von mir erwartet wird.
- Mein/e Vorgesetzte/r oder eine andere Person bei der Arbeit interessiert sich für mich als Mensch.

Bei der Ableitung mehrfach generalisierbarer Schätzwerte können die Ergebnisse von Stichprobenfehlern zweiter Ordnung beeinflusst werden. Zur Berechnung der erklärten mittleren prozentualen Varianz wurde folgende Formel benutzt:

$$\text{Varianz} = \frac{1}{(\Sigma(1\ \%\ \text{Var.}))\ /\ K}$$

Mit Blick auf die *Kundenzufriedenheitskriterien* lag die erklärte Varianz – über alle Itemvaliditäten gesehen – im Durchschnitt bei 66,96 Prozent. Während die mittlere wahre Validität also klar positiv ist, kann die Stärke der Beziehung durch eine oder mehrere sonstige Variablen leicht abgeschwächt sein. Es sei jedoch daran erinnert, dass diese Schätzwerte noch nicht um andere Artefakte bereinigt wurden – etwa Messfehler bei der unabhängigen Variablen und Wertebereichsbeschränkungen. Nach einer solchen Bereinigung dürfte für abschwächende Beziehungen nicht mehr viel Raum bleiben.

Die gleiche zusammenfassende Analyse für unsere 13 Kernitems hier nun mit Blick auf ihre Beziehung zu den *Rentabilitätskriterien.* Zehn der 13 Indikatoren besitzen positive 90-Prozent-Glaubwürdigkeitswerte, und bei neun Items lassen sich über 70 Prozent der Validitätenvarianz erklären. Itemübergreifend liegt die erklärte mittlere prozentuale Varianz bei 69,21 Prozent. Auch hier wiederum gibt es einen gewissen (wiewohl kleinen) Spielraum für mögliche abschwächende Beziehungen. Vermutlich nicht generalisierbar sind die Items »Über Fortschritt sprechen«, »Ziele und Unternehmensphilosophie«, »Materialien und Arbeitsmittel« sowie »Sehr guter Freund«. Rund die Hälfte der Validitätenvarianz dieser Indikatoren geht auf das Konto von Stichprobenfehlern und Messfehlern bei der abhängigen Variablen. Folgende Indikatoren sind vermutlich unternehmensübergreifend generalisierbar und weisen in Bezug auf die Rentabilitätskriterien tendenziell die höchsten Validitäten auf:

- Gesamtzufriedenheit
- Meine Kollegen streben danach, Arbeit von hoher Qualität zu leisten.
- Ich habe bei der Arbeit jeden Tag die Gelegenheit, das zu tun, was ich am besten kann.
- Mein/e Vorgesetzte/r oder eine andere Person bei der Arbeit interessiert sich für mich als Mensch.

Bezüglich der *Produktivitätskriterien* ergeben die meta-analytischen und Validitätsgeneralisierungsstatistiken für die 13 Kernitems folgendes Bild: Auch hier waren die Beziehungen wiederum positiv, desgleichen sämtliche 90-Prozent-Glaubwürdigkeitswerte, und bei elf Items ließen sich über 70 Prozent der Validitätenvarianz erklären. Die erklärte mittlere prozentuale Varianz liegt itemübergreifend bei 83,72 Prozent, was für mögliche Abschwächfaktoren nur sehr wenig Raum lässt. Schwankungen gab es (itemübergreifend gesehen) jedoch bei der Größenordnung der geschätzten wahren Validitäten. Die Items mit den höchsten Validitätsschätzwerten (bezogen auf Produktivitätskriterien) waren:

- Ich weiß, was bei der Arbeit von mir erwartet wird.
- Bei der Arbeit scheinen meine Meinungen und Vorstellungen zu zählen.
- Die Ziele und die Unternehmensphilosophie meiner Firma geben mir das Gefühl, dass meine Arbeit wichtig ist.
- Gesamtzufriedenheit
- Meine Kollegen streben danach, Arbeit von hoher Qualität zu leisten.

Schließlich nun noch eine Zusammenfassung der meta-analytischen und Validitätsgeneralisierungsstatistiken für die 13 Kernitems mit Bezug auf die *Mitarbeiterfluktuation*. Vier Items wiesen negative 90-Prozent-Glaubwürdigkeitswerte auf; bei zwei weiteren lagen sie etwa bei null. Bei sechs Items lässt sich daher mit einiger Sicherheit von einer tendenziell negativen Beziehung ausgehen (wie laut Hypothese erwartet). Bei zehn Fragen ließ sich die Validitätenvarianz zu über 70 Prozent erklären. Die erklärte mittlere Varianzquote liegt insgesamt bei 91,96 Prozent, sodass auch hier nur sehr wenig Spielraum für Abschwächfaktoren bleibt. Interessanterweise entfiel einer der höchsten Schätzwerte der wahren Validität auf Punkt 3 (»Ich habe die Materialien und die Arbeitsmittel, um meine Arbeit richtig zu machen«). Was die Fluktuation angeht, gibt es bei diesem Indikator also unternehmensübergreifend keine großen Schwankungen. Die höchsten negativen, wohl unternehmensübergreifend generalisierbaren Korrelationen wiesen die folgenden Items auf:

- Ich habe die Materialien und die Arbeitsmittel, um meine Arbeit richtig zu machen.
- Gesamtzufriedenheit
- Mein/e Vorgesetzte/r oder eine andere Person bei der Arbeit interessiert sich für mich als Mensch.

Tabelle 1 gibt einen summarischen Überblick über die statistischen Werte, die für die vier betrieblichen Leistungskriterien, die in der Studie verwendet wurden, itemübergreifend (das heißt für alle 13 Fragen zusammen) ermittelt wurden. Dabei handelt es sich um folgende Parameter: Mittlere Anzahl der Studien je Variable; itemübergreifende mittlere Anzahl der Geschäftseinheiten/Betriebe; mittlere beobachtete Korrelation je Item; mittlere wahre Validität.

Mit den Kriterien Kundenzufriedenheit, Rentabilität und Produktivität korrelierten die Items in vergleichbarer Größenordnung; beim Kriterium Fluktuation hingegen lag der Korrelationswert generell niedriger.

Bei den untersuchten Korrelationen lag der mittlere meta-analytische Korrelationswert bei 0,107. Zur konkreten Bedeutung und Interpretation der Größenordnung dieser Korrelationen siehe Harter und Creglow (1998).

Tabelle 1: *Übersicht über die itemübergreifend ermittelten statistischen Werte*

Erfolgskriterium/ -maß	*Anzahl Studien*	*Mittlere Anzahl der Betriebe*	*Mittlere beobachtete Korrelation je Item*	*Mittlere wahre Validität*
Kundenzufriedenheit	18	2 170	0,107	0,122
Rentabilität	14	1 490	0,084	0,133
Produktivität	15	1 148	0,126	0,128
Fluktuation	15	1 552	-0,023	-0,045

Tabelle 2 gibt einen Überblick darüber, welche Items in Bezug auf welche Erfolgskriterien sowohl einen positiven 90-Prozent-Glaubwürdigkeitswert (null oder negativ für das Kriterium Fluktuation) als auch eine zu über 70 Prozent erklärte Validitätsvarianz (und damit generalisierbare Validitäten) aufwiesen. Sechs Items erfüllen diese beiden Kriterien im Hinblick auf Kundenzufriedenheit, neun Items im Hinblick auf die Rentabilitätsergebnisse, elf Items im Hinblick auf die Produktivitätsergebnisse und fünf Items im Hinblick auf die Fluktuation.

Tabelle 2: *Organisationsübergreifend generalisierbare meta-analytische Korrelationen (je Item und Erfolgskriterium)*

Kernitem	*Kundenzufriedenheit*	*Rentabilität*	*Produktivität*	*Fluktuation*
1) Gesamtzufriedenheit	x	x	x	
2) Erwartungen kennen	x	x	x	x
3) Materialien/Arbeitsmittel	x	x		
4) Chance, das Beste zu tun	x	x	x	
5) Anerkennung/Lob	x	x	x	
6) Interesse an mir als Mensch	x	x	x	x
7) Entwicklungsförderung	x	x		
8) Meine Meinung zählt	x	x		
9) Ziele u. Unternehmensphilosophie	x			
10) Arbeitseinstellung der Kollegen	x	x		
11) Sehr guter Freund	x	x		
12) Fortschrittsbesprechung	x	x		
13) Lern-/Entwicklungschancen	x			

Ermittlung der Dimensionskorrelationen

Die Items wurden darüber hinaus auf vier häufig benutzte, von der Gallup School of Management entwickelte Kategorien aufgeteilt (beziehungsweise in diese zusammengefasst):

Basislager: »Was bekomme ich?«

Item 2	Erwartungen kennen
Item 3	Materialien/Arbeitsmittel

Lager 1: »Was gebe ich?«

Item 4	Chance, das Beste zu tun
Item 5	Anerkennung/Lob
Item 6	Interesse an mir als Mensch
Item 7	Entwicklungsförderung

Lager 2: »Gehöre ich hierher?«

Item 8	Meine Meinung zählt
Item 9	Ziele und Unternehmensphilosophie
Item 10	Arbeitseinstellung der Kollegen
Item 11	Sehr guter Freund

Lager 3: »Wie können wir gemeinsam vorankommen?«

Item 12	Fortschrittsbesprechung
Item 13	Lern- und Entwicklungschancen

Die Zuverlässigkeiten (Reliabilitäten) der obigen zusammengesetzten Dimensionen finden sich in Harter (1998) eingehend erörtert.

Anhand der Reliabilitätswerte der obigen Dimensionen und der Summe der zwölf Kernitems (alle außer Gesamtzufriedenheit) wurden Berichtigungen für Messfehler bei den unabhängigen Variablen vorgenommen. Zur Schätzung der Korrelationen zwischen den zusammengesetzten Dimensionen und den betrieblichen Erfolgskriterien wurde auf aggregierter Betriebsebene eine Verteilung der Interitemkorrelationen (das heißt der Korrelationen zwischen den Items) erstellt; anschließend wurden diese Ergebnisse von zwölf Studien übergreifend miteinander verbunden. Die zwölf Items waren in den meisten Studien zwar mehrheitlich, allerdings in unterschiedlicher Zahl vertreten. Daher wurden itemspezifische Statistiken erstellt und anhand der metaanalytischen Schätzwerte dann die Korrelationen zwischen den zusammengesetzten Dimensionen und den verschiedenen Erfolgskriterien ermittelt. Da in den Studien außerdem zwei unterschiedliche Antwortskalen Verwendung fanden – »Ja/Nein/Weiß nicht« sowie Likert-Skala (1-5 Punkte) –, wurden auf Basis des proportionalen Anteils der beiden Skalen gewichtete mittlere Interitemkorrelationen errechnet.

Von den insgesamt herangezogenen Untersuchungen benutzten 19 Studien die Likert-Skala (1-5 Punkte) und neun die »Ja/Nein/Weiß nicht«-Skala. Die gewichteten mittleren Korrelationen zwischen den Items (basierend auf den genannten Proportionalitäten) sind Anhang B zu entnehmen. Benötigt wurden diese Interkorrelationswerte für die Schätzung der zusammengesetzten Scores (»composite scores«; siehe dazu Hunter und Schmidt, 1990, S. 455). Diese Werte wurden wie folgt berechnet:

$$\bar{C}_{xx} = \frac{1 + (n-1)\bar{r}_{xx}}{n}$$

$$r_{x_y} = \frac{r_{xy}}{\sqrt{c_{xx}}}$$

$\bar{c}_{xx}$ = mittlere Itemkovarianz
$\bar{r}_{xy}$ = mittlere Korrelation zwischen Item und Erfolgskriterium
$\bar{r}_{xx}$ = mittlere Item-Interkorrelation
r_{x_y} = Korrelation zusammengesetzter Scores
(»Composite score«-Korrelation)

Für die zwölf Items zusammen ergibt sich für die Kriterien Kundenzufriedenheit/-treue, Rentabilität und Produktivität ein »True-score«-Korrelationswert von 0,19. (Für »True-score«-Korrelationen gilt folgender Nenner: Quadratwurzel der Reliabilität der abhängigen Variablen multipliziert mit der Quadratwurzel der Reliabilität der unabhängigen Variablen.) Mit der Fluktuation korreliert der wahre Wert negativ, allerdings in niedrigerer Größenordnung. Die mit der Fluktuation am stärksten korrelierende Dimension ist das *Basislager*. Konkret bedeutet dies: Betriebe mit Mitarbeitern, die nach eigener Angabe wissen, was von ihnen verlangt ist, und die außerdem über die nötigen

Materialien und Arbeitsmittel verfügen, um ihren Aufgaben gut gerecht zu werden, wiesen tendenziell eine niedrigere Fluktuation auf als Geschäftseinheiten, in denen diese Bedingungen nicht erfüllt waren. Die am stärksten mit dem Parameter Rentabilität korrelierende Dimension ist *Lager 1*. Mit den Kundenzufriedenheitswerten wiederum korrelieren die Dimensionen *Basislager* und *Lager 2* am stärksten. *Lager 3* wiederum weist von allen Dimensionen insgesamt die schwächste Korrelation zu den Betriebsergebnissen auf, korreliert jedoch positiv mit den Kriterien Kundenzufriedenheit, Rentabilität und Produktivität.

Näheres zu diesen und anderen Ergebnissen finden Sie in der von Dr. Jim Harter und Ame Creglow erstellten Studie »A Meta-analysis and Utility Analysis of the Relationship between Core Employee Opinions and Business Outcomes«. Diese kann über unsere Zentrale in 47 Hulfish Street, Princeton, N. J., USA, bezogen werden. Der obige Auszug datiert aus dem Jahr 1998. Der Bericht wird jährlich aktualisiert, unter Einbeziehung der jeweils neuesten Gallup-Forschungsergebnisse.

Register

Danksagungen

Dr. George H. Gallup gründete die Gallup Organization aus der Überzeugung heraus, dass jeder Mensch ein Recht habe, gehört zu werden. Zitat: »Ein Leben kann auf vier Milliarden verschiedene Weisen gelebt werden. Wir tun gut daran, sie alle zu studieren.« Dr. Donald O. Clifton ist der Pionier auf dem Gebiet der systematischen Erforschung der individuellen Stärken; von ihm stammt auch das Talentkonzept. Dieses Buch atmet viel von dem Geist und der Neugier dieser beiden Wissenschaftler.

Für ein Buch wie dieses braucht es viel Zielbewusstheit, dazu Klarheit und Energie, Ungeduld und Leidenschaft. Vor allem aber Liebe zur Sache. Jim Clifton verkörperte dies alles in einer einzigen Person. Ihm ist es zu danken, dass es mit diesem Werk zügig voranging.

Es dauerte freilich eine Weile, bis wir für unser Vorhaben die richtige Form gefunden hatten. Mehrere Anläufe waren nötig. Glücklicherweise konnten wir dabei auf die guten Dienste eines handverlesenen kleinen Teams zurückgreifen. Richard Hutton unterstützte uns mit seinem Sprachsinn und seinem vorzüglichen erzählerischen Talent; mitunter kam es uns vor, als wisse er schon im Voraus, was wir sagen wollten. Alec Gallup sah den Text mit seinem »Klassikerauge« durch, um uns stilistisch vor dem Schlimmsten zu bewahren. Jane Buckingham musste mit den verschiedenen Entwürfen – und manchem mehr – zurechtkommen, verlor aber nie den Faden und die Übersicht. Ohne diese Helfer wäre es nie gegangen.

Die Gallup Organization ist für ihre politischen Meinungsumfragen weltberühmt. In diesem Buch geht es freilich um ein anderes Thema: starke, vitale, produktive Arbeitsplätze sowie die Führungskräfte, durch die sie erst zu solchen werden. Larry Emond ist als PR-Experte dafür verantwortlich, die Welt über Gallup aufzuklären, unsere Forschungserkenntnisse im Bereich Mitarbeitermeinung und -talent eingeschlossen. Von seiner erstaunlichen Artikulationsfähigkeit hat dieses Buch sehr profitiert.

Befragungen zählen seit über 70 Jahren zum Kerngeschäft der Gallup Organization. Sarah Van Allens Erfahrung und Sensibilität sorgte dafür, dass dieses Buch der Gallup-Tradition des zuverlässigen, objektiven Messens und Berichterstattens verbunden blieb.

Dieses Buch ist die Quintessenz eines Wissensstoffs, der sich im Laufe der Jahre organisationsintern angesammelt hat. Hierzu haben unsere Kollegen Dr. Jim Harter, Jan Miller, Dr. Mick Zangari, Dr. Kathie Sorensen, Dr. Glen Phelps und Graeme Buckingham ganz wesentlich beigetragen. Wir verdanken ihnen viel.

Solange nicht alle Fakten fein säuberlich organisiert der Forschergemeinde zugänglich gemacht sind, brauchen Autoren ihre Perlenfischer. Die Besten dieser Zunft sind beharrliche, freundliche, findige und immerzu optimistische Helfer. Eben wie Antoinette Southwick, die uns viele Fragen klären half, etwa die exakte Tiefenposition der versunkenen Mercury-Raumkapsel.

In den vergangenen 70 Jahren hatte Gallup das Glück, mit einigen der besten Unternehmen und Organisationen der Welt zusammenzuarbeiten. Wir haben aus diesen Partnerschaften viel gelernt, doch am meisten profitierten wir wohl von den dabei entstandenen Kontakten zu einigen vorzüglichen Führungskräften. Wir denken hier vor allem an Ronni Fridman, Kevin Cuthbert und Mel Warriner und ihre Visionen, ihre Konzepte und ihr Engagement im Zusammenhang mit dem Aufbau mitarbeiterzentrierter Arbeitsplätze. An dieser Stelle herzlichen Dank für all die wunderbaren Gespräche! Mögen noch viele folgen!

Dies ist kein theoretisches Buch. Vielmehr verleiht es einer Million Mitarbeitern und 80 000 Managern eine Stimme. Dafür, dass sie sich uns für Interviews zur Verfügung gestellt haben, sind wir allen Beteiligten äußerst dankbar. Von einigen Führungskräften aber haben wir noch weit mehr profitiert, nämlich in Form von Geschichten, Anekdoten und Details, die uns sehr geholfen haben, die Zusammenhänge lebendig und anschaulich darzustellen. Aus Schutzgründen haben wir ihre Namen anonymisiert und die Unternehmensdetails zurückgehalten. Sie selber werden sich aber in den jeweiligen Passagen bestimmt wiedererkennen. Vielen Dank!

Ein besonderes Dankeschön auch an Linda und Mitch Hart. Ob privat oder geschäftlich – die Unterstützung war immer hervorragend.

Als wir dieses Projekt begannen, kannten wir uns wohl in der Sache gut aus, doch weniger gut mit der Buchproduktion. Joni Evans, unsere Agentin bei William Morris, griff uns hervorragend unter die Arme und half uns zwischen Freund und Feind, Fakt und Fiktion zu unterscheiden. Forsch, wo wir vorsichtig gewesen wären; mutig, wo wir gezagt hätten; klarsichtig, wo wir ins Stolpern gekommen wären; vor allem aber überzeugt von der Sache – so führte uns Joni, gemeinsam mit ihrer stets für frischen Wind sorgenden Kollegin Tiffany Erickson, zum richtigen Buch und den richtigen Partnern. Ohne diese beiden wäre es um unser Projekt schlecht bestellt gewesen.

Fred Hills war unser Lektor bei Simon & Schuster. Als wir – ganz zu Beginn – erfuhren, dass er auch Vladimir Nabokov schon betreut hat, war es mit unserem Selbstvertrauen zunächst vorbei. Doch er half uns damals wie auch später immer wieder auf die Beine und sorgte dafür, dass es voranging. Seinem Kenntnisreichtum und exzellenten Sachverstand sowie dem hilfreichen Mitwirken seiner Kollegin Priscilla Holmes ist es zu danken, dass aus unseren guten Absichten letztlich doch dieses Buch wurde. Dessen Stärken sind sein Werk; die Schwächen gehen auf unser Konto.

Kein Buch kann gelingen ohne das richtige Umfeld. In schwierigen Zeiten halfen uns unsere Familien immer wieder »über den Berg«. Dank Euch allen: Jane und Michael, Graeme, Jo, Neil, Pippa, Nader und Ingrid, Tim, Miles und Steve, Tammy, Katie, Claire und Clayton. Wir verdanken Euch eine Menge!

Über die Autoren

Marcus Buckingham ist Leiter des seit über 20 Jahren laufenden Forschungsprojekts der Gallup Organization zur Ermittlung der Kernmerkmale guter Führungskräfte und erstklassiger Arbeitsplätze. Gleichzeitig ist er Dozent am Gallup *Leadership Institute*.

Curt Coffman berät als Leiter der Gallup *Workplace Management Practice* Unternehmen bei der Entwicklung produktiver, kundenorientierter Arbeitsplätze.

Seit mehr als 60 Jahren ist The Gallup Organization weltweit führend in der Messung und Analyse individueller Einstellungen, Meinungen und Verhaltensweisen. Zwar kennt man das Unternehmen in erster Linie von politischen Meinungsumfragen (Gallup Poll) her; in der Hauptsache aber ist Gallup auf dem Gebiet der Messung, Beratung und Schulung tätig. Zu Gallups Klienten zählen internationale Großunternehmen wie Audi, BankAmerica, Best Buy, Blockbuster, Carlson, Citigroup, Delta Air Lines, Fidelity, Marriott, Searle, Sears, Swissôtel und Toyota.